智能时代财务管理及其转型研究

张秀珍　郭亚敬　肖　航　著

湘潭大学出版社
XIANGTAN UNIVERSITY PRESS

图书在版编目（CIP）数据

智能时代财务管理及其转型研究 / 张秀珍，郭亚敬，肖航著. -- 湘潭 : 湘潭大学出版社，2024. 6. -- ISBN 978-7-5687-1502-7

Ⅰ. F275-39

中国国家版本馆 CIP 数据核字第 2024RB9553 号

智能时代财务管理及其转型研究

ZHINENG SHIDAI CAIWU GUANLI JIQI ZHUANXING YANJIU

张秀珍 郭亚敬 肖航 著

策划编辑：丁立松
责任编辑：丁立松
封面设计：文海宏远
出版发行：湘潭大学出版社
社　　址：湖南省湘潭大学工程训练大楼
电　　话：0731-58298960 0731-58298966（传真）
邮　　编：411105
网　　址：http://press.xtu.edu.cn/
印　　刷：长沙创峰印务有限公司
经　　销：湖南省新华书店
开　　本：787 mm×1092 mm 1/16
印　　张：16.25
字　　数：375 千字
版　　次：2024 年 6 月第 1 版
印　　次：2024 年 6 月第 1 次印刷
书　　号：ISBN 978-7-5687-1502-7
定　　价：59.80 元

前言

FOREWORD

财务管理作为企业经营管理的核心部分,无论在管理环境、技术方法运用,还是在职能执行以及管理观念等方面都受到网络的强烈冲击,因而应更新财务管理观念以适应新的经济模式。企业将智能化技术应用于财务管理中,从而解决跨地区财务数据传递、会计报表合并、动态分析财务及资源状况等财务活动无法解决的问题,便形成了一种全新的财务管理体系。智能财务管理依靠网络财务软件来执行完成,网络财务软件将完成财务与业务的协同管理、在线管理和对电子商务的管理。通过网络财务软件可以实现事中动态会计核算与在线经济资源管理,实现企业对分支机构的远程财务管理、物资管理及远程报表、报账、查账、审计等远程控制行为。智能财务管理将现代网络技术与财务管理技术有机结合,代表了21世纪财务管理的方式,标志着一个饱含高科技的新的财务管理时代的到来。智能财务管理的核心是财务管理的数字化与远程化,其技术支撑主要是企业财务管理软件以及保证网络安全的其他硬件及软件系统,从而可以保证物流—付款—结算的顺利进行。

本书是一本关于智能时代财务管理及其转型方面的著作,旨在丰富智能财务的理论与方法,为相关工作者提供有益的参考和启示。本书详细介绍了财务管理的基础知识,让读者对财务管理有初步的认知;介绍了财务管理的财务投资管理、财务筹资管理、财务营运资本管理等内容,让读者对财务管理内容有更深入的了解;着重强调了财务智能化转型、智能财务的建设思路、智能时代财务信息化管理规划、智能化财务内部控制、智能时代财务人才的转型培养、智能时代财务创新实践。

本专著由宣化科技职业学院张秀珍、郭亚敬、肖航撰写,张秀珍负责撰写第四章、第五章、第六章、第十章,共152千字;郭亚敬负责撰写第一章、第三章、第七章,共101千字;肖航负责撰写第二章、第八章、第九章,共101千字。

本书在编写过程中难免有不足之处,恳请广大读者积极予以批评指正。

目录
CONTENTS

第一章 财务管理的基础知识

第一节 财务管理的概念

一、财务管理基本概念

简单地讲，财务管理是对企业资本运动所进行的管理。企业资本运动是企业资本筹集、运用、收益及其分配活动的总称，也称为“企业财务活动”。在我国企业实践中，企业财务活动从内容和本质上体现为以下方面。

(一)企业财务活动

1. 企业筹资活动

筹资是企业取得资本的行为，它是企业生存与发展的前提。无论是新建企业还是经营中的企业，都需要筹资。资产负债表右方对应的项目是由筹资活动形成的。筹资活动是企业财务活动的首要环节。

从整体上看，任何企业都可以从两方面筹资，并形成两种性质的资本来源。一是向所有者筹资，形成权益资本。它是企业通过吸收直接投资、发行股票、内部留存收益等方式取得的资本。二是向债权人筹资，形成债务资本。它是企业通过银行借款、发行债券、商业信用、租赁等方式取得的资本。由于不同筹资方式取得的资本具有不同的筹资成本和筹资风险，所以如何以最低的筹资成本和筹资风险取得经营所需的资本，保持合理的资本结构，就成了筹资决策的核心问题。

2. 企业投资活动

投资是指企业投放和使用资本的活动。企业取得资本后，应当将其投入使用，以谋求最大的收益。资产负债表左方对应的各项资产主要是由投资活动形成的。投资活动是企业财务活动的中心环节。

企业投资按投资回收期限的不同分为长期投资和短期投资。长期投资是指投资回收期在 1 年以上的投资活动。它是企业以营利为目的的资本性支出，即企业预先投入一定数额的资本，以便获得预期经济收益的财务行为。长期投资按投资对象可分为项目投资和金融投资。项目投资是企业通过购买固定资产、无形资产，直接投资于企业本身生产经营活动或企业外部投资项目的一种投资行为，它是一种直接性投资；金融投资是企业通过购买股票、债券、基金、期货、期权等金融性资产，间接投资于其他企业的一种投资行为，它是一种对外的间接性投资。短期投资是指投资回收期在1年或1年以内的投资活动。它是企业以营利为目的的日常经营性投资，在财务上表现为流动资产。

3. 收益及其分配活动

资本运动的目的是取得收益，实现资本的保值和增值；企业实现的资本收益要在有关利益主体间进行分配。资本收益及其分配活动是企业资本运动前一过程的终点和后一过程的起点，是企业资本不断循环周转的重要条件。

随着收益分配的进行，资本或退出企业，或留存企业，它不仅影响企业资本运动的规模，而且影响资本运动的结构。因此，企业应当依据国家有关法律和制度，合理确定分配规模和分配方式，正确协调企业当前利益与长远利益的矛盾，妥善处理股东、债权人、经营者、职工等不同利益主体间的利益关系，以促进企业的长期持续发展。

筹资活动、投资活动和收益及其分配活动相互联系、相互依存，构成了企业财务活动的基本内容，它是企业生产经营过程的价值体现。

随着金融市场的发展与金融工具的不断创新，现代企业经营活动及其对应的财务活动的内容得以进一步拓展，主要表现在以下方面。

(1)货币商品经营。

它直接以货币经营为对象，通过从事货币商品的买入、持有或卖出等活动而获取收益。货币商品经营以从事虚拟化的金融资产投资为主要形式。

(2)资本经营。

它直接以资本为对象，以资本的权益属性为依托，从事现代意义上的权益投资、持有或出售等一系列管理活动。它以企业间产权变更及并购行为为主要表现形式。

这两类财务活动面临特殊的市场，具有特定的投资领域、特有的风险环境和特有的收益方式。

(二)企业财务关系

财务关系是企业在组织财务活动过程中与各方面发生的经济利益关系。它是企业与其内外各相关利益主体所发生的利益关系的总和。

1. 企业与投资者、受资者之间的财务关系

这是一种投资与分享投资收益的关系，在性质上属于所有权关系。与投资者发生财务关系时，企业是受资者，企业从投资者那里筹集资本，进行生产经营活动，并将实现的收益按规定进行分配；而与受资者发生财务关系时，企业是投资者，企业以其法人财产向其他单位投资，并根据投资额的多少从受资者那里分享投资收益。企业应当根据有关法律的要求，正确处理这种财务关系，维护投资者和受资者的合法权益。

2. 企业与债权人、债务人之间的财务关系

这是一种债权债务关系。这类财务关系有因资本不足而向商业银行借款形成的资本借贷关系，有因购进材料、出售产品而与往来客户发生的货币收支结算关系，有因延期收付货款与往来客户发生的商业信用关系，等等。作为债务人，企业应当按债务契约的

规定,及时支付货款、归还贷款,以维护企业自身的信用;作为债权人,企业在向其客户进行信用销售时,应当制定科学合理的信用政策,以确保债务人按期支付货款。处理好这些财务关系,有利于加速资本周转,实现资本运动的良性循环。

3. 企业与国家税务机关之间的财务关系

这是一种征税和纳税的关系。国家以社会管理者的身份委托税务机关向企业征收有关税金,包括所得税、流转税和其他税金。作为纳税义务人,企业必须按照税法的规定及时足额地缴纳各种税款。

4. 企业内部各部门之间的财务关系

这是一种内部结算与分工协作的关系。一方面是以企业财务部门为中心,企业内部各部门、各单位与财务部门之间的收支结算关系,体现了企业内部资本集中管理的要求;另一方面是企业内部各单位之间由于提供产品或劳务而发生的计价结算关系,它以内部交易价格为链条,是一种以部门经济利益为基础的内部分工协作关系。

5. 企业与员工之间的财务关系

这是企业向员工支付劳动报酬过程中所形成的利益分配关系。员工是劳动者,他们以自身提供的劳动作为参加收益分配的依据,企业应当根据劳动者的劳动数量和质量,向员工支付工资、津贴和奖金,正确协调员工与企业间的经济利益关系。

二、财务管理的内容与特点

财务管理是基于企业生产经营过程中客观存在的财务活动和财务关系而产生的,是组织企业资本运动、处理企业同各方面财务关系的一项经济管理工作,是企业管理的重要组成部分。

财务管理需要解决的基本问题是:如何筹措投资所需的资本,什么资产值得企业投资,怎样对回收的资本进行分配等。因此,财务管理的基本内容包括筹资管理、投资管理和收益分配管理三部分。此外,企业财务管理还要对一些财务活动的拓展领域和特殊问题进行运作。

财务管理作为一项具有特定对象的经济管理工作,具有两个明显的特征。

(一)财务管理是一种价值管理

企业生产经营活动的复杂性,决定了企业管理必须包括多方面的内容。它们有的侧重于使用价值的管理,有的侧重于信息的管理,等等。财务管理区别于其他管理的特点在于它是一种价值管理。财务管理利用资本、成本、收入等价值指标,来组织企业生产经营过程中价值的形成、实现和分配,并处理这种价值运动中的经济关系。所以,价值管理是财务管理的基本属性。

(二)财务管理是一项综合性管理工作

财务管理既是企业管理中的一个独立方面,又是一项综合性管理工作。企业各方面生产经营活动的质量和效果,大都可以从财务活动中综合地反映出来。而通过合理地组织财务活动,又可以促进企业生产经营活动的顺利进行。财务管理在企业内部管理的各子系统中,具有涉及面广、综合性强、灵敏度高的特点。因此,财务管理是利用价值形式对企业生产经营活动进行的综合管理。

三、日常财务管理组织及其职能定位:与会计职能的比较

(一)日常财务管理组织的设计模式

不同组织制度、不同企业规模,其财务组织的设置有所不同。企业日常财务管理组织的设置一般有3种模式:

第一种:财务部门与会计部门合二为一;

第二种:单独设置与会计部门并列的财务部门;

第三种:以公司型组织为特征的财务管理组织。

(二)财务管理与会计职能的差异

现代企业财务管理与会计是两种具有不同职能的管理行为。财务管理是对企业财务活动进行管理,会计是利用价值形式对企业资本运动全过程进行反映和监督。两者的主要差异体现在:财务管理的主要职能除了筹资管理、投资管理和收益分配外,还包括税务筹划、财务预算、财务分析,并参与财务决策;而会计的主要职能是负责财务会计、成本会计、会计信息系统处理、税务会计,并没有直接参与财务决策。财务管理与会计职能的具体差异,主要体现在财务部经理与会计部经理的职责差异上。

作为价值管理的两种主要形式,财务管理与会计又密不可分。它们之间的联系主要表现在两方面。

①财务管理以会计所提供的信息为基础,会计核算是财务管理的基础。如果没有会计核算所提供的真实可靠的资料和数据,财务管理也就无从谈起。

②财务制度是会计核算的基本依据,没有财务制度,会计核算就失去了据以生成资料可靠性的前提。

四、财务管理的形成

财务管理是一种古老的活动,从有人类生产劳动的那一天起就有了财务管理。但财务管理作为企业的一种独立经济活动,则离不开19世纪末至20世纪初西方资本主义经济的产生和发展,更直接得益于公司制企业组织形式的产生和完善。

在15、16世纪,地中海沿岸一带的城市商业得到迅速发展,在某些城市中出现了邀请公众入股的城市商业组织,股东有商人、王公、廷臣乃至一般市民。这种股份经济组织往往由官方组织并监督其业务,股份不能转让,但投资者可以收回。国外有些学者视其为原始的股份形式。虽然这还不是现代意义上的股份公司,但它已经开始把向公众筹集的资金用于商业经营,同时也存在红利的分配和股本的收回等一系列财务管理活动,财务管理处于萌芽状态,但它还没有成为一项独立的职能而从商业经营中分离出来。19世

纪 50 年代以后，欧美产业革命进入完成时期，制造业迅速崛起，新技术、新机器不断涌现，企业的规模迅速扩大，促进生产关系迅速变革，一种新的企业组织形式——公司制应运而生。

19 世纪末 20 世纪初，股份公司迅速发展，企业规模不断扩大，生产经营所需的资金显著增多，公司的财务关系日益复杂，原有规模较小、组织结构比较简单、财务关系比较单纯的企业由业主亲自管理的形式逐渐被一种由公司专门的财务机构和拿薪金的经理们专职管理的崭新形式所取代。公司财务机构的职能就是：怎样筹集资金、股票怎样发行、外界有什么资金来源、筹集到的资金怎样使用、企业的盈利怎样分配等，这使得各个公司纷纷成立一个新的管理部门——财务管理部门来承担以上工作。于是，财务管理作为一项独立的职能从企业管理中分离出来，正式的财务管理也就产生了。

第二节　财务管理的主要目标与内容

一、财务管理的主要目标

财务管理的目标决定了财务管理的内容和职能，以及它所使用的概念和方法。财务管理是企业管理的一部分，是有关资金的获得和有效使用的管理工作。财务管理的目标取决于企业的总目标，并且受财务管理自身特点的制约。

（一）企业的目标及其对财务管理的要求

企业是营利性组织，其出发点和归宿是获利。企业一旦成立，就会面临竞争，并始终处于生存和倒闭、发展和萎缩的矛盾之中。企业必须生存下去才可能获利，只有不断发展才能求得生存。因此，企业管理的目标可以概括为生存、发展和获利。

1. 生存

企业只有生存，才可能获利。企业生存的“土壤”是市场，主要包括商品市场、金融市场、人力资源市场、技术市场等。企业在市场中生存下去的基本条件是以收抵支。企业一方面付出货币，从市场上取得所需的资源；另一方面提供市场需要的商品或服务，从市场上换回货币。企业从市场上获得的货币至少要等于其付出的货币，以便继续经营，这是企业长期存续的基本条件。因此，企业的生命力在于它能不断创新，以独特的产品和服务取得收入并且不断降低成本，减少货币的流出。如果出现相反的情况，企业没有足够的货币从市场上换取必要的资源就会萎缩，甚至无法维持最低的运营条件而终止。如果企业长期亏损、扭亏无望，就失去了存在的意义。在这种情形下，为了避免进一步扩大损失，企业应主动终止营业。

企业生存的另一个基本条件是到期偿债。企业为扩大业务规模或满足经营周转的临时需要，可以向其他个人或法人借债。国家为维持市场经济秩序，通过立法规定债务人必须“偿还到期债务”，必要时“破产偿债”。企业如果不能偿还到期债务，就可能被债权人接管或被法院判定破产。

因此,企业生存的主要威胁来自两方面:一个是长期亏损,它是企业终止的内在原因;另一个是不能偿还到期债务,它是企业终止的直接原因。亏损企业为维持运营被迫进行偿债性融资,借新债还旧债。如果不能扭亏为盈,迟早会借不到钱而无法周转,从而不能偿还到期债务。盈利企业也可能出现"无力支付"的情况,主要是因为借款扩大业务规模后冒险失败,为偿债必须出售不可缺少的厂房和设备,使生产经营无法继续下去。力求保持以收抵支和偿还到期债务的能力以减少破产的风险,使企业能够长期、稳定地生存下去,是对财务管理的第一个要求。

2. 发展

企业是在发展中求得生存的。企业的生产经营如逆水行舟,不进则退。在科技不断进步的现代经济中,产品不断更新换代,企业只有不断推出更好、更新、更受顾客欢迎的产品,才能在市场中立足。在竞争激烈的市场上,各个企业此消彼长、优胜劣汰。一个企业如果不能发展,不能提高产品和服务的质量,不能扩大自己的市场份额,就会被其他企业挤出市场。企业的停滞是其死亡的前奏。

企业的发展集中表现为扩大收入。扩大收入的根本途径是提高产品的质量,扩大销售的数量。这就要求企业不断更新设备、技术和工艺,并不断提高各种人员的素质,也就是要投入更多、更好的物质资源,并改进技术和管理手段。在市场经济中,各种资源的取得都需要付出货币,企业的发展离不开资金。因此,筹集企业发展所需要的资金,是对财务管理的第二个要求。

3. 获利

企业必须能够获利,才有存在的价值。创立企业的目的是盈利。已经创立起来的企业,虽然有增加职工收入、改善劳动条件、扩大市场份额、提高产品质量、减少环境污染等多种目标,但盈利是最具综合能力的指标。盈利不但体现了企业的出发点和归宿,而且可以概括其他目标的实现程度,并有助于其他目标的实现。

从财务上看,盈利就是使资产获得超过其投资的回报。在市场经济中,没有"免费使用"的资金,资金的每项来源都有其成本。每项资产都是投资,都应当是生产性的,要从中获得回报。财务主管务必使企业正常经营产生的和从外部获得的资金能以产出最大的形式加以利用。因此,通过合理、有效地使用资金而使企业获利,是对财务管理的第三个要求。

企业的目标是生存、发展和获利。企业的这些目标要求财务管理完成筹措资金并有效地投放和使用资金的任务。企业的成功乃至于生存,在很大程度上取决于过去和现在的财务政策。财务管理不仅与资产的获得及合理使用的决策有关,而且与企业的生产、销售管理发生直接的联系。

(二)企业的财务目标

上述企业对财务管理的要求需要统一起来加以表达,以便判断一项财务决策是否符合企业目标。

关于企业的财务目标的综合表达,主要有以下三种观点。

1. 利润最大化

这种观点认为:利润代表了企业新创造的财富,利润越多则说明企业财富增加得越多,越接近企业的目标。

2. 每股盈余最大化

这种观点认为:应当把企业的利润和股东投入的资本联系起来考察,用每股盈余来概括企业的财务目标,以避免"利润最大化目标"的缺点。

3. 股东财富最大化

这种观点认为:股东财富最大化或企业价值最大化是财务管理的目标。

股东创办企业的目的是增加财富,如果企业不能为股东创造价值,他们就不会为企业提供资金。没有了权益资金,企业也就不存在了。因此,企业要持续为股东创造价值。

股东财富可以用股东权益的市场价值来衡量。股东财富的增加可以用股东权益的市场价值与股东投资资本的差额来衡量,它被称为"权益的市场增加值"。权益的市场增加值是企业为股东创造的价值。

有时财务目标被表述为股价最大化。在股东投资资本不变的情况下,股价上升可以反映股东财富的增加,股价下跌可以反映股东财富的减损。股价的升降代表了投资大众对公司股权价值的客观评价。它以每股的价格表示,反映了资本和获利之间的关系;它受预期每股盈余的影响,反映了每股盈余大小和取得的时间;它受企业风险大小的影响,可以反映每股盈余的风险。值得注意的是,企业与股东之间的交易也会影响股价,但并不影响股东财富。因此,假设股东的投资资本不变,股价最大化与增加股东财富具有同等意义。

有时财务目标还被表述为企业价值最大化。企业价值的增加,是由于权益价值增加和债务价值增加引起的。债务价值的变动是由利率变化引起的,而利率不是企业的可控因素。假设利率不变,则增加企业价值与增加权益价值具有相同的意义。假设股东投资资本和利率不变,企业价值最大化与增加股东财富具有相同的意义。

关于财务目标的分歧之一是如何看待其他利益相关者的要求,包括债权人、顾客、职工、政府等。有一种意见认为,企业应当有多个目标,以分别满足不同利益相关者的要求。

从理论上看,任何学科都需要一个统一的目标,围绕这个目标发展其理论和模型。任何决策只要符合目标就被认为是好的决策,不符合目标就是差的决策。唯一的目标可以为企业理财提供一个统一的决策依据,并且保持各项决策的内在一致性。如果使用多个目标,就很难指导决策的选择和保证各项决策不发生冲突。

主张股东财富最大化,并非不考虑其他利益相关者的利益。各国公司法都规定,股东权益是剩余权益,只有满足了其他方面的利益之后才会有股东的利益。企业必须缴税、给职工发工资、给顾客提供满意的产品和服务,然后才能获得税后收益。其他利益相关者的要求先于股东被满足,因此必须是有限度的。如果对其他利益相关者的要求不加限制,股东就不会有“剩余”了。除非股东确信投资会带来满意的回报,否则股东不会出资,其他利益相关者的要求也无法实现。不可否认,股东和其他利益人之间既有共同利益,也有利益冲突。股东可能为自己的利益伤害其他利益相关者,其他利益相关者也可能伤害股东的利益。因此,要通过立法调节他们之间的关系,保障双方的利益。企业守法经营就可以说基本满足了其他利益相关者的要求,在此基础上追求自身利益最大化,也会有利于社会。当然,仅有法律是不够的,还需要道德规范的约束以及增强企业的社会责任感。

(三)实践中的财务管理目标:相关利益主体间的目标差异与利益协调

股东和债权人都为企业提供了财务资源,但是他们处在企业之外,只有经营者即管理当局在企业内部直接从事财务管理工作。股东、经营者和债权人之间构成了企业最重要的财务关系。财务管理必须协调好这三方面的利益关系,才能实现企业价值最大化的目标。

1. 股东与经营者之间的目标差异与利益协调

股东和经营者作为两个不同的利益主体,在追求各自利益最大化目标上会有偏差。作为股东,其委托他人经营的前提是通过委托产生的收益增量大于其代理成本。在信息不对称的条件下,经营者可能“偷懒”并尽量增加其个人享受。因此,经营者有可能为了自身的利益目标而背离股东的利益。

经营者背离股东的目标,其条件是双方的信息不对称,经营者了解的信息比股东多。因此,协调这一利益差异的重要手段是确保股东获取更多的信息,对经营者进行监督。在经营者背离股东目标时,减少各种形式的报酬,甚至解雇他们。但是,由于信息不对称,全面监督事实上是行不通的,因为它将使股东付出高昂的代价。因此,股东还必须对经营者采取一定的激励机制。协调两者利益目标的具体方法有以下 3 种。

(1)解聘。

在公司治理中,股东有权通过股东大会约束和罢免有损于实现其利益目标的经营者。股东对经营者进行监督,如果经营者未能使企业价值或股东财富达到最大,就解聘经营者,经营者因害怕解聘而被迫努力去实现财务管理目标。这是对经营者的一种行政约束。

(2)接收。

如果经营者经营决策失误、经营不力,未能采取一切有效措施使企业价值提高,那么该公司就可能被其他公司强行接收或吞并,相应地,经营者就会被解聘。因此,为了避免这种接收,经营者必须采取一切措施提高公司的市场价值。这是对经营者的一种市场约束。

(3)激励。

它是把经营者的报酬与其绩效挂钩,使经营者自觉采取能实现企业价值和股东财富最大化的措施,以吸引和留住卓有成效的经营者。工资、奖金和津贴是对经营者的短期激励措施,股权激励与股票期权激励是对经营者的长期激励方式。

2. 股东与债权人之间的目标差异与利益协调

当公司向债权人借入资本后,两者就形成了一种委托代理关系。股东和债权人之间的目标差异体现在两者对现金流量的要求权上。债权人通常对公司现金流量具有第一求偿权,但在公司能获得足够收入以履行其偿债义务时,债权人只能收到固定的现金;而股东则拥有对公司剩余现金流量的要求权,如果公司没有足够的现金流量用以偿还债务,则股东有权选择宣告破产。因此,债权人要以比股东更消极的眼光来看待项目选择和投资决策中存在的风险。债权人事先知道借出资本是有风险的,并可在确定利率时就考虑风险。但是,借款合同一旦成为事实,资本到了企业手中,债权人就失去了控制权,股东可以为自身利益通过经营者来伤害债权人的利益,其常用方式有二:一是不经债权人同意,投资于比债权人预期风险要高的新项目;二是为提高财务杠杆利益,不征得现有债权人同意而举借新债,增加原有债权人的风险。此外,股东通过股东大会决定增加股利支付,也会间接地影响到债权人的利益。

为保护债权人权益,除了寻求立法保护,优先于股东分配剩余财产等手段外,通常采取以下两种协调方法。

(1)限制性借债。

它是通过债务合约来实现的。债务合约是指债权人在借出款项时与企业达成的限制股东机会主义行为的一系列契约和协议,其目的是以协议的方式禁止或者限制可能导致股东剥夺债权人权益的行为。债务合约的主要功能表现在以下方面。

限制公司的投资政策,在借款合同中加入限制性条款,严格债务担保条款。

(2)收回借款或不再借款。

当债权人发现公司有侵蚀其债权价值的意图时,拒绝进一步合作,不再提供新的借款或提前收回借款。

此外,还可通过让债权人取得股权的方式来协调两者的利益目标。即债权人作为债权所有人的同时,对公司持有股份;或者通过各种方式将已有债权转换为股权。取得股权是避免股东与债权人利益冲突的最后解决方式,即进行角色置换。但这种方式并不是在所有情况下都可行。

3. 财务管理目标与社会责任的关系及其协调

财务管理目标与社会责任的履行在许多方面是一致的。企业在实现财务管理目标的过程中,自然会使社会受益。企业为了创造自身的价值,必须生产出符合顾客需要的产品,满足社会的需求;必须不断引进与开发新技术,并扩大经营规模,这样就会产生新的就业需要,解决社会的就业问题;必须提高劳动生产率,改进产品质量,改善整体服务,从而提高社会生产效率和公众的生活质量。

财务管理目标与社会责任之间还存在着差异。企业为了获利,可能生产伪劣产品、可能不顾工人的健康和利益、可能造成环境污染、可能损害其他企业的利益等。社会责任要求企业讲究环保、合理雇用工人等,但这些社会责任的履行,必然会造成股东财富或企业价值一定程度的损失。

财务管理目标与社会责任间的差异,主要通过政府干预来协调:一种是运用法律手段;另一种是通过行政和经济杠杆来调节企业行为,以保证社会责任的完全履行。

二、财务管理的主要内容

财务管理是有关资金的筹集、投放和分配的管理工作。财务管理的对象是现金的循环和周转,主要内容是筹资、投资和股利分配,主要职能是决策、计划和控制。

(一)财务管理的对象

财务管理主要是资金管理,其对象是资金及其流转。资金流转的起点和终点是现金,其他资产都是现金在流转中的转化形式,因此,财务管理的对象也可说是现金及其流转。财务管理也会涉及成本、收入和利润的问题。从财务的观点来看,成本和费用是现金的耗费,收入和利润是现金的来源。财务管理主要在这种意义上研究成本和收入,而不同于一般意义上的成本管理和销售管理,也不同于计量收入、成本和利润的会计工作。

在组建新企业时,必须先解决两个问题:一是制定规划,明确经营的项目和规模;二是筹集必需的现金,作为最初的资本。没有现金,企业的规划无法实施,也不能开始运营。企业建立后,现金变为经营用的各种资产,在运营中这些资产又陆续变回现金。

在生产经营中,现金变为非现金资产,非现金资产又变为现金,这种流转过程称为“现金流转”。这种流转无始无终,不断循环,称为“现金循环”或“资金循环”。

现金循环有多条途径。有的现金用于购买原材料,原材料经过加工成为产成品,产成品出售后又变为现金;有的现金用于购买固定资产,在使用中逐渐磨损,价值计入产品成本,通过产品销售变为现金。各种流转途径完成一次循环即从现金开始又回到现金所需的时间不同。购买商品的现金可能几天就可以流回,购买机器的现金则可能要许多年才能返回现金状态。

现金转变为非现金资产,然后又恢复到现金,这种所需时间不超过一年的流转,称为“现金的短期循环”。短期循环中的资产是短期资产,包括现金本身和企业正常经营周期内可以完全转变为现金的存货、应收账款、短期投资及某些待摊和预付费用等。

现金转变为非现金资产,然后又恢复到现金,这种所需时间在一年以上的流转,称为“现金的长期循环”。长期循环中的非现金资产是长期资产,包括固定资产、长期投资、无形资产、递延资产等。

(二)财务管理的内容

企业的财务目标是股东财富最大化。实现股东财富最大化的途径是提高报酬率和减少风险。企业的报酬率高低和风险大小又取决于投资项目、资本结构和股利政策。因此,财务管理的主要内容是投资决策、筹资决策和股利决策三个方面。

1. 投资决策

投资是指以收回现金并取得收益为目的而发生的现金流出。企业都要发生现金流出,并期望取得更多的现金流入。

企业的投资决策,按不同的标准可以分为以下几类。

(1)项目投资和证券投资。

项目投资是指把资金直接投放于生产经营性资产以便获取营业利润的投资。

证券投资是指把资金投放于金融性资产以便获取股利或者利息收入的投资。

这两种投资决策所使用的一般性概念虽然相同,但决策的具体方法却很不一样。证券投资只能通过证券分析与评价,从证券市场中选择企业需要的股票和债券,并组成投资组合。作为行动方案的投资组合,并不是事先创造的,而是通过证券分析得出的。项目投资要事先准备一个或几个备选方案,通过对这些方案的分析和评价,从中选择一个足够满意的行动方案。

(2)长期投资和短期投资。

长期投资是指影响所及超过一年的投资。长期投资又称"资本性投资"。用于股票和债券的长期投资,在必要时可以出售变现,而难以改变的是生产经营性的固定资产投资。长期投资有时专指固定资产投资。

短期投资是指影响所及不超过一年的投资,短期投资又称为"流动资产投资"或"营运资产投资"。

长期投资和短期投资的决策方法有所区别。由于长期投资涉及的时间长、风险大,所以决策分析时更重视货币时间价值和投资风险价值的计量。

2. 筹资决策

筹资是指筹集资金。企业发行股票、发行债券、取得借款、赊购、租赁等都属于筹资。

筹资决策要解决的问题是如何取得企业所需要的资金,包括向谁、在什么时候、筹集多少资金。筹资决策和投资、股利分配有密切关系,筹资的数量多少要考虑投资需要,在利润分配时加大保留盈余可减少从外部筹资。筹资决策的关键是决定各种资金来源在总资金中所占的比重,即确定资本结构,以使筹资风险和筹资成本相配合。

可供企业选择的资金来源有许多,我国习惯上称"资金渠道"。按不同的标志,它们分为以下几种。

(1)权益资金和借入资金。

权益资金是指企业股东提供的资金。它不需要归还,筹资的风险小,但其期望的报酬率高。借入资金是指债权人提供的资金。它要按期归还,有一定的风险,但其要求的报酬率比权益资金低。所谓资本结构主要是指权益资金和借入资金的比例关系。一般说来完全通过权益资金来筹资是不明智的,不能得到负债经营的好处;但负债的比例大则风险也大,企业随时可能陷入财务危机。筹资决策的一个重要内容就是确定最佳资本结构。

(2)长期资金和短期资金。

长期资金是指企业可长期使用的资金,包括权益资金和长期负债。权益资金不需要归还,企业可以长期使用,属于长期资金。此外,长期借款也属于长期资金。有时,习惯上把一年以上至五年以内的借款称为"中期资金",而把五年以上的借款称为"长期资金"。

短期资金一般是指一年内要归还的短期借款。短期资金的筹集应主要解决临时的资金需要。

长期资金和短期资金的筹资速度、筹资成本、筹资风险以及借款时企业所受的限制均有所不同。如何安排长期筹资和短期筹资的相对比重,是筹资决策要解决的另一个重要问题。

3. 股利分配决策

股利分配是指在公司赚得的利润中,有多少作为股利发放给股东,有多少留在公司作为再投资。过高的股利支付率会影响企业再投资的能力,从而使未来收益减少,造成股价下跌;过低的股利支付率则可能引起股东不满,股价也会下跌。

股利决策受多种因素的影响,包括税法对股利和出售股票收益的不同处理、未来公司的投资机会、各种资金来源及其成本、股东对当期收入和未来收入的相对偏好等。公司根据具体情况确定最佳的股利政策,是财务决策的一项重要内容。

股利决策从另一个角度看也是保留盈余决策,是企业内部筹资问题。因此,有人认为股利决策属于筹资的范畴,而并非一项独立的财务管理内容。

第三节 财务管理的基本原则

一、有关竞争环境的原则

有关竞争环境的原则是对资本市场中人的行为规律的基本认识。

(一)自利行为原则

自利行为原则是指人们在进行决策时按照自己的财务利益行事,在其他条件相同的情况下人们会选择使自己经济利益最大的行动。

自利行为原则的依据是理性的经济人假设。该假设认为,人们对每一项交易都会衡量其代价和利益,并且会选择对自己最有利的方案来行动。自利行为原则假设企业决策人对企业目标具有合理的认识程度,并且对如何达到目标具有合理的理解。在这种假设情况下,企业会采取对自己最有利的行动。自利行为原则并不认为钱是任何人生活中最重要的东西,或者说钱可以代表一切。问题在于商业交易的目的是获利,在从事商业交易时,人们总是为了自身的利益做出选择和决定,否则他们就不必从事商业交易。自利行为原则也并不认为钱以外的东西都是不重要的,而是说在"其他条件都相同时",所有财务交易集团都会选择自己经济利益最大的行动。

自利行为原则的一个重要应用是委托代理理论。根据该理论,人们应当把企业看成各种自利的人的集合。如果企业只有业主一个人,他的行为将十分明确和统一。如果企业是一个大型的公司,情况就会变得非常复杂,因为这些关系人之间存在利益冲突。一个公司涉及的利益关系人包括普通股东、优先股东、债券持有者、银行、短期债权人、政府、社会公众、经理人员、员工、客户、供应商、社区等。这些人或集团都是按自利行为原则行事的。企业和各种利益关系人之间大部分属于委托代理关系。这种相互依赖又相互冲突的利益关系,需要通过“契约”来协调。

自利行为原则的另一个应用是机会成本的概念。当一个人采取某个行动时,就等于取消了其他可能的行动,因此他必然要用这个行动与其他可能的行动相比,看该行动是否对自己最有利。采用一个方案而放弃另一个方案时,被放弃方案的收益是被采用方案的机会成本,也称“择机代价”。尽管人们对机会成本或择机代价的概念有分歧,它们的计算也经常会遇到困难,但是人们都不否认机会成本是一个在决策时不能不考虑的重要问题。

(二)双方交易原则

双方交易原则是指每一项交易都至少存在两方,在一方根据自己的经济利益决策时,另一方也会按照自己的经济利益决策行动,并且对方和你一样聪明、勤奋和富有创造力,因此你在决策时要正确预见对方的反应。

双方交易原则的建立依据是商业交易至少有两方、交易是“零和博弈”,以及各方都是自利的。每一项交易都有一个买方和一个卖方,这是不争的事实。无论是买方市场还是卖方市场,在已经成为事实的交易中,买进的资产和卖出的资产总是一样多。一个高的价格使购买人受损而卖方受益;一个低的价格使购买人受益而卖方受损,一方得到的与另一方失去的一样多,从总体上看双方收益之和等于零,故称为“零和博弈”。在“零和博弈”中,双方都按自利行为原则行事,谁都想获利而不是吃亏。买卖双方由于信息不对称,因而对金融证券产生不同的预期。不同的预期导致证券买卖,高估股票价值的人买进,低估股票价值的人卖出,直到市场价格达到他们一致的预期时交易停止。如果对方不认为对自己有利,他就不会和你成交。因此,在决策时不仅要考虑自利行为原则,还要使对方有利,否则交易就无法实现。除非对方不自利或者很愚蠢,不知道自己的利益是什么,然而这样估计商业对手本身就不明智。

双方交易原则要求在理解财务交易时不能“以我为中心”,在谋求自身利益的同时,要注意对方的存在,以及对方也在遵循自利行为原则行事。这条原则要求我们不要总是“自以为是”,错误地认为自己优于对手。实际上,这些人以为自己比市场高明,发现了被市场低估的公司。但实际经验表明,一家公司决定收购另一家公司的时候,多数情况下收购公司的股价不是提高而是降低了,这说明收购公司的出价过高,降低了本公司的价值。

双方交易原则还要求在理解财务交易时,注意税收的影响。由于税收的存在,主要是利息的税前扣除,使得一些交易表现为“非零和博弈”。政府是不请自来的交易第三方,凡是交易政府都要从中收取税金。而减少政府的税收,交易双方都可以受益。避税就是寻求减少政府税收的合法交易形式。避税的结果使交易双方受益但其他纳税人会承担更大的税收份额,从更大范围来看并没有改变“零和博弈”的性质。有的人主张把“税收影响决策”单独作为一条理财原则,因为税收会影响所有的交易。

(三)信号传递原则

信号传递原则指行动可以传递信息,并且比公司的声明更有说服力。

信号传递原则是自利行为原则的延伸。由于人们或公司是遵循自利行为原则的,所以一项资产的买进能暗示该资产"物有所值",买进的行为提供了有关决策者对未来的预期或计划的信息。

信号传递原则要求根据公司的行为判断它未来的收益状况。

信号传递原则还要求公司在决策时不仅要考虑行动方案本身,还要考虑该项行动可能给人们传达的信息。在资本市场上,每个人都在利用他人交易的信息,自己交易的信息也会被别人所利用,因此应考虑交易的信息效应。

(四)引导原则

引导原则是指当所有办法都失败时,寻找一个可以信赖的榜样作为自己的引导。所谓"当所有办法都失败",是指我们的理解力存在局限性,不知道如何做更有利,或者寻找最准确答案的成本过高以至于不值得把问题完全搞清楚。在这种情况下,不继续坚持采用正式的决策分析程序,包括收集信息、建立备选方案、采用模型评价方案等,而是直接模仿成功榜样或者大多数人的做法。

引导原则是行动传递信号原则的一种运用。很多人去这家饭馆就餐的事实,意味着很多人对它的评价不错。承认行动传递信号,就必然承认引导原则。

不要把引导原则混同于"盲目模仿"。它只在两种情况下适用:一是理解存在局限性,认识能力有限,找不到最优的解决办法;二是寻找最优方案的成本过高。在这种情况下,跟随值得信任的人或者大多数人才是有利的。引导原则不会帮你找到最好的方案,却常常使你避免采取最差的行动。它是一个次优化准则,其最好结果是得出近似最优的结论,最差的结果是模仿了别人的错误。这一原则虽然有潜在的不足,但是我们经常会遇到理解力、成本或信息受到限制的情况,无法找到最优方案,需要采用引导原则解决问题。

二、有关创造价值的原则

有关创造价值的原则是人们对增加企业财富基本规律的认识。

(一)有价值的创意原则

有价值的创意原则是指新创意能获得额外报酬。

竞争理论认为,企业的竞争优势可以分为经营奇异和成本领先两方面。经营奇异是指产品本身、销售交货、营销渠道等客户广泛重视的方面在产业内独树一帜。任何独树一帜都来源于新的创意。创造和保持经营奇异性的企业,如果其产品溢价超过了为产品的独特性而附加的成本,它就能获得高于平均水平的利润。正是许多新产品的发明,使得发明人和生产企业变得非常富有。

有价值的创意原则主要应用于直接投资项目。一个有价值的项目必须是一个有创意的投资项目。重复过去的投资项目或者别人的做法,最多只能取得平均的报酬率,维持而不是增加股东财富。新的创意迟早要被别人效仿,失去原有的优势,因此创新的优势都是暂时的。企业长期的竞争优势只有通过一系列的短期优势才能维持。只有不断创新,才能维持经营的奇异性并不断增加股东财富。

(二)比较优势原则

比较优势原则是指专长能创造价值。在市场上要想赚钱必须发挥你的专长。让每一个人去做最适合他做的工作,让每一个企业去生产最适合它生产的产品,社会的经济效率才会提高。

比较优势原则的一个应用是"人尽其才、物尽其用"。在有效的市场中,你不必要求自己什么都能做得最好,但要知道谁能做得最好。对于某一件事情,如果有人比你自己做得更好,就支付报酬让他代你去做。同时,你去做比别人做得更好的事情,让别人给你支付报酬。如果每个人都去做能够做得最好的事情,每项工作就找到了最称职的人,就会产生经济效率。如果每个企业都做自己能做得最好的事情,一个国家的效率就提高了。国际贸易的基础就是每个国家生产它最能有效生产的产品和劳务,这样可以使每个国家都受益。

比较优势原则的另一个应用是优势互补。合资、合并、收购等都是出于优势互补原则。一方有某种优势,如独特的生产技术,另一方有其他优势,如杰出的销售网络,两者结合可以使各自的优势快速融合,并形成新的优势。

比较优势原则要求企业把主要精力放在比较优势上,而不是日常的运行上。建立和维持自己的比较优势是企业长期获利的根本。

(三)期权原则

期权是指不附带义务的权利,它是有经济价值的。期权原则是指在估价时要考虑期权的价值。

期权概念最初产生于金融期权交易,它是指所有者能够要求出票人履行期权合同上载明的交易,而出票人不能要求所有者去做任何事情。在财务上,一个明确的期权合约是指按照预先约定的价格买卖一项资产的权利。

广义的期权不限于财务合约,任何不附带义务的权利都属于期权。许多资产都存在隐含的期权。

(四)净增效益原则

净增效益原则是指财务决策建立在净增效益的基础上,一项决策的价值取决于它和替代方案相比所增加的净收益。

一项决策的优劣是与其他可替代方案相比较而言的。如果一个方案的净收益大于替代方案,我们就认为它是一个比替代方案好的决策,其价值是增加的净收益。在财务决策中净收益通常用现金流量计量,一个方案的净收益是指该方案现金流入减去现金流出的差额,也称为"现金流量净额"。一个方案的现金流入是指该方案引起的现金流入量的增加额;一个方案的现金流出是指该方案引起的现金流出量的增加额。“方案引起的增加额”是指这些现金流量依存于特定方案,如果不采纳该方案就不会发生这些现金流入和流出。

净增效益原则的应用领域之一是差额分析法,也就是在分析投资方案时只分析它们有区别的部分,而省略其相同的部分。净增效益原则初看似乎很容易理解,但实际贯彻起来则需要非常清醒的头脑,需要周密地考察方案对企业现金流量总额的直接和间接影响。

净增效益原则的另一个应用是沉没成本概念。沉没成本是指已经发生、不会被以后的决策改变的成本。沉没成本与将要采纳的决策无关,因此在分析决策方案时应将其排除。

三、有关财务交易的原则

有关财务交易的原则基于人们对于财务交易基本规律的认识。

(一)风险—报酬权衡原则

风险—报酬权衡原则是指风险和报酬之间存在一个对等关系,投资人必须对报酬和风险做出权衡,为追求较高报酬而承担较大风险,或者为减少风险而接受较低报酬。所谓“对等关系”,是指高收益的投资机会必然伴随巨大风险,风险小的投资机会必然只有较低的收益。

在财务交易中,当其他一切条件相同时人们倾向于高报酬和低风险。如果两个投资机会除了报酬不同以外,其他条件都相同,人们会选择报酬较高的投资机会,这是自利行为原则所决定的。如果两个投资机会除了风险不同以外,其他条件都相同,人们会选择风险小的投资机会,这是风险反感所决定的。所谓“风险反感”是指人们普遍对风险有反感,认为风险是不利的事情。肯定的 1 元钱,其经济价值要大于不肯定的 1 元钱。如果人们都倾向于高报酬和低风险,而且都按照他们自己的经济利益行事,那么竞争结果就产生了风险和报酬之间的权衡。你不可能在低风险的同时获取高报酬,因为这是每个人都想得到的。即使你最先发现了这样的机会并率先行动,别人也会迅速跟进,竞争会使报酬率降至与风险相当的水平。因此,现实的市场中只有高风险同时高报酬和低风险同时低报酬的投资机会。

(二)投资分散化原则

投资分散化原则是指不要把全部财富投资于一个公司,而要分散投资。

投资分散化原则的理论依据是投资组合理论。马克维茨的投资组合理论认为,若干种股票组成的投资组合,其收益是这些股票收益的加权平均数,但其风险要小于这些股票的加权平均风险,所以投资组合能降低风险。

如果一个人把他的资金全部投资于一个公司,一旦这个公司破产了,他就失去了全部财富。如果他投资于 10 个公司,只有 10 个公司全部破产,他才会失去全部财富,而 10

个公司全部破产的概率,比一个公司破产的概率要小得多。所以投资分散化可以降低风险。

分散化原则具有普遍意义,不仅仅适用于证券投资,公司各项决策都应注意分散化原则。不应当把公司的全部投资集中于个别项目、个别产品和个别行业;不应当把销售集中于少数客户;不应当使资源供应集中于个别供应商;重要的事情不要依赖一个人完成;重要的决策不要由一个人做出。凡是有风险的事项都要贯彻分散化原则,以降低风险。

(三)资本市场有效原则

资本市场是指证券买卖的市场。资本市场有效原则是指在资本市场上频繁交易的金融资产的市场价格反映了所有可获得的信息,而且面对新信息完全能迅速地做出调整。

资本市场有效原则要求理财时重视市场对企业的估价。资本市场是企业的一面镜子,又是企业行为的校正器。股价可以综合反映公司的业绩,弄虚作假、人为地改变会计方法对于企业价值的提高毫无用处。一些公司把巨大的精力和智慧放在对报告信息的操纵上,通过“创造性会计处理”来提高报告利润,企图用财务报表给使用人制造幻觉,这在有效市场中是无济于事的。用资产置换、关联交易操纵利润,只能得逞于一时,最终会付出代价,甚至导致公司破产。当市场对公司的评价降低时,应分析公司的行为是否出了问题并设法改进,而不应设法欺骗市场。妄图欺骗市场的人,最终会被市场所抛弃。

市场有效性原则要求理财时慎重使用金融工具。如果资本市场是有效的,购买或出售金融工具的交易的净现值就为零。公司作为从资本市场上取得资金的一方,很难通过筹资获取正的净现值。公司的生产经营性投资带来的竞争,是在少数公司之间展开的,竞争并不充分。一个公司因为它有专利权、专有技术、良好的商誉、较大的市场份额等相对优势,可以在某些直接投资中取得正的净现值。资本市场与商品市场不同,其竞争程度高、交易规模大、交易费用低、资产具有同质性,使得其有效性比商品市场要高得多。所有需要资本的公司都在寻找资本成本低的资金来源,大家都平起平坐。机会均等的竞争使财务交易基本上是公平交易。在资本市场上,只能获得与投资风险相称的报酬,也就是与资本成本相同的报酬,很难增加股东财富。

(四)货币时间价值原则

货币时间价值原则是指在进行财务计量时要考虑货币时间价值因素。“货币的时间价值”是指货币经过一定时间的投资和再投资所增加的价值。

货币具有时间价值的依据是货币投入市场后其数额会随着时间的延续而不断增加。这是一种普遍的客观经济现象。要想让投资人把钱拿出来,市场必须给他们一定的报酬。

货币时间价值原则的首要应用是现值概念。由于现在的 1 元货币比将来的 1 元货币经济价值大,所以不同时间的货币价值不能直接加减运算,需要进行折算。通常要把不同时间的货币价值折算到“现在”时点,然后进行运算或比较。把不同时点的货币折算为“现在”时点的过程,称为“折现”,折现使用的百分率称为“折现率”,折现后的价值称为“现值”。财务估价中,广泛使用现值计量资产的价值。

货币时间价值的另一个重要应用是“早收晚付”观念。对于不附带利息的货币收支,与其晚收不如早收,与其早付不如晚付。货币在自己手上,可以立即用于消费而不必等待将来消费,可以投资获利而无损于原来的价值,可以用于预料不到的支付,因此早收、晚付在经济上是有利的。

第二章 财务投资管理

第一节 资本预算

对于创造价值而言，投资决策是最重要的决策，决定着企业的筹资规模、经营方式以及未来发展。投资管理也称资本预算，其主要内容是对投资项目的分析评价。简单来说，资本预算编制是制定长期投资决策的过程，其主要目的是企业评估长期项目的可行性以及该项目是否值得投资。

一、营业预算与资本预算

在企业经营过程中，企业会进行两种类型的投资：流动投资或资本投资。

（一）流动投资与营业预算

流动投资本质上是短期投资。这类投资在费用发生的当年即可结转冲销。工资、薪金、管理费用以及制造业的原材料支出都是流动投资。

营业预算是对当期经营活动的费用和收入的计划，具体决策过程会在营运资本管理中讲述。

（二）资本投资与资本预算

资本投资本质上是长期投资。这类投资要求现金流出发生在当期，但是有预期的未来收益。资本投资的例子包括新添或重置设备的支出，建筑支出和土地支出，以及新产品和服务的研究、与设计和开发相关的投资。

资本预算是指为了获取长期收益而就项目的支出以及为此融资的方式所制订的计划。企业的稳定性和未来的成功常常取决于企业的资本投资。因此，企业需要建立健全的资本预算流程，以便分析并控制长期资产投资。对企业而言，要收回不良资产投资通常十分困难。

这里所讲的长期资产投资主要指项目投资。项目投资是以特定建设项目为投资对象的一种长期投资行为，它是企业扩大资本积累，提高收益能力，增强市场竞争力并抵御风险的重要手段。

二、资本预算应用范围

资本预算应用范围主要是经营性长期资产投资项目，可分为下列几种类型。

①新产品开发或现有产品的规模扩张项目。该类项目通常需要添置新的固定资产，并增加企业的营业现金流入。

②设备或厂房的更新项目。该类项目通常需要更换固定资产,但不改变企业的营业现金收入。

③研究与开发项目。该类项目通常不直接产生现实的收入,而是得到是否投产新产品的选择权。

④勘探项目。该类项目通常使企业得到一些有价值的信息。

⑤其他项目。该类项目包括劳动保护设施建设、购置污染控制装置等。这些决策不直接产生营业现金流入,而使企业在履行社会责任方面的形象得到改善。企业有可能减少未来的现金流出。

这些投资项目的现金流量分布有不同的特征,分析的具体方法也有区别。最具一般意义的是第一种投资,即新添置固定资产的投资项目。

三、资本预算编制的阶段划分

资本预算各阶段或各步骤的具体名称因企业而异。总体来说,企业的资本预算项目会涉及下面几个阶段。

第一阶段:确认。资本预算编制的第一阶段就是确认哪种类型的资本预算支出是必要的,并与组织目标和战略相一致。

第二阶段:调查。第二阶段涉及全面调查初始资本投资计划,发掘备选投资项目。

第三阶段:评价。第三阶段是预计并比较每一个备选方案在整个生命周期内的收入、财务和非财务收益、成本以及现金流。管理人员必须评价该项目会对企业的资源造成何种影响以及企业能否承受这些成本。

第四阶段:选择。第四阶段是选择将要实施的项目,一般选择那些预计财务收益超过成本的差额最大的项目。此外,非财务结果也应予以考虑。

第五阶段:融资。第五阶段是取得项目融资,可以是内部融资,也可以通过在资本市场出售债务和权益进行外部融资。

第六阶段:实施和控制。第六阶段是实施资本项目,并采用必要的监控工具和评估工具,使该项目始终保持在资本预算的范围内。选择该项目时所采用的预测要与实际结果进行比较。必要的话,可能需要进行预算调整以在项目生命周期中获得最优结果。

四、资本预算项目投资计算期

项目计算期是指投资项目从投资建设开始到最终清理结束整个过程所需要的时间,一般以年为计量单位。由于投资项目的规模往往较大,需要较长的建设时间,所以常常将投资项目的整个时间分为建设期和生产经营期。其中,建设期的第一年年初称为建设起点,建设期的最后一年年末称为投产日;生产经营期是指从投产日到清理结束日之间的时间间隔;项目计算期的最后一年年末称为终结点。项目计算期对评价结果将产生重大影响,所以必须力求准确。

五、资本预算项目资金确定及投入方式

原始总投资是反映项目所需现实资金的价值指标。从投资项目的角度看,原始总投资等于企业为使投资项目完全达到设计生产能力而投入的全部现实资金。

投资总额是反映投资项目总体规模的价值指标,它等于原始总投资与建设期资本化利息之和。其中,建设期资本化利息是指在建设期应计入投资项目价值的有关借款利息。

投资项目的资金投入方式可分为一次投入和分次投入两种。一次投入方式是指投资行为集中在一次发生或资金集中在某一个时点上投入。如果投资行为涉及两个或两个以上的时点,则属于分次投入方式。当建设期为零时,一般为一次投入方式。

六、资本预算项目投资的特点

项目投资的特点包括目标性、唯一性、时间长、耗资多、不可逆和风险大等。一旦决策失误,就会严重影响企业的现金流量和财务状况,甚至会造成企业破产清算。因此,企业应按照一定的程序,运用科学的方法进行论证,以保证决策的正确性和有效性。

七、资本预算失效及对策

(一)资本预算失效的表现

资本预算在实际应用中会产生失效的现象,资本预算失效就是在资本预算过程中,资本预算没有起到预期的目的,或者为后期相似的工作提供错误的信息,没有发挥资本预算工作的职能。资本预算失效主要表现为资本预算的松弛,这种问题会严重影响资本预算有效职能的发挥。财务管理的第一个阶段就是财务计划,企业进行资本预算,实际就是计划,可以促进企业计划工作的开展与完善,为财务管理的后续工作做准备,减少企业的经营风险和财务风险,为企业今后的绩效评价提供依据,便于考核,强化内部控制,还能加强企业内部员工和部门之间的合作,促进以后工作的顺利进行。现在我国大多数的企业都认识到资本预算的重要作用,都开始进行资本预算的工作,具体表现为以下几个方面。

1. 为预算而预算

企业的管理者和资本预算责任人都认识到资本预算的重要性,但是具体到预算的实际过程中就会单纯地为预算而预算,不考虑公司的实际管理水平和战略决策,在具体编制和执行过程中缺乏深刻的理解。资本预算是企业战略管理中的一部分,为战略目标的实现而服务,要与公司的战略紧密结合,有什么样的战略,就应该有什么样的预算方法。

2. 认为资本预算就是财务行为

资本预算是整个公司的事情,涉及的部门很多,由市场调研员工获得信息,管理者根据自己的才能获得更多充足的信息,确定合适的折现率,财务部门结合科学的数学模型

来进行计算，将结果告知管理人员，经过分析后选择出合适的项目或项目组进行投资。但是资本预算是在财务收支预算基础上的延伸和发展，所以很多人都认为资本预算是财务行为，忽略了其他部门的重要性，忽视了各部门之间的合作，对资本预算错误的认识就不会有准确的决策形成。

(二)资本预算失效的改进对策

1. 产品竞争市场的改进

产品竞争市场主要是影响项目现金流的期限结构。公司在开展资本预算工作的过程中，需要对投资产品未来市场竞争格局的主要发展趋势进行分析和预测。传统的资本预算体系成立的前提都是不现实的，一般都是在理论上需要完备的信息环境假设，也就是说在项目评估中所获得的信息应该是准确的和充分的，项目评估者对未来的预期是无偏的，这样做出的评估结果才能用来作为投资决策的依据。但现实的产品市场中，公司一般都不能获得确定和充分的项目信息。信息不确定性的产生主要是因为信息的动态性，信息环境的变化带来公司决策的变化，公司决策的变化又会带来产品信息环境的变化，这就需要在项目评估时引入博弈模型等动态评价方法。除此之外，公司在项目评估的过程中还有可能遇到无法获得足够多的信息来支持预算的情况，由于信息的不对称性，产品的市场规模、竞争对手情况、技术发展趋势等方面的信息可能无法全部获得，所以就会影响公司的决策。在信息不充分的情况下，公司就要尽可能地在评估中考虑到关键因素的变化，引入多阶段的评估和管理方式。衰退期，产品将逐渐被淘汰，被新生产品或替代品所代替，利润和收入都将迅速下降，成本较高的企业就会停止生产，最后产品退出市场。企业进行一项投资，就必须要对产品的竞争优势进行分析，就需要与产品的生命周期理论相结合，来了解产品的收益以及市场竞争状况。产品的净收益是由产品所带来的客户收益与产品成本之间的差额决定的。客户收益一般是用客户的支付意愿来衡量，也就是说客户为了获得该产品所愿意支付的价格。产品的成本包括固定成本和可变成本，还包括为了生产该产品带来的投资资金的机会成本。投资项目的净现值(Net Present Value，NPV)是由这种产品的竞争优势和产品所在市场的前景决定的。

2. 资本市场因素的改进

资本市场的基本功能之一是对公司的市场价值进行评估，并在此基础上确定公司进行项目投资的资本成本。在传统的资本预算体系内，资本市场主要对项目的折现率有影响，但由于资本市场存在着周期波动，并非信息以及评估在任何时间和范围内都是有效的，而且在并购过程中还存在着信息不对称的问题，所以，资本市场除了对折现率有影响之外，还对投资方式、结构以及长期融资能力有重要影响，由于资本市场存在估价周期，因此会导致市场的评价标准处于不断变化的过程中。在处于估价周期的最高峰时，市场更加关注公司的成长性和可持续性；在处于估价周期的低谷时，市场则更加关注公司近期的收益和现金流状况，长期有较好发展前景但是近期收益较差的项目反而不会被市场认可。在进行单个项目的投资时，资本预算很难使项目的收益特征同时满足近期和远期的标准。

3. 管理者才能的改进

管理者对组织的建构和信息处理的影响极大。基于高阶梯队理论，大量的实证研究结论一致，都认为战略型领导会对组织的经营管理产生实质性的影响，特别是行业环境不确定的情况下，战略型领导的作用就更加突出，甚至会决定组织的成败。管理者能决定公司的企业文化和战略决策，树立企业的价值观，影响员工的一言一行，管理者塑造的组织文化是领导者保持组织竞争优势的重要途径之一，资本预算决策作为企业战略决策的一个重要组成部分，也像公司战略决策一样受到很多外界因素和公司内部因素的影响，所以，不同时间、不同空间都会对投资活动的决策产生影响，投资决策前公司管理者必须取得足够多的信息来支持决策，信息包括内部信息和外部信息。内部信息就是企业内部的相关信息，包括内部的财务、销售、生产等方面的数据，以及企业的长期战略决策、内部制度等；外部信息就是来源于外部的信息，包括所在行业的情况和竞争对手的情况，以及资本市场和社会的发展方向，国家的宏观政策等。针对资本预算过程中管理者才能这一部分，企业除了从公司内部选择合适的人才进行提拔之外，也可以聘请专门的职业经理人，他们有一定的战略眼光，能根据企业的长期发展的战略目标，在所选投资项目中选择合适的项目进行投资，能根据现有的资料判断出投资项目的发展前景，获取足够多的信息来做出正确的决策，做好公司的内部控制，提高员工的积极性，制定合适的激励政策使员工诚实地编制和执行资本预算。在收集信息时，不管是正式的收集，还是在经营管理过程中间接碰到的有关信息，有效的情报系统都会把收集到的信息记录在案，因此，企业要利用现代计算机系统，建立情报系统数据库，随时记录收集到的所有信息。

案例：

自 1995 年成立以来，Day-Pro 化学公司一直设法维持着较高的投资回报率。它成功的秘密在于具有战略眼光的适时开发、生产和销售可供不同部门使用的创新型产品。当前，公司管理者正考虑生产热固树脂作为电子产品的包装材料。公司的研发小组提出了两个方案：一是环氧树脂，它的开办成本较低；二是合成树脂，它的初始投资成本稍高，但具有较高的规模效益。最初，两个方案的小组负责人都提交了他们的现金流量预测，并提供了足够的资料来源来支持他们各自的方案。然而，由于这两种产品是相互排斥的，公司只能向一个方案提供资金。

为了摆脱这种两难境地，公司委派财务助理 Mike Matthews，一名刚从中西部一所知名大学毕业的工商管理硕士（Master of Business Administration，MBA），分析这两个方案的成本和收益，并向董事会提交他的分析结果。Mike 知道这是一项难度很大的工作，因为不是所有的董事会成员都懂得财务方面的知识。过去，董事会非常倾向于使用收益率指标作为决策的标准，有时也会使用回收期法进行决策。然而 Mike 认为，净现值法的缺陷最少，而且如果使用正确，将会在最大程度上增加公司的财富。

在对每个方案的现金流量进行预测和计算之后，Mike 意识到，这项工作比他原来设想的还要艰难。当用不同的资本预算方法计算这两个方案的现金流量时，会得出不一致的结论。净现值较高的方案具有较长的回收期、较低的会计收益率和内部收益率。Mike

绞尽脑汁，想搞清楚如何使董事会相信内部收益率、会计收益率和回收期往往会引致不正确的决策。

第二节 投资决策评价指标

一、投资决策评价具体指标

投资项目决策评价指标是指用于衡量和比较投资项目可行性，以便据以进行方案决策的定量化标准与尺度，是由一系列综合反映投资效益、投入产出关系的量化指标构成的。投资项目评价指标较多，这里主要从财务评价的角度介绍投资利润率、静态投资回收期、动态投资回收期、净现值、现值指数、内涵报酬率和年均净现值等指标。

（一）投资利润率

投资利润率又称会计报酬率，记作 *ROI*，是指正常年度利润或年均利润占原始投资额的百分比。其计算公式为：

$$投资利润率=\frac{年平均利润}{投资总额}\times100\% \tag{2-1}$$

$$ROI=\frac{P(或P')}{I'}\times100\% \tag{2-2}$$

式中，P 代表正常达产年份的年度利润总额；P' 代表经营期内全部利润除以经营年数的平均数；I' 代表投资总额。

（二）静态投资回收期

静态投资回收期简称回收期，是指投资引起的现金流入累计到与投资额相等所需要的时间。它代表收回投资所需要的年限。回收期是反指标，回收年限越短越好。回收期包括两种形式：包括建设期的投资回收期（记作 PP）和不包括建设期的投资回收期（记作 PP'）。显然：

$$PP=PP'+S \tag{2-3}$$

式中，S 为建设期。通常只需要计算出其中一种投资回收期即可。

投资回收期的计算，视每年的营业现金净流量是否相等而有所不同。

如果某一项目的投资均集中发生在建设期内，投产后一定期间内每年经营现金净流量（NCF）相等，且其合计大于或等于原始投资额，则投资回收期可按下式计算：

$$不包括建设期的投资回收期=\frac{原始投资合计}{投产前后若干年每年相等的净现金流量}$$

$$包括建设期的投资回收期=不包括建设期的投资回报期+建设期$$

静态投资回收期法的优点是概念易懂，计算简便，促使企业尽快回收投资，减少风险，粗略地快速衡量项目的流动性和风险；静态投资回收期法只作为辅助性的决策方法使用，一般应用于项目的初选评估。

(三)动态投资回收期

动态回收期需要将投资引起的未来现金净流量进行贴现，以未来现金净流量的现值等于原始投资额现值时所经历的时间为动态回收期。

1. 未来每年现金净流量相等时

在这种年金形式下，假定动态回收期为 n 年，则：

$$(P/A,i,n)=\text{原始投资额现值}\div\text{每年现金净流量} \tag{2-4}$$

计算出年金现值系数后，通过查年金现值系数表，利用插值法，即可推算出动态回收期 n。

2. 未来每年现金净流量不相等时

在这种情况下，应把每年的现金净流量逐一贴现并加总，根据累计现金流量现值来确定回收期。动态回收期与静态回收期相比，虽然考虑了时间价值，但是仍然没有考虑投资回收期满以后的现金流量。

(四)净现值

净现值(NPV)是指特定项目未来现金流入的现值与未来现金流出的现值之间的差额。它是评价项目是否可行的最重要指标。

净现值的基本公式为：

$$\text{净现值}(NPV)=\sum_{t=0}^{n}NCF_t\cdot(P/F,i_c,t) \tag{2-5}$$

式中，i_C 代表该项目折现率、资本成本率或投资者要求的报酬率；$(P/F,i_C,t)$ 代表第 t 年、折现率为 i_C 的复利现值系数。

1. 净现值的计算步骤

①测算出项目各期的现金净流量。

②按行业基准收益率、资本成本率或企业设定的贴现率，将投资项目各期所对应的复利现值系数确定下来。

③将各期现金净流量与其对应的复利现值系数相乘，计算出现值。

④最后加总各期现金净流量的现值，即得到该投资项目的净现值。

2. 采用净现值法评价投资项目的判断标准

①单项决策时，若 $NPV>0$，说明项目的投资报酬率大于贴现率，可以增加股东财富，则项目可行；若 $NPV<0$，则项目不可行；若 $NPV=0$，则项目只能获得行业平均报酬率，不改变股东财富。

②多项互斥投资决策时，在净现值大于 0 的投资项目中，选择净现值较大的投资项目。

3. 净现值计算的几种特殊情况

①全部投资在建设起点一次性投入，建设期为 0，投产后各年的现金净流量均相等，

则构成普通年金形式，此时有：

净现值=-原始投资额+投产后各年现金净流量×年金现值系数

②全部投资在建设起点一次性投入，建设期为0，投产后每年的现金净流量均相等，但终结点第 n 年有回收额 R_n，此时净现值可按两种方法计算。

方法一：将第1至第 $(n-1)$ 年每年相等的现金净流量视为普通年金，第 n 年的现金净流量视为第 n 年终值。其计算公式为：

$$NPV=NCF_0+NCF_{1\sim(n-1)}\cdot(P/A,i_c,n-1)+NCF_n\cdot(P/F,i_c,n) \quad (2-6)$$

方法二：将第1～第 n 年每年相等的现金净流量按普通年金处理，第 n 年发生的回收额单独作为该年终值。其计算公式为：

$$NPV=NCF_0+NCF_{1\sim n}\cdot(P/A,i_c,n)+R_n\cdot(P/F,i_c,n) \quad (2-7)$$

③全部投资在建设起点一次性投入，建设期为 s，投产后每年的现金净流量第 $(s+1)$ 至第 n 年均相等，则后者具有递延年金的形式，此时的净现值计算公式为：

$$\begin{aligned}NPV&=NCF_0+NCF_{(s+1)\sim n}\cdot[(P/A,i_c,n)-(P/A,i_c,s)]\\&=NCF_0+NCF_{(s+1)\sim n}\cdot(P/A,i_c,n-s)\cdot(P/F,i_c,s)\end{aligned} \quad (2-8)$$

④全部投资在建设期内分次投入，投产后第 $(s+1)$ 至第 n 年每年现金净流量均相等，此时净现值的计算公式为：

$$\begin{aligned}NPV=&NCF_0+NCF_1\cdot(P/F,i_c,1)+\cdots+NCF_s\cdot(P/F,i_cs)\\&+NCF_{(s+1)\sim n}\cdot[(P/A,i_c,n)-(P/A,i_c,s)]\end{aligned} \quad (2-9)$$

4. 净现值指标的优点

净现值法是投资项目评价中常用的方法，其主要优点是考虑了资金的时间价值，增强了投资经济性评价的实用性；完整地考虑了项目计算期内全部现金流量，体现了流动性与收益性的统一；考虑了投资风险，投资项目风险可以通过提高贴现率加以控制。

5. 贴现率的确定

在投资项目评价中，正确选择贴现率非常重要，它直接关系到投资项目的评价结果。如果选择的贴现率过低，则会使本来不应该采纳的投资项目得以通过，由此加大企业的经营风险。如果选择的贴现率过高，则会导致一些经济效益较好的投资项目不能通过，一方面会使有限的社会资源得不到充分的运用，另一方面会使企业失去有利的投资机会。在实务中，一般可采取以下几种方法确定投资项目的贴现率。

（1）必要报酬率。

必要报酬率代表公司在选择一项投资时可以接受的最低未来报酬。换句话说，它是公司在其他风险相似的资本投资中预期收到的回报。必要报酬率也指预期回报率、预设回报率、门槛回报率或机会资本成本。

在实务中，确定所有潜在投资的必要报酬率不仅极富挑战性，也极费时间。确认并评估特定时点所有可行的投资机会对企业来说既困难又费钱。企业倾向于使用两种方法来简化该过程：最低回报率或资本成本。

(2)最低回报率。

企业一般会设定一个最低回报率用于评估各项投资。最低回报率的设定通常基于企业的战略目标、行业平均值和常见的投资机会。如果企业将最低回报率作为投资基准,那么资本投资项目必须满足该最低回报率的要求。

(五)现值指数

现值指数亦称获利指数(Profitability Index,PI),是指投产后按行业基准收益率或企业设定贴现率折算的各年经营期现金净流量的现值合计与原始投资的现值合计之比,其实质是每1元初始投资所能获取的未来收益的现值额。用公式表示为:

$$PI = \frac{\sum_{t=s+1}^{n} NCF_t \cdot (P/F, i_c, t)}{\left| \sum_{t=0}^{s} NCF_t \cdot (P/F, i_c, t) \right|} \qquad (2-10)$$

现值指数是一个贴现的相对量评价指标,采用这种方法的判断标准是:如果 $PI \geqslant 1$,则该投资项目可行;如果 $PI<1$,则该投资项目不可行。如果几个投资项目的获利指数都大于1,那么获利指数越大,投资项目越好。但在进行互斥性投资决策时,正确的选择原则不是选择获利指数最大的项目,而是在保证获利指数大于1的情况下,追加投资收益最大化。

获利指数法的优点与净现值法的优点基本相同,但有一个重要区别是:获利指数法可以从动态的角度反映投资项目的资金投入与总产出之间的关系,使各种不同投资额项目之间可直接用获利指数进行对比。

(六)内涵报酬率

1. 内涵报酬率的含义

内涵报酬率(Internal Rate of Return,IRR)又叫内部收益率,就是指项目在计算期内各年现金净流量现值累计等于零时的折现率。简而言之,能使投资方案净现值等于零的折现率就是该方案的内涵报酬率,是投资项目预期可以实现的收益率。

内涵报酬率是一个折现的相对量正指标,采用这一指标的决策标准是将所测算的各方案的内涵报酬率与其资本成本率或投资者要求的最低报酬率对比。如果方案的内涵报酬率大于其资本成本率,该方案可行;如果方案的内涵报酬率小于其资本成本率,该方案不可行。如果几个投资方案的内涵报酬率都大于其资本成本率,且各方案的投资额相同,那么内涵报酬率与资本成本率之间差异最大的方案最好。

2. 内涵报酬率的计算

内涵报酬率可以分两种情况分别进行计算。

第一种情况,当建设期为0,全部投资于建设期起点一次性投入,营业期间各年现金净流量相等,可采用简化方法计算。

第一步,先求年金现值系数 C。由内涵报酬率的定义可知:

各年 NCF×年金现值系数=原始投资额现值

所以:年金现值系数 C=原始投资额现值÷各年现金净流量

第二步，查年金现值系数表，如果在期数为 n 的行中恰好找到等于上述数值的年金现值系数 C，则该系数所对应的贴现率即为所求的内涵报酬率。

第三步，如果无法在年金现值系数表期数为 n 的行中找到与计算出的数值相等的年金现值系数 C，则可在期数为 n 的行中找出与之相邻的两个临界年金现值系数 C_m 和 C_{m+1} 及其相应的两个折现率 r_m 和 r_{m+1}，然后采用内插法近似计算该投资项目的内涵报酬率。

$$IRR=r_m+\frac{C_m-C}{C_m-C_{m+1}}\cdot(r_{m+1}-r_m) \tag{2-11}$$

为缩小误差，按照有关规定，r_m 和 r_{m+1} 之间的差不得大于 5%。

在实际工作中，如遇到某投资方案各年的 NCF 相等，只是期末因有固定资产的残值回收，造成最后一期的现金流量与各年的现金流量不等时，为了简化计算，一般也可把这种情况视作各年 NCF 相等，即把最后一期的残值平均分摊到各年 NCF 中去，并将以上计算公式中的分母改为“各年平均的 NCF”。

第二种情况，各年现金净流量不相等时，可用逐步测试法。

该方法的计算步骤如下：先估计一个贴现率，并用其计算投资项目的净现值。若净现值等于 0，则该贴现率即为投资项目的内涵报酬率，计算终止。若净现值大于 0，即表明原先估计的贴现率低于该方案的内涵报酬率，应提高贴现率，再进行测算（贴现率提高的幅度应该视计算出的净现值而定，即如果计算出的净现值越大，则贴现率提高的幅度就应该越大）；反之，若净现值小于 0，则表明原先估计的贴现率高于该项目的内涵报酬率，应降低贴现率，再进行测算（贴现率降低的幅度也应该视计算出的净现值而定）。经过若干次的重复，最终一定会找到使净现值由正到负的两个相差不是很大的贴现率，再用插值公式计算出 IRR。

3. 内涵报酬率法的优点

第一，内涵报酬率反映了投资项目本身可能达到的报酬率，不受贴现率选择的影响，比较客观，易被高层决策人员所理解。

第二，对于独立投资方案的比较决策，如果各方案原始投资额现值不同，可以通过计算各方案的内涵报酬率，反映各独立投资方案的获利水平。

（七）年均净现值

年均净现值是把投资项目的净现值，按年金现值系数，分摊为项目每年的平均净现值（用 ANPV 表示）。

年均净现值的计算公式为：

$$ANPV=\frac{NPV}{(P/A,i,n)} \tag{2-12}$$

应用 ANPV 的决策规则与 NPV 法相同。

第三节　投资项目决策方法应用

财务可行性评价指标的首要功能就是用于评价某个具体的投资项目是否具有财务可行性。在投资决策的实践中,必须对所有已经具备技术可行性的投资备选方案进行财务可行性评价。

根据投资项目中投资方案的数量,可将投资方案分为单一方案和多个方案;根据投资方案之间的关系,可将投资方案分为独立方案和互斥方案等。

一、独立方案的决策

所谓独立方案,是指在决策过程中,一组互相分离、互不排斥的方案或单一的方案。在独立方案中,选择某一方案并不排斥选择另一方案。独立方案的决策属于筛分决策,评价各方案本身是否可行,即方案本身是否达到某种要求的可行性标准。一般来说,各折现指标对同一独立项目评价不会出现相互矛盾的结论,当折现指标与非折现指标评价同一独立项目发生矛盾时,应以折现指标结论为准。独立方案之间比较时,决策要解决的问题是如何确定各种可行方案的投资顺序,即各独立方案之间的优先顺序。排序分析时,以各独立方案的获利程度作为评价标准,一般采用内涵报酬率为主,并结合 NPV 进行比较决策。如果各指标结论一致,则项目完全具备财务可行性;如果折现指标可行而非折现指标不可行,则项目具备基本财务可行性;如果非折现指标可行而折现指标不可行,则项目基本不具备财务可行性。

二、互斥方案的决策

互斥方案是指互相关联、互相排斥的方案,即一组方案中彼此可以相互代替,采纳方案组中的某一方案,就会自动排斥这组方案中的其他方案。因此,互斥方案具有排他性。

企业在进行投资项目决策时,常常会碰到多个可供选择的投资项目。企业必须从中选择一个项目的情况,这就是互斥项目的投资决策问题。投资决策中的互斥项目决策是指在决策时涉及多个相互排斥、不能同时并存的投资方案。互斥方案决策过程是在每一个入选方案已具备财务可行性的前提下,利用具体决策方法比较各个方案的优劣,利用评价指标从各个备选方案中最终选出一个最优方案的过程。互斥方案决策的方法主要有净现值、获利指数、差额投资内涵报酬率和年均净现值等。所谓净现值,是指通过比较已具备财务可行性投资方案的净现值指标的大小来选择最优方案的方法。该法适用于原始投资额相同且项目计算期相等的多方案比较决策。在此法下,净现值最大的方案为优。所谓差额投资内涵报酬率法,是指在两个原始投资额不同方案的差量净现金流量($\triangle$NCF)的基础上,计算出差额内涵报酬率($\triangle$IRR),并与基准折现率进行比较,进而判断方案孰优孰劣的方法。该法适用于两个原始投资方案不相同,但项目计算期相同的多方案比较决策。当差额内涵报酬率指标大于或等于基准折现率或设定折现率时,原始投资额大的方案较优;反之,则投资少的方案为优。年均净现值法,是指通过比较所有投资方案的年均净现值指标的大小来选择最优方案的决策方法。该法适用于原始投资额不同,特别是项目计算期不同的多方案比较决策。在此法下年均净现值最大的方案为优。另外,净现值、内涵报酬率、获利指数等方法在互斥方案或非常规方案的应用中可能会得出不同的结果,应该引起注意。

(一)净现值和内涵报酬率的比较

净现值法和内涵报酬率法对项目的风险或不确定性具有相同的基本假设前提,并且这些假设前提都建立在估计的基础上,所作出的估计越精确,净现值法和内涵报酬率法就越准确。

两者主要的区别是,净现值的最终结果是绝对数,而内涵报酬率的最终结果是相对数。就这一点而言,净现值法占优势,因为单个项目的 NPV 的值可以相加,从而能评价接受某种可能的项目组合的影响,即在资本限量决策中可以应用净现值法。而内涵报酬率是相对数,多个项目的 IRR 不能相加或求平均值,所以,在资本限量决策中一般不用 IRR 法。

如果被评估的项目在项目计算期内的必要报酬率不断变化,则 NPV 法很有用。净现值法是投资项目现金流入量总现值与现金流出量总现值的比较,计算结果不受不同回报率的影响。但是内涵报酬率法不同,因为各年的必要报酬率不同,意味着没有单一回报率或单一 IRR 值供参考,这导致在对可行的资本预算排序时会出现不同的结果。当净现金流入和净现金流出交替发生时,NPV 比 IRR 更可靠。因为净现值法能使股东财富最大化。

NPV 的可靠性取决于所选用的贴现率。不现实的贴现率会导致接受或拒绝项目的错误决策。资本投资项目不应仅仅因为有高的 IRR 值而被接受。对较高的 IRR 结果应作进一步评估,以确定这样的现金流投资机会是否真实。

NPV 和 IRR 具有不同的再投资回报率假设。NPV 法隐含的假设前提是,企业能以必要报酬率对所有现金流入进行再投资。与此相反,IRR 法隐含的假设前提是,企业能以 IRR 对所有现金流入进行再投资。一般认为,NPV 法的再投资回报率假设更合理。

(二)内涵报酬率与现值指数的比较

内涵报酬率法和现值指数法有相似之处,都是根据相对比率来评价项目,而不像净现值那样使用绝对数来评价项目。在评价项目时要注意到,比率高的项目绝对数不一定大;反之也一样。这种不同和利润率与利润额不同是类似的。

内涵报酬率法与现值指数法也有区别。在计算内涵报酬率时不必事先估计资本成本,只是最后才需要一个切合实际的资本成本来判断项目是否可行。而现值指数法需要一个合适的资本成本,以便将现金流量折为现值,折现率的高低有时会影响方案的优先次序。

三、固定资产更新决策

固定资产更新是对技术上或经济上不宜继续使用的旧资产,用新的资产更换,或用先进的技术对原有设备进行局部改造。固定资产更新决策主要研究两个问题:一个是决定是否更新,即继续使用旧资产还是更换新资产;另一个是决定选择什么资产来更新。实际上,这两个问题是结合在一起考虑的,如果市场上没有比现有设备更适用的设备,那么就继续使用旧设备。由于旧设备总是可以通过修理继续使用,所以更新决策是继续使用旧设备与购置新设备的选择。

(一)更新决策的现金流量分析

更新决策不同于一般的投资决策。一般来说,设备更换并不改变企业的生产能力,也不增加企业的现金流入。更新决策的现金流量主要是现金流出。即使有少量的残值变价收入,也属于支出抵减,而非实质上的流入增加。由于只有现金流出,而没有现金流入,这就给采用贴现现金流量分析带来了困难。下面给出更新改造投资项目现金净流量的简化公式,我们可以依此计算固定资产更新改造项目的现金净流量。

1. 建设期现金净流量的简化计算公式

如果更新改造投资项目的固定资产投资均在建设期内投入,建设期不为0,且不涉及追加流动资金投资,则建设期的NCF简化公式为:

建设期某年净现金流量=该年发生的新固定资产投资-旧固定资产变价净收入

建设期末的净现金流量=因固定资产提前报废发生净损失而抵减的所得税额

显然,如果建设期为0,则第二个公式无效。

2. 经营期现金净流量的简化计算公式

如果建设期为零,则经营期现金净流量的简化公式为:

经营期第1年净现金流量=该年因更新改造而增加的净利润+该年因更新改造而增加的折旧-因旧固定资产提前报废发生净损失而抵减的所得税额

经营期其他各年净现金流量=该年因更新改造而增加的净利润+该年因更新改造而增加的折旧+该年回收新固定资产净残值超过继续使用的旧固定资产净残值之差额

如果建设期不为0,则第一个公式无效,整个经营期现金净流量均可按第二个公式计算。

上面两个公式中,“因更新改造而增加的折旧”是指按使用新设备发生的年折旧与假定继续使用旧设备应当发生的年折旧的差额,其中旧设备的年折旧不是按其账面原值确定的,而是按更新改造当时旧设备的变价净收入扣除假定可继续使用若干年后的预计净残值,再除以预计可继续使用年限计算出来的。为简化计算,通常假定新设备的使用年限和旧设备的可继续使用年限相等。在这种情况下,“因更新改造而增加的折旧”等于更新设备比继续使用旧设备增加的投资额(即新设备的投资扣除旧设备的变价净收入后的差额)除以新设备的使用年限。

固定资产变现净损益对现金净流量的影响用公式表示如下:

固定资产变现净损益对现金净流量的影响=(账面价值-变价净收入)×所得税税率

如果(账面价值-变价净收入)>0,则意味着发生了变现净损失,可以抵税,减少现金流出,增加现金净流量;如果(账面价值-变价净收入)<0,则意味着实现了变现净收益,应该纳税,增加现金流出,减少现金净流量。

变现时固定资产账面价值指的是固定资产账面原值与变现时按照税法规定计提的累计折旧的差额。如果变现时,按照税法的规定,折旧已经全部计提,则变现时固定资产账面价值等于税法规定的净残值;如果变现时,按照税法的规定,折旧没有全部计提,则变现时固定资产账面价值等于税法规定的净残值与剩余的未计提折旧之和。

(二)固定资产的平均年成本

固定资产的平均年成本是指该资产引起的现金流出的年平均值。如果不考虑资金的时间价值,那么它是未来使用年限内的现金流出总额与使用年限的比值。如果考虑资金的时间价值,那么它是未来使用年限内的现金流出总现值与年金现值系数的比值,即平均每年的现金流出。

(三)差额净现值法和差额内涵报酬率法在更新改造投资决策中的运用

如果新、旧设备未来的使用年限相同,那么对于固定资产是否更新的决策,一般可以采用差额净现值法或差额内涵报酬率法作出判断。

四、资本限量决策

任何企业的资金都有一定限度,不可能投资于所有的可接受项目。当企业可用于投资的资金有限而可供选择的项目很多时,究竟应该选择哪些项目呢?这类问题称为资本限量决策。在资本限量决策中,待选投资项目很多,决策时一方面应尽可能充分利用可供投资的资本,另一方面又不能超过预定用于投资的资本限额。在这种情况下,可能会有很多的项目搭配方案可供选择。可以把这类方案的决策程序概括如下。

①先计算所有方案的 NPV 及 PI。

②选择 NPV≥0 或 PI≥1 的方案为备选方案。

③在资本限量内对各种备选方案进行组合,计算出各种组合的净现值(或获利指数)。

④选择净现值最大的投资组合。

第四节 投资风险分析

一、投资风险概述

任何投资项目都是有风险的,公司在制定资本预算时,不仅要考虑这些风险的大小并将其纳入项目的评估范围,还应在设计项目时尽可能减少这些不确定性。在项目分析中,项目的风险可以分成三个层次。第一层次是项目的特有风险,它可以用项目预期收益率的波动来衡量。通常,项目的特有风险不宜作为项目资本预算时风险的度量。第二层次是项目的公司风险,可以用项目对于公司未来收益不确定性的影响大小来衡量。因为项目特有风险可以通过与公司其他项目组合而分散,所以要考虑某项目对公司现有项目组合的整体风险产生的影响增量。它不是这个项目的全部风险,而是扣除被项目组合分散掉的剩余部分。第三层次是项目的市场风险,即新项目给股东带来的风险。在项目的公司风险中,股东可以通过多元化组合分散掉一部分,剩下的就是完全不可分散的系统风险。因此,唯一影响股东预期收益的是项目的系统风险,而这正是与项目分析相关的风险度量。

风险识别是积极采取有效风险防范措施的前提,而风险如何分类又决定了风险如何进行识别。部分学者根据风险来源、风险控制和风险影响等方面的内容,对风险进行了不同类型的划分。同时,也有学者从特定投资环境的视角来深入研究国际投资活动中的宏观经济风险、外汇风险等具体风险。

二、投资风险分析方法

(一)风险调整现金流量法

风险调整现金流量法就是按照一定的系数,把不确定的现金流量调整为确定的现金流量,然后用无风险收益率作为贴现率计算投资项目的净现值。如果净现值为正数,该投资具有财务可行性。

风险调整现金流量法克服了风险调整贴现率法夸大远期风险的缺点,可以根据各年不同的风险程度分别采用不同的肯定当量系数。但如何准确、合理地确定肯定当量系数却是一个十分困难的问题。

在风险投资决策中,由于各年的现金流量具有不确定性,这就必须进行调整。所谓肯定当量法,就是先把不确定的各年现金流量,按照一定的系数(通常称为约当系数)折算为大约相当于肯定的现金流量的数量,再利用无风险贴现率作为折现率计算净现值来评价风险投资项目的决策分析方法。其计算公式为:

$$\text{风险调整后净现值} = \sum_{t=0}^{n} \frac{a_t \times \text{现金流量期望值}}{(1 + \text{无风险报酬率})^t} \qquad (2-13)$$

式中,a_t 代表 t 年现金流量的肯定当量系数,即约当系数。约当系数是肯定的现金流量对与之相当的、不肯定的期望现金流量的比值。

在进行评价时,可根据各年现金流量风险的大小,选取不同的约当系数。当现金流量为肯定时,可取约当系数为1;当现金流量的风险很小时,可取 $1 > a_t \geq 0.8$;当现金流量风险一般时,可取 $0.8 > a_t \geq 0.4$;当现金流量风险很大时,可取 $0.4 > a_t \geq 0$。

约当系数的选择因人而异,敢于冒险的分析者会选用较高的约当系数,而不愿意冒险的投资者可能选用较低的约当系数。为了防止因决策者的偏好不同而造成决策失误,有些企业根据标准离差率来确定约当系数。标准离差率是衡量风险大小的一个很好的指标,因而,用它来确定约当系数是合理的。

有些时候,也可以对不同的分析人员各自给出的约当系数进行加权平均,用这个加权平均约当系数对未来不确定的现金流量进行折算。在约当系数确定后,决策分析就比较容易了。

风险调整现金流量法在理论上受到好评。该方法对时间价值和风险价值分别进行调整,先调整风险,然后把肯定现金流量用无风险报酬率进行折现。对不同年份的现金流量,可以根据风险的差别使用不同的约当系数进行调整。

(二)风险调整折现率法

风险调整折现率法是更为实际、更为常用的风险处置方法。这种方法的基本思路是,对高风险的项目应当采用较高的折现率计算净现值。其计算公式为:

$$\text{调整后净现值} = \sum_{t=0}^{n} \frac{\text{预期现金流量}}{(1+\text{风险调整折现率})^{t}} \tag{2-14}$$

风险调整折现率可按照下式计算:

$$K_i = R_f + \beta_i \cdot (K_m - R_f) \tag{2-15}$$

式中,K_i 代表项目 i 按风险调整的贴现率或项目的必要报酬率。

从实务上看,经常应用的是风险调整折现率法,主要原因是风险调整折现率比约当系数容易估计。此外,大部分财务决策都使用报酬率来决策,调整折现率更符合人们的习惯。

(三)概率法

概率法是指通过发生概率来调整各期的现金流量,并计算投资项目的年期望现金流量和期望净现值,进而对风险投资作出评价的一种方法。概率法适用于各期的现金流量相互独立的投资项目,所谓各期的现金流量相互独立是指前后各期的现金流量互不相关。

运用概率法时,各年的期望现金流量计算公式为:

$$\overline{NCF_t} = \sum_{i=1}^{n} NCF_{ti} P_{ti} \tag{2-16}$$

式中,$\overline{NCF_t}$ 代表第 t 年的期望现金净流量;NCF_{ti} 代表第 t 年的第 i 种结果的现金净流量;P_{ti} 代表第 t 年的第 i 种结果发生的概率;n 代表第 t 年可能结果的数量。

投资的期望净现值可以按下式计算:

$$\overline{NPV} = \sum_{t=0}^{n} \overline{NCF_t} \times (P/F, i, t) \tag{2-17}$$

式中,$\overline{NPV}$ 代表投资项目的期望净现值;$(P/F, i, t)$ 代表贴现率为 i、t 年的复利现值系数;n 代表未来现金流量的期数。

(四)风险调整贴现率法

风险调整贴现率法的基本思路是将与投资项目有关的风险收益加入原有资本成本

中,构成按风险调整的贴现率,并据以进行投资决策分析。对于风险正常并且不改变企业总风险的投资项目,应该以资本成本作为贴现率。而对于超过正常风险的投资项目,其贴现率要大于资本成本。

风险调整贴现率有以下几种确定方法。

1. 利用资本资产定价模型来调整贴现率

利用资本资产定价模型确定项目的风险贴现率需要有良好的资本市场,特别是良好的股票市场,才能取得有关数据,计算出不同投资项目的风险系数。如果不具有这种条件,通常很难利用这一模型进行测算。

2. 按照投资项目的风险等级来调整贴现率

该方法的基本思路是对影响投资项目风险的各个因素进行评分,然后根据评分确定风险等级并据以调整贴现率。操作时,可以根据不同期间影响因素及其变动情况确定各因素得分,然后计算各期间的总得分;随着总得分的增加,风险等级也增加,然后由专业人员根据经验等确定相应的贴现率。

风险调整贴现率法用单一的贴现率同时完成了风险调整和时间调整。但这种做法将资金时间价值和风险混为一谈,尤其是用于远期投资的现金流量贴现时,贴现过程的算法会重复计算这个风险贴现率,从而夸大了风险,有可能盲目否定原本可行的投资项目。只有当项目的风险随着时间的推移而增加时,不变的风险调整贴现率才合适,而大多数投资项目的风险随着时间的延续会降低,有效的方法是不断地调整风险附加值,并分阶段计算项目的净现值,但这无疑加大了计算的难度。

三、投资风险管理策略

(一)完善对外投资企业的治理结构

规范化的企业治理结构是现代大型跨国企业高效运作的基本前提,也是跨国企业规避对外投资活动中不确定性损失的制度性保证。一方面将导致企业在对外投资活动中表现出经营业绩不佳、缺少国际竞争能力等现象,另外一方面将导致企业个别权威人士形成的“内部人控制”模式,很难全面有效控制对外投资的高风险。考虑到我国企业对外直接投资的现实情况,建议国内企业必须学会先进管理的成功经验,建立健全企业法人治理机制,对董事会、监事会及总经理的权责关系进一步明确,然后科学分工。

(二)积极实施“跨国本地化”经营战略

所谓“跨国本地化”,简单地讲就是跨国企业拥有全球化的市场并达到本地化的效率。具体而言,进行对外直接投资活动时,应该更加积极参与和享受东道国现有的外资优惠政策,通过有效实施“跨国本地化”经营战略,企业与当地的社会、人文、管理等投资环境融合。在实施“跨国本地化”经营战略的过程中,应该把握其多层次、全方位的内涵。我国企业可以根据自身条件与当地实际的情况,制定并实施“跨国本地化”经营战略,并根据市场需求变化进行适当调整。

（三）重视对外投资项目的可行性研究

为了降低或规避重大投资项目的不确定性损失，通常投资者在做出投资项目决定时都要对预投资的项目进行可行性研究，包括进行投资技术、经济和管理等要素的可行性论证，预测风险的结果在可控制或接受的范围内才会考虑投资。换句话说，可行性研究是国际上很多成功的跨国企业在对外进行项目投资时通行的一种较成熟的办法，他们进行可行性研究的目标是尽可能最大化降低投资不确定的损失，这种办法对降低或规避投资风险起着非常关键的作用。现阶段，我国一部分企业盲目的投资造成了重大的损失。为了避免类似问题再次发生，有必要重视对外投资项目的可行性研究。

第三章 财务筹资管理

第一节 筹资管理的主要内容

一、筹资的分类

（一）股权筹资、债务筹资及其他筹资

股权筹资形成股权资本，是企业依法长期拥有、能够自主调配运用的资本。股权资本在企业持续经营期间，投资者不得抽回，因而也称之为企业的自有资本、主权资本或股东权益资本。股权资本是企业从事生产经营活动和偿还债务的本钱，是代表企业基本资信状况的一个主要指标。企业的股权资本通过吸收直接投资、发行股票、内部积累等方式取得。股权资本由于一般不用还本，并且形成了企业的永久性资本，因而财务风险小，但付出的资本成本相对较高。

股权筹资项目包括实收资本、资本公积金、盈余公积金和未分配利润等。其中，实收资本和实收资本溢价部分形成的资本公积金是投资者的原始投入部分；盈余公积金、未分配利润和部分资本公积金是原始投入资本在企业持续经营中形成的经营积累。通常，盈余公积金、未分配利润共称为留存收益。股权筹资在经济意义上形成企业的所有者权益，其金额等于企业资产总额减去负债总额后的余额。

债务筹资是企业通过借款、发行债券、融资租赁以及赊销商品或服务等方式取得的资金形成在规定期限内需要清偿的债务。由于债务筹资到期要归还本金和支付利息，并且对企业的经营状况不承担责任，因而具有较大的财务风险，但付出的资本成本相对较低。从经济意义上来说，债务筹资是债权人对企业的一种投资，要依法享有企业使用债务所取得的经济利益，因而也可以称为债权人权益。

衍生工具筹资包括兼具股权与债务特性的混合融资、其他衍生工具融资。我国上市公司目前最常见的混合融资是可转换债券融资，最常见的其他衍生工具融资是认股权证融资。

（二）直接筹资与间接筹资

按其是否以金融机构为媒介，企业筹资分为直接筹资和间接筹资两种类型。

直接筹资是企业直接与资金供应者协商融通资本的一种筹资活动。直接筹资方式

主要有吸收直接投资、发行股票、发行债券等。通过直接筹资既可以筹集股权资金,也可以筹集债务资金。按法律规定,公司股票、公司债券等有价证券的发行需要通过证券公司等中介机构进行,但证券公司所起到的只是承销的作用,资金拥有者并未向证券公司让渡资金使用权,因此发行股票、债券属于直接向社会筹资。

间接筹资是企业借助银行等金融机构融通资本的筹资活动。在间接筹资方式下,银行等金融机构发挥了中介的作用,预先集聚资金,资金拥有者首先向银行等金融机构让渡资金的使用权,然后由银行等金融机构将资金提供给企业。间接筹资的基本方式是向银行借款,此外还有融资租赁等筹资方式,间接筹资形成的主要是债务资金,用于满足企业资金周转的需要。

(三)内部筹资与外部筹资

按资金的来源范围不同,企业筹资分为内部筹资和外部筹资两种类型。

内部筹资是指企业通过利润留存而形成的筹资来源。内部筹资数额的大小主要取决于企业可分配利润的多少和利润分配政策,一般无须花费筹资费用,从而降低了资本成本。

外部筹资是指企业向外部筹措资金而形成的筹资来源。处于初创期的企业,内部筹资的可能性是有限的;而处于成长期的企业,内部筹资往往难以满足需要。这就需要企业广泛地开展外部筹资。企业向外部筹资大多需要花费一定的筹资费用,从而提高了筹资成本。因此,企业筹资时首先应利用内部筹资,然后再考虑外部筹资。

(四)长期筹资与短期筹资

按所筹集资金的使用期限不同,企业筹资分为长期筹资和短期筹资两种类型。

长期筹资是指企业筹集使用期限在 1 年以上的资金筹集活动。长期筹资的目的主要在于形成和更新企业的生产和经营能力,或扩大企业的生产经营规模,或为对外投资筹集资金。长期筹资通常采取吸收直接投资、发行股票、发行债券、取得长期借款、融资租赁等方式,所形成的长期资金主要用于购建固定资产、形成无形资产、对外长期投资、垫支流动资金、产品和技术研发等。从资金权益性质来看,长期资金可以是股权资金,也可以是债务资金。

短期筹资是指企业筹集使用期限在 1 年以内的资金筹集活动。短期资金主要用于企业的流动资产和日常资金周转,一般需要在短期内偿还。短期筹资经常利用商业信用、短期借款、保理业务等方式来筹集。

二、筹资管理的原则

企业筹资管理的基本要求,是在严格遵守国家法律、法规的基础上,分析影响筹资的各种因素,权衡资金的性质、数量、成本和风险,合理选择筹资方式,提高筹集效果。

(一)遵循国家法律、法规,合法筹措资金

不论是直接筹资还是间接筹资,企业最终都通过筹资行为向社会获取资金。企业的

筹资活动不仅为自身的生产经营提供资金来源，而且也会影响投资者的经济利益和社会经济秩序。企业的筹资行为和筹资活动必须遵循国家的相关法律、法规，依法履行法律、法规和投资合同约定的责任，合法合规筹资，信息依法披露，维护各方的合法权益。

(二)分析生产经营情况，正确预测资金需要量

企业筹集资金，首先要合理预测资金的需要量。筹资规模与资金需要量应当匹配一致，既避免因筹资不足影响生产经营的正常进行，又要防止筹资过多造成资金闲置。

(三)合理安排筹资时间，适时取得资金

企业筹集资金，还需要合理预测并确定资金需要的时间。要根据资金需求的具体情况，合理安排资金的筹集时间，适时获取所需资金，使筹资与用资在时间上相衔接，既避免过早筹集资金形成的资金投放前闲置，又防止取得资金的时间滞后，错过资金投放的最佳时间。

(四)了解各种筹资渠道，选择资金来源

企业所筹集的资金都要付出资本成本的代价，不同的筹资渠道和筹资方式所取得的资金，其资本成本各有差异。企业应当在考虑筹资难易程度的基础上，针对不同来源的资金的成本进行分析，尽可能选择可行的筹资渠道与方式，力求降低筹资成本。

(五)研究各种筹资方式，优化资本结构

企业筹资要综合考虑股权资金与债务资金的关系、长期资金与短期资金的关系、内部筹资与外部筹资的关系，合理安排资本结构，保持适当偿债能力，防范企业财务危机，提高筹资效益。

三、企业资本金制度

资本金制度是国家就企业资本金的筹集、管理以及所有者的责任权利等方面所作的法律规范。

(一)资本金的本质特征

设立企业必须有法定的资本金。资本金是指企业在工商行政管理部门登记的注册资金，是投资者用以进行企业生产经营、承担民事责任而投入的资金。从性质上看，资本金是投资者创建企业所投入的资本，是原始启动资金；从功能上看，资本金是投资者用以享有权益和承担责任的资金；从法律地位上看，投资者只能按所投入的资本金而不是按所投入的实际资本数额享有权益和承担责任；从时效上看，投资者不得随意从企业收回资本金，企业可以无限期地占用投资者的出资。

(二)资本金的筹集

1. 资本金的最低限额

有关法规制度规定了各类企业资本金的最低限额，股份有限公司注册资本的最低限额为人民币 500 万元，上市的股份有限公司股本总额不少于人民币 3 000 万元；有限责任

公司注册资本的最低限额为人民币 3 万元,一人有限责任公司的注册资本最低限额为人民币 10 万元。

如果需要高于这些最低限额的,可以由法律、行政法规另行规定。在证券公司中属于经纪类的,最低注册资本为人民币 5000 万元;属于综合类的,公司注册资本最低限额为人民币 5 亿元。

2. 资本金的出资方式

投资者可以采取货币资产和非货币资产两种形式出资。全体投资者的货币出资金额不得低于公司注册资本的 30%;投资者可以用实物、知识产权、土地使用权等能依法转让的非货币财产作价出资;法律、行政法规规定不得作为出资的财产除外。

3. 资本金缴纳的期限

资本金缴纳的期限通常有 3 种办法:①实收资本制,在企业成立时一次筹足资本金总额,使实收资本与注册资本数额一致,否则企业不能成立;②授权资本制,在企业成立时不一定一次筹足资本金总额,只要筹集了第一期资本,企业即可成立,其余部分由董事会在企业成立后进行筹集,从而使企业成立时的实收资本与注册资本可能不一致;③折中资本制,在企业成立时不一定一次筹足资本金总额,类似于授权资本制,但规定了首期出资的数额或比例及最后一期缴清资本的期限。

资本金的缴纳采用折中资本制,资本金可以分期缴纳,但首次出资额不得低于法定的注册资本最低限额。股份有限公司和有限责任公司的股东首次出资额不得低于注册资本的 20%,其余部分由股东自公司成立之日起两年内缴足,投资公司可以在 5 年内缴足。而对于一人有限责任公司,股东应当一次足额缴纳公司章程规定的注册资本额。

4. 资本金的评估

通过吸收实物、无形资产等非货币资产筹集资本金的,应按照评估确认的金额或者按合同、协议约定的金额计价。其中,为了避免虚假出资或通过出资转移财产,导致国有资产流失,国有及国有控股企业以非货币资产出资或者接受其他企业的非货币资产出资,需要委托有资格的资产评估机构进行资产评估,并以资产评估机构评估确认的资产价值作为投资作价的基础。经国务院、省政府批准实施的重大经济事项涉及的资产评估项目,分别由本级政府国有资产监管部门或者财政部门负责核准,其余资产评估项目一律实施备案制度。严格来说,其他企业的资本金评估,并不一定要求必须聘请专业评估机构评估,相关当事人或者聘请的第三方专业中介机构评估后认可的价格也可成为作价依据。不过,聘请第三方专业中介机构来评估相关的非货币资产,能够更好地保证评估作价的真实性和准确性,有效地保护公司及其债权人的利益。

(三)资本金的管理原则

企业资本金的管理应当遵循资本保全这一基本原则。实现资本保全的具体要求,可分为资本确定、资本充实和资本维持三部分内容。

1. 资本确定原则

资本确定是指企业设立时资本金数额的确定。企业设立时,必须明确规定企业的资本总额以及各投资者认缴的数额。如果投资者没有足够认缴资本总额，企业就不能成立。为了强化资本确定原则，法律规定由工商行政管理机构进行企业注册资本的登记管理。这是保护债权人利益、明晰企业产权的根本需要。一方面，投资者以认缴的资本为限对公司承担责任；另一方面，投资者以实际缴纳的资本为依据行使表决权和分取红利。

企业获准工商登记后30日内，应依据验资报告向投资者出具出资证明书等凭证，以此为依据确定投资者的合法权益，界定其应承担的责任。特别是占有国有资本的企业需要按照国家有关规定申请国有资产产权登记，取得企业国有资产产权登记证，但这并不能免除企业向投资者出具出资证明书的义务，因为前者仅是国有资产管理的行政手段。

2. 资本充实原则

资本充实是指资本金的筹集应当及时、足额。企业筹集资本金的数额、方式、期限均要在投资合同或协议中约定，并在企业章程中加以规定，以确保企业及时、足额筹得资本金。

对企业登记注册的资本金，投资者应在法律、法规和财务制度规定的期限内缴足。如果投资者未按规定出资，即为投资者违约，企业和其他投资者可以依法追究其责任，国家有关部门还将按照有关规定对违约者进行处罚。投资者在出资中的违约责任有两种情况：一是个别投资者单方违约，企业和其他投资者可以按企业章程的规定，要求违约方支付延迟出资的利息、赔偿经济损失；二是投资各方均违约或外资企业不按规定出资，则由工商行政管理部门对其进行处罚。

企业筹集的注册资本必须进行验资，以保证出资的真实可信。对验资的要求：①依法委托法定的验资机构；②验资机构要按照规定出具验资报告；③验资机构依法承担提供验资虚假或重大遗漏报告的法律责任，因出具的验资证明不实给公司债权人造成损失的，除能够证明自己没有过错外，应在其证明不实的金额范围内承担赔偿责任。

3. 资本维持原则

资本维持是指企业在持续经营期间有义务保持资本金的完整性。企业除由股东大会或投资者会议作出增减资本决议并按法定程序办理外，不得任意增减资本总额。企业筹集的实收资本，在持续经营期间可以由投资者依照相关法律、法规以及企业章程的规定转让或者减少，投资者不得抽逃或者变相抽回出资。在下列几种情况下，股份公司可以回购本公司股份：减少公司注册资本；与持有本公司股份的其他公司合并；将股份奖励给本公司职工；股东因对股东大会作出的公司合并、分立决议持有异议而要求公司收购其股份。

股份公司依法回购股份，应当符合法定要求和条件，并经股东大会决议。用于将股份奖励给本公司职工而回购本公司股份的，不得超过本公司已发行股份总额的5%；用于收购的资金应当从公司的税后利润中支出；所收购的股份应当在1年内转让给职工。

第二节 股权筹资

一、吸收直接投资

吸收直接投资是指企业按照“共同投资、共同经营、共担风险、共享收益”的原则，直接吸收国家、法人、个人和外商投入资金的一种筹资方式。吸收直接投资是非股份制企业筹集权益资本的基本方式，采用吸收直接投资的企业，资本不分为等额股份、无须公开发行股票。吸收直接投资的实际出资额中，注册资本部分形成实收资本；超过注册资本的部分属于资本溢价，形成资本公积。

（一）吸收直接投资的种类

1. 吸收国家投资

国家投资是指有权代表国家投资的政府部门或机构，以国有资产投入公司，这种情况下形成的资本叫国有资本。在持续经营期间，公司以盈余公积、资本公积转增实收资本的，国有公司和国有独资公司由公司董事会或经理办公会决定，并报主管财政机关备案；股份有限公司和有限责任公司由董事会决定，并经股东大会审议通过。吸收国家投资一般具有以下特点：①产权归属国家；②资金的运用和处置受国家约束较大；③在国有公司中采用比较广泛。

2. 吸收法人投资

法人投资是指法人单位以其依法可支配的资产投入公司，这种情况下形成的资本称为法人资本。吸收法人资本一般具有以下特点：①发生在法人单位之间；②以参与公司利润分配或控制为目的；③出资方式灵活多样。

3. 吸收外商直接投资

企业可以通过合资经营或合作经营的方式吸收外商直接投资，即与其他国家的投资者共同投资，创办中外合资经营企业或者中外合作经营企业，共同经营、共担风险、共负盈亏、共享利益。

4. 吸收社会公众投资

社会公众投资是指社会个人或本公司职工以个人合法财产投入公司，这种情况下形成的资本称为个人资本。吸收社会公众投资一般具有以下特点：①参加投资的人员较多；②每人投资的数额相对较少；③以参与公司利润分配为基本目的。

（二）吸收直接投资的出资方式

1. 以货币资产出资

以货币资产出资是吸收直接投资中最重要的出资方式。企业有了货币资产，便可以获取其他物质资源，支付各种费用，满足企业创建时的开支和日常周转需要。公司全体股东或者发起人的货币出资金额不得低于公司注册资本的30%。

2. 以实物资产出资

以实物资产出资是指投资者以房屋、建筑物、设备等固定资产和材料、燃料、产品等流动资产所进行的投资。实物投资应符合以下条件：①满足企业生产、经营、研发等活动的需要；②技术性能良好；③作价公平合理。

实物出资中实物的作价，可以由出资各方协商确定，也可以聘请专业资产评估机构评估确定。国有及国有控股企业接受其他企业的非货币资产出资，需要委托有资格的资产评估机构进行资产评估。

3. 以土地使用权出资

土地使用权是指土地经营者对依法取得的土地在一定期限内有进行建筑、生产经营或其他活动的权利。土地使用权具有相对的独立性，在土地使用权存续期间，包括土地所有者在内的其他任何人和单位，不能任意收回土地和非法干预使用权人的经营活动。企业吸收土地使用权投资应符合以下条件：①满足企业科研、生产、经营、研发等活动的需要；②地理、交通条件适宜；③作价公平合理。

4. 以工业产权出资

工业产权通常是指专有技术、商标权、专利权、非专利技术等无形资产。投资者以工业产权出资应符合以下条件：①有助于企业研究、开发和生产新的高科技产品；②有助于企业提高生产效率，改进产品质量；③有助于企业降低生产消耗、能源消耗等各种消耗；④作价公平合理。

吸收工业产权等无形资产出资的风险较大。因为以工业产权投资，实际上是把技术转化为资本，使技术的价值固定化。而技术具有强烈的时效性，会不断老化落后而导致实际价值不断减少甚至完全丧失。

此外，对无形资产出资方式的限制是，股东或发起人不得以劳务、信用、自然人姓名、商誉、特许经营权或者设定担保的财产等作价出资。对于非货币资产出资，需要满足 3 个条件：可以用货币估价；可以依法转让；法律不禁止。

(三) 吸收直接投资的程序

1. 确定筹资数量

企业在新建、扩大经营时，首先应确定资金的需要量。资金的需要量应根据企业的生产经营规模和供销条件等来核定，确保筹资数量与资金需要量相适应。

2. 寻找投资单位

企业既要广泛了解有关投资者的资信、财力和投资意向，又要通过信息交流和宣传，使出资方了解企业的经营能力、财务状况以及未来预期，以便于公司从中寻找最合适的合作伙伴。

3. 协商和签署投资协议

找到合适的投资伙伴后，双方进行具体协商，确定出资数额、出资方式和出资时间。企业应尽可能吸收货币投资，如果投资方确实有先进且适合需要的固定资产和无形资产，亦可采取非货币投资方式。对实物投资、工业产权投资、土地使用权投资等非货币资产，双方应按公平合理的原则协商定价。当出资数额、资产作价确定后，双方需签署投资的协议或合同,以明确双方的权利和责任。

4. 取得所筹集的资金

签署投资协议后,企业应按规定或计划取得资金。如果采取现金投资方式,通常还要编制拨款计划,确定拨款期限、每期数额及划拨方式,有时投资者还要规定拨款的用途。财产数量是否准确,特别是价格有无高估或低估的情况,关系到投资各方的经济利益,必须认真处理,必要时可聘请专业资产评估机构来评定,然后办理产权的转移手续取得资产。

(四)吸收直接投资的筹资特点

1. 能够尽快形成生产能力

吸收直接投资不仅可以取得一部分货币资金,而且能够直接获得所需的先进设备和技术,尽快形成生产经营能力。

2. 容易进行信息沟通

吸收直接投资的投资者比较单一,股权没有社会化、分散化,甚至有的投资者直接担任公司管理层职务,公司与投资者易于沟通。

3. 吸收投资的手续

吸收投资的手续相对比较简便,筹资费用较低。

4. 吸收直接投资的资本成本较高

相对于股票筹资来说,吸收直接投资的资本成本较高。当企业经营较好、盈利较多时,投资者往往要求将大部分盈余作为红利分配,因为企业向投资者支付的报酬是按其出资数额和企业实现利润的比率来计算的。

5. 企业控制权集中,不利于企业的治理

采用吸收直接投资的方式筹资,投资者一般都要求获得与投资数额相适应的经营管理权。如果某个投资者的投资额比例较大,则该投资者对企业的经营管理就会有相当大的控制权,容易损害其他投资者的利益。

6. 不利于产权交易

吸收投入资本由于没有证券作为媒介,不利于产权交易,难以进行产权转让。

二、发行普通股股票

股票是股份有限公司为筹措股权资本而发行的有价证券,是公司签发的证明股东持有公司股份的凭证。股票作为一种所有权凭证,代表着股东对发行公司净资产的所有权。股票只能由股份有限公司发行。

(一)股票的特征与分类

1. 股票的特征

(1)永久性。

公司发行股票所筹集的资金属于长期自有资金,没有期限,不需归还。换言之,股东在购买股票之后,一般情况下不能要求发行企业退还股金。

(2)流通性。

股票作为一种有价证券,在资本市场上可以自由转让、买卖和流通,也可以继承、赠送或作为抵押品。特别是上市公司发行的股票具有很强的变现能力,流动性很强。

(3)风险性。

由于股票的永久性,股东成了企业风险的主要承担者。风险的表现形式有股票价格的波动性、红利的不确定性、破产清算时股东处于剩余财产分配的最后顺序等。

(4)参与性。

股东作为股份公司的所有者,拥有参与企业管理的权利,包括重大决策权、经营者选择权、财务监控权、公司经营的建议和质询权等。此外,股东还有承担有限责任、遵守公司章程等义务。

2. 股东的权利

股东最基本的权利是按投入公司的股份额依法享有公司收益获取权、公司重大决策参与权和选择公司管理者的权利,并以其所持股份为限对公司承担责任。

(1)公司管理权。

股东对公司的管理权主要体现在重大决策参与权、经营者选择权、财务监控权、公司经营的建议和质询权、股东大会召集权等方面。

(2)收益分享权。

股东有权通过股利方式获取公司的税后利润,利润分配方案由董事会提出并经过股东大会批准。

(3)股份转让权。

股东有权将其所持有的股票出售或转让。

(4)优先认股权。

原有股东拥有优先认购本公司增发股票的权利。

(5)剩余财产要求权。

当公司解散、清算时,股东有对清偿债务、清偿优先股股东以后的剩余财产索取的权利。

3. 股票的种类

(1)按股东权利和义务,股票可分为普通股股票和优先股股票。

普通股股票简称普通股,是公司发行的代表着股东享有平等的权利、义务,不加特别限制的,股利不固定的股票。普通股是最基本的股票,股份有限公司通常只发行普通股。

优先股股票简称优先股,是公司发行的相对于普通股具有一定优先权的股票。其优先权利主要表现在股利分配优先权和分取剩余财产优先权上。优先股股东在股东大会上无表决权,在参与公司经营管理上受到一定限制,仅对涉及优先股权利的问题有表决权。

(2)按票面有无记名,股票可分为记名股票和无记名股票。

记名股票是在股票票面上记载股东姓名或将名称记入公司股东名册的股票;无记名

股票不登记股东名称,公司只记载股票数量、编号及发行日期。

公司向发起人、国家授权投资机构、法人发行的股票,为记名股票;向社会公众发行的股票,可以为记名股票,也可以为无记名股票。

(3)按发行对象和上市地点,股票可分为A股、B股、H股、N股和S股。

A股即人民币普通股票,由我国境内公司发行,境内上市交易,它以人民币标明面值,以人民币认购和交易;B股即人民币特种股票,由我国境内公司发行,境内上市交易,它以人民币标明面值,以外币认购和交易;H股是注册地在内地、在香港上市的股票;依此类推,在纽约和新加坡上市的股票,就分别称为N股和S股。

(二)股份有限公司的设立、股票的发行与上市

1. 股份有限公司的设立

设立股份有限公司应当有2人以上200人以下为发起人,其中需有半数以上的发起人在中国境内有住所。股份有限公司的设立,可以采取发起设立或者募集设立的方式。发起设立是指由发起人认购公司应发行的全部股份而设立公司;募集设立是指由发起人认购公司应发行股份的一部分,其余股份向社会公开募集或者向特定对象募集而设立公司。

以发起设立方式设立股份有限公司的,公司全体发起人的首次出资额不得低于注册资本的20%,其余部分由发起人自公司成立之日起2年内缴足。以募集设立方式设立股份有限公司的,发起人认购的股份不得少于公司股份总数的35%;法律、行政法规另有规定的,从其规定。

股份有限公司的发起人应当承担下列责任:①公司不能成立时,发起人对设立行为所产生的债务和费用负连带责任;②公司不能成立时,发起人对认股人已缴纳的股款,负返还股款并支付银行同期存款利息的连带责任;③在公司设立过程中,由于发起人的过失致使公司利益受到损害的,发起人应当对公司承担赔偿责任。

2. 股份有限公司首次发行股票的一般程序

(1)发起人认足股份、缴付股资。

发起方式设立的公司,发起人认购公司的全部股份;募集方式设立的公司,发起人认购的股份不得少于公司股份总数的35%。发起人可以用货币出资,也可以用非货币资产作价出资。在发起设立方式下,发起人缴付全部股资后,应选举董事会、监事会,由董事会办理公司设立的登记事项;在募集设立方式下,发起人认足其应认购的股份并缴付股资后,其余部分向社会公开募集。

(2)提出公开募集股份的申请。

以募集方式设立的公司,发起人向社会公开募集股份时,必须向国务院证券监督管理部门递交募股申请,并报送批准设立公司的相关文件,包括公司章程、招股说明书等。

(3)公告招股说明书,签订承销协议。

公开募集股份申请经国家批准后,应公告招股说明书。招股说明书应包括公司的章程、发起人认购的股份数、本次每股票面价值和发行价格、募集资金的用途等。同时,与

证券公司等证券承销机构签订承销协议。

(4)招认股份,缴纳股款。

发行股票的公司或其承销机构一般用广告或书面通知的办法招募股份。认股者一旦填写了认股书,就要承担认股书中约定的缴纳股款的义务。如果认股者的总股数超过发起人拟招募的总股数,可以采取抽签的方式确定哪些认股者有权认股。认股者应在规定的期限内向代收股款的银行缴纳股款,同时交付认股书。股款认足后,发起人应委托法定的机构验资,出具验资证明。

(5)召开创立大会,选举董事会、监事会。

发行股份的股款募足后,发起人应在规定期限内主持召开创立大会。创立大会由发起人、认股人组成,应有代表股份总数半数以上的认股人出席方可举行。创立大会应通过公司章程,选举董事会和监事会的成员,并有权对公司的设立费用进行审核,对发起人用于抵作股款的财产作价进行审核。

(6)办理公司设立登记,交割股票。

经创立大会选举的董事会,应在创立大会结束后 30 天内,办理申请公司设立的登记事项。登记成立后,即向股东正式交付股票。

3. 股票上市交易

(1)股票上市的目的。

股票上市的目的是多方面的,主要包括以下几方面。①便于筹措新资金,证券市场是资本商品的买卖市场,证券市场上有众多的资金供应者,同时股票上市经过了政府机构的审查批准并接受严格的管理,执行股票上市和信息披露的规定,容易吸引社会资本投资者,公司上市后,还可以通过增发、配股、发行可转换债券等方式进行再融资;②促进股权流通和转让,股票上市后便于投资者购买,提高了股权的流动性和股票的变现力,便于投资者认购和交易;③促进股权分散化,上市公司拥有众多的股东,加之上市股票的流通性强,能够避免公司的股权集中,分散公司的控制权,有利于公司治理结构的完善;④便于确定公司价值,股票上市后,公司股价有市价可循。对于上市公司来说,即时的股票交易行情,就是对公司价值的市场评价。同时,市场行情也能够为公司收购兼并等资本运作提供询价基础。但股票上市也有对公司不利的一面,这主要有:上市成本较高,手续复杂严格;公司将负担较高的信息披露成本;信息公开的要求可能会暴露公司的商业机密;股价有时会歪曲公司的实际情况,影响公司声誉;可能会分散公司的控制权,造成管理上的困难。

(2)股票上市的条件。

公司公开发行的股票进入证券交易所交易,必须受严格的条件限制。股份有限公司申请股票上市,应当符合下列条件。

股票经国务院证券监督管理机构核准已公开发行;公司股本总额不少于人民币 3 000 万元;公开发行的股份达到公司股份总数的 25%以上;公司股本总额超过人民币 4 亿元的,公开发行股份的比例为 10%以上;公司最近 3 年无严重违法行为,财务会计报告无虚假记载。

(3)股票上市的暂停、终止与特别处理。

当上市公司出现经营情况恶化、存在重大违法违规行为或其他原因导致不符合上市条件时,就可能被暂停或终止上市。

上市公司出现财务状况或其他状况异常的,其股票交易将被交易所“特别处理”。“财务状况异常”是指以下几种情况。

最近2个会计年度的审计结果显示的净利润为负值;最近1个会计年度的审计结果显示其股东权益低于注册资本;最近1个会计年度经审计的股东权益扣除注册会计师和有关部门不予确认的部分后,低于注册资本;注册会计师对最近1个会计年度的财产报告出具无法表示意见或否定意见的审计报告;最近一份经审计的财务报告对上年度利润进行调整,导致连续2个会计年度亏损;经交易所或中国证监会认定为财务状况异常的。“其他状况异常”是指自然灾害、重大事故等导致生产经营活动基本中止,公司涉及的可能赔偿金额超过公司净资产的诉讼等情况。

在上市公司的股票交易被实行特别处理期间,其股票交易遵循下列规则。

股票报价日涨跌幅限制为5%;股票名称改为原股票名前加“ST”;上市公司的中期报告必须经过审计。

(三)上市公司的股票发行

上市的股份有限公司在证券市场上发行股票,包括公开发行和非公开发行两种类型。公开发行股票又分为首次上市公开发行股票和上市公开发行股票,非公开发行即向特定投资者发行,也叫定向发行。

1. 首次上市公开发行股票(Initial Public Offering,IPO)

首次上市公开发行股票是指股份有限公司对社会公开发行股票并上市流通和交易。实施IPO的公司,应当符合中国证监会颁布的规定的相关条件,并经中国证监会核准。

实施IPO的基本程序:①公司董事会应当依法就本次股票发行的具体方案、本次募集资金使用的可行性及其他事项作出决议,并提请股东大会批准;②公司股东大会就本次发行股票作出决议;③由保荐人保荐并向证监会申报;④证监会受理,并审核批准;⑤自证监会核准发行之日起,公司应在6个月内公开发行股票,超过6个月未发行的,核准失效,需经证监会重新核准后方可发行。

2. 上市公开发行股票

上市公开发行股票是指股份有限公司上市后,通过证券交易所在证券市场上对社会公开发行股票。上市公司公开发行股票包括增发和配股两种方式。其中,增发是指增资发行,即上市公司向社会公众发售股票的再融资方式,而配股是指上市公司向原有股东配售发行股票的再融资方式。增发和配股也应符合证监会规定的条件,并经过证监会的核准。

3. 上市非公开发行股票

上市非公开发行股票是指上市公司采用非公开方式,向特定对象发行股票的行为,也叫定向募集增发，其目的往往是引入该机构的特定能力。定向增发的对象可以是老股东，也可以是新投资者。定向增发完成之后，公司的股权结构往往会发生较大变化，甚至发生控股权变更的情况。

在公司设立时，上市公开发行股票与非上市不公开发行股票相比较，其发行范围广、发行对象多、易于足额筹集资本，同时还有利于提高公司的知名度。但公开发行方式审批手续复杂严格、发行成本高。在公司设立后再融资时，上市公司定向增发和非上市公司定向增发相比较，其优势在于：①有利于引入战略投资者和机构投资者；②利用上市公司的市场化估值溢价，将母公司资产通过资本市场放大，从而提升母公司的资产价值；③定向增发是一种主要的并购手段，特别是资产并购型定向增发，有利于集团企业整体上市，同时减轻并购的现金流压力。

（四）引入战略投资者

1. 战略投资者的概念与要求

我国在新股发行中引入战略投资者，允许战略投资者在公司发行新股中参与配售。按照证监会的规则解释，战略投资者是指与发行人具有合作关系或有合作意向和潜力，与发行公司业务联系紧密且欲长期持有发行公司股票的法人。从国外风险投资机构对战略投资者的定义来看，一般认为战略投资者是能够通过帮助公司融资、提供营销与销售支持的业务，或通过个人关系增加投资价值的公司或个人投资者。

对战略投资者的基本要求有以下几点：①要与公司的经营业务联系紧密；②要出于长期投资目的而且较长时期持有股票；③要具有相当的资金实力，且持股数量较多。

2. 引入战略投资者的作用

战略投资者具有资金、技术、管理、市场、人才等方面的优势，能够增强企业的核心竞争力和创新能力。上市公司引入战略投资者，使其和上市公司之间形成紧密的、伙伴式的合作关系，并由此增强公司经营实力、提高公司管理水平、改善公司治理结构。因此，对战略投资者的基本资质条件要求是拥有雄厚的资金、核心的技术、先进的管理等，同时要有较好的实业基础和较强的投融资能力。

（1）提升公司形象，提高资本市场认同度。

战略投资者往往都是实力雄厚的境内外大公司、大集团，甚至是国际、国内 500 强，他们对公司股票的认购，是对公司潜在未来价值的认可和期望。

（2）优化股权结构，健全公司法人治理体系。

战略投资者在公司占一定股权份额并长期持股，能够分散公司控制权；战略投资者参与公司管理，能够改善公司治理结构。他们带来的不仅是资金和技术，更重要的是能带来先进的管理水平和优秀的管理团队。

（3）提高公司资源整合能力，增强公司的核心竞争力。

战略投资者往往都有较好的实业基础，能够带来先进的工艺技术和开拓广阔的产品营销市场，并致力于长期投资合作，能够促进公司产品结构和产业结构的调整升级，有助于形成产业集群和整合公司的经营资源。

(4)达到阶段性的融资目标,加快实现公司上市融资的进程。

战略投资者具有较强的资金实力,并与发行人签订有关配售协议,长期持有发行人股票能够为新上市的公司提供长期稳定的资本,帮助上市公司用较低的成本融得较多的资金,提高了公司的融资效率。

从现有情况来看,我国上市公司确定战略投资者还处于募集资金最大化的实用原则阶段。谁的申购价格高,谁就能成为战略投资者,管理型、技术型的战略投资者还很少见。资本市场中的战略投资者,目前多是追逐持股价差、有较大承受能力的股票持有者,一般都是大型证券投资机构。

(五)发行普通股的筹资特点

1. 所有权与经营权相分离

所有权与经营权相分离,分散公司控制权,有利于公司自主管理、自主经营。普通股筹资的股东众多,公司的日常经营管理事务主要由董事会和经理层负责。

2. 没有固定的股息负担,资本成本较低

公司有盈利,并认为适于分配时才分派股利;公司盈利较少,或者虽有盈利但现金短缺或有更好的投资机会,也可以少支付或不支付股利。相对于吸收直接投资来说,普通股筹资的资本成本较低。

3. 能提升公司的社会声誉

普通股筹资使得股东大众化,由此给公司带来了广泛的社会影响。特别是上市公司,其股票的流通性强,有利于市场确认公司的价值。

4. 促进股权流通和转让

普通股筹资以股票作为媒介的方式便于股权的流通和转让,便于吸收新的投资者。

5. 筹资费用

筹资费用较高,手续复杂。

6. 不易尽快形成生产能力

普通股筹资吸收的一般都是货币资金,还需要通过购置和建造形成生产经营能力。

7. 公司控制权分散,容易被经理人控制

公司控制权分散,容易被经理人控制,同时,流通性强的股票交易也容易被恶意收购。

三、留存收益

(一)留存收益的性质

从性质上看,企业通过合法有效地经营所实现的税后净利润,都属于企业的所有者。企业将本年度的利润部分甚至全部留存下来的原因有很多,主要包括:①收益的确认和计量是建立在权责发生制基础上的,企业有利润,但不一定有相应的现金净流量增加,因而企业不一定有足够的现金将利润全部或部分派给所有者;②法律、法规从保护债权人利益和要求企业可持续发展等角度出发，限制企业将利润全部分配出去，企业每年的税后利润，必须提取10%的法定盈余公积金；③企业基于自身扩大再生产和筹资的需求，也会将一部分利润留存下来。

（二）留存收益的筹资途径

1. 提取盈余公积金

盈余公积金是指有指定用途的留存净利润。盈余公积金是从当期企业净利润中提取的积累资金，其提取基数是本年度的净利润。盈余公积金主要用于企业未来的经营发展，经投资者审议后也可以用于转增股本和弥补以前年度经营亏损，但不得用于以后年度的对外利润分配。

2. 未分配利润

未分配利润是指未限定用途的留存净利润。未分配利润有两层含义：第一，这部分净利润本年没有分配给公司的股东投资者；第二，这部分净利润未指定用途，故可以用于企业未来的经营发展、转增资本、弥补以前年度经营亏损及以后年度的利润分配。

（三）利用留存收益的筹资特点

1. 不用发生筹资费用

企业从外界筹集长期资本，与普通股筹资相比较，留存收益筹资不需要发生筹资费用，资本成本较低。

2. 维持公司的控制权分布

利用留存收益筹资，不用对外发行新股或吸收新投资者，由此增加的权益资本不会改变公司的股权结构，也不会稀释原有股东的控制权。

四、股权筹资的优点

（一）股权筹资是企业稳定的资本基础

股权资本没有固定的到期日，无须偿还，是企业的永久性资本，除非企业清算时才有可能予以偿还。这对于保障企业对资本的最低需求，促进企业长期持续稳定经营具有重要意义。

（二）股权筹资是企业良好的信誉基础

股权资本作为企业最基本的资本，代表了公司的资本实力，是企业与其他单位组织开展经营业务、进行业务活动的信誉基础。同时，股权资本也是其他方式筹资的基础，尤其可为债务筹资，包括银行借款、发行公司债券等提供信用保障。

（三）企业财务风险较小

股权资本不用在企业正常运营期内偿还，不存在还本付息的财务风险。相对于债务资本而言，股权资本筹资限制少，资本使用上也无特别限制。另外，企业可以根据其经营状况和业绩的好坏，决定向投资者支付多少报酬，资本成本负担比较灵活。

案例：

华谊兄弟传媒集团筹资分析

一、公司简介

华谊兄弟传媒集团，是中国大陆一家知名综合性娱乐集团，由王中军、王中磊兄弟在1994年创立，开始时是由于投资冯小刚、姜文的电影而进入电影行业，尤其是因每年投资冯小刚的贺岁片而声名鹊起，随后全面投入传媒产业，投资及运营电影、电视剧、艺人经纪、唱片、娱乐营销等领域，在这些领域都取得了不错的成绩，并且在2005年成立华谊兄弟传媒集团。

二、华谊兄弟采用的多种融资手段

（一）引进其他影业公司合拍影片

《功夫》和《可可西里》均与美国六大电影公司之一的索尼/哥伦比亚合拍，《大腕》也是与哥伦比亚（亚洲）共同投资2 500多万元所拍，《情癫大圣》是与香港英皇合作，与香港寰亚合拍的《天下无贼》《夜宴》投资分别为4 000万元、1.28亿元，《墨攻》则采取了亚洲四个主要发行地区的公司联合投资并负责各自区域电影发行的方法。

（二）股权筹资，私募股权投资

此举除了引入资金之外，更重要的是引入了审计和财务管理制度，引入了资金方对资金使用的有力监管，从而保证了严格的成本控制。

（三）运用版权从银行等金融机构贷款

收编冯小刚、张纪中对于华谊兄弟版权融资意义重大。由于有大牌导演、大牌明星加盟作为票房保证，中国信保帮助《夜宴》从深圳发展银行拿到了5 000万元的单片贷款，冯小刚的《集结号》争取到5 000万元无抵押贷款，张纪中的《鹿鼎记》也得到银行资金支持。

（四）拓展电影后衍生品市场

长达50年的著作权保护期限，使得电影后衍生产品可以异常丰富，版权交易是个尚待开发的巨大金矿。《手机》铃声出售给摩托罗拉、《天下无贼》短信满天飞等创新，就是华谊兄弟成功运作电影后衍生品的结果。

（五）通过贴片广告与植入式广告获得收入

由于受众数量巨大，电影及相关场所天生是个广告载体。在植入式广告的运用上，华谊兄弟的电影也远远超过其他片商，《大腕》《手机》《天下无贼》等都大量植入了摩托罗拉、淘宝网等广告，由此带来了不菲的收入。目前，华谊兄弟的收入来源日趋多元化，票房仅占30%左右。

第三节　债务筹资

债务筹资主要是企业通过向银行借款、向社会发行公司债券、融资租赁以及赊购商品或服务等方式筹集和取得的资金。按照筹资使用时间的长短，债务筹资可分为长期债务筹资和短期债务筹资。

筹集长期债权资金具有如下特点：①筹措长期资金，可以解决企业长期资金不足的问题，满足发展长期性固定资产的需要；②长期负债的归还期长，企业可对债务的归还做长期安排，还债压力和风险相对较小；③长期负债筹资成本较高，即长期负债的利率高于短期负债利率；④长期负债的限制较多，即债权人会经常向企业提出一些限制性条件以保证其能够及时足额收回债务本金和利息。

一、银行借款

银行借款是指企业向银行或其他非银行金融机构借入的、需要还本付息的款项，包括偿还期限超过 1 年的长期借款和不足 1 年的短期借款，主要用于企业购建固定资产和满足流动资金周转的需要。

（一）银行借款的种类

1. 按提供贷款的机构，分为政策性银行贷款、商业性银行贷款和其他金融机构贷款

政策性银行贷款是指执行国家政策性贷款业务的银行向企业发放的贷款，通常为长期贷款。国家开发银行贷款，主要满足企业承建国家重点建设项目的资金需要；中国进出口信贷银行贷款，主要为大型设备的进出口提供的买方信贷或卖方信贷；中国农业发展银行贷款，主要用于确保国家对粮、棉、油等政策性收购资金的供应。

商业性银行贷款是指由各商业银行向工商企业提供的贷款，用以满足企业生产经营的资金需要，包括短期贷款和长期贷款。

其他金融机构贷款，如从信托投资公司取得实物或货币形式的信托投资贷款，从财务公司取得的各种中长期贷款，从保险公司取得的贷款等。其他金融机构贷款一般较商业银行贷款的期限要长，要求的利率较高，对借款企业的信用要求和担保的选择比较严格。

2. 按机构对贷款有无担保要求，分为信用贷款和担保贷款

信用贷款是指以借款人的信誉或保证人的信用为依据而获得的贷款。企业取得这种贷款，无须以财产作抵押。对于这种贷款，由于风险较高，银行通常要收取较高的利息，往往还附加一定的限制条件。

抵押是指债务人或第三人不转移财产的占有，将该财产作为债权的担保，债务人不履行债务时，债权人有权将该财产折价或者以拍卖、变卖的价款优先受偿。作为贷款担保的抵押品，可以是不动产、机器设备、交通运输工具等实物资产，可以是依法有权处分

的土地使用权,也可以是股票、债券等有价证券,它们必须是能够变现的资产。如果贷款到期时借款企业不能或不愿偿还贷款,银行可取消企业对抵押品的赎回权。抵押贷款有利于降低银行贷款的风险,提高贷款的安全性。

3. 按企业取得贷款的用途,分为基本建设贷款、专项贷款和流动资金贷款

基本建设贷款是指企业因从事新建、改建、扩建等基本建设项目需要资金而向银行申请借入的款项。

专项贷款是指企业因为专门用途而向银行申请借入的款项,包括更新改造技改贷款、大修理贷款、研发和新产品研制贷款、小型技术措施贷款、出口专项贷款、引进技术转让费周转金贷款、进口设备外汇贷款、进口设备人民币贷款及国内配套设备贷款等。

流动资金贷款是指企业为满足流动资金的需求而向银行申请借入的款项,包括流动基金借款、生产周转借款、临时借款、结算借款和卖方信贷。

(二)银行借款的程序与保护性条款

1. 银行借款的程序

(1)提出申请。

企业根据筹资需求向银行书面申请,按银行要求的条件和内容填报借款申请书。

(2)银行审批。

银行按照有关政策和贷款条件,对借款企业进行信用审查,依据审批权限,核准公司申请的借款金额和用款计划。银行审查的主要内容是:公司的财务状况;信用情况;盈利的稳定性;发展前景;借款投资项目的可行性;抵押品和担保情况。

(3)签订合同。

借款申请获批准后,银行与企业进一步协商贷款的具体条件,并签订正式的借款合同,规定贷款的数额、利率、期限和一些约束性条款。

(4)取得借款。

借款合同签订后,企业在核定的贷款指标范围内,根据用款计划和实际需要,一次或分次将贷款转入公司的存款结算户,以便使用。

2. 长期借款的保护性条款

由于银行等金融机构提供的长期贷款金额高、期限长、风险大,因此除借款合同的基本条款之外,债权人通常还附加各种保护性条款,以确保企业按要求使用借款和按时足额偿还借款。保护性条款一般有以下几类。

(1)例行性保护条款。

这类条款作为例行常规,在大多数借款合同中都会出现。其主要内容包括:①要求定期向提供贷款的金融机构提交财务报表,以便债权人随时掌握公司的财务状况和经营成果;②不准在正常情况下出售较多的非产成品存货,以保持企业正常生产经营能力;③如期清偿应缴纳税金和其他到期债务,以防被罚款而造成不必要的现金流失;④不准以资产作其他承诺的担保或抵押;⑤不准贴现应收票据或出售应收账款,以避免有负债等。

(2)一般性保护条款。

一般性保护条款是对企业资产的流动性及偿债能力等方面的要求条款,这类条款应用于大多数借款合同,其主要内容包括:①保持企业的资产流动性,这要求企业持有一定的最低限度的货币资金及其他流动资产,以保持企业资产的流动性和偿债能力,一般规定了企业必须保持的最低营运资金数额和最低流动比率数值;②限制企业非经营性支出,以减少企业资金的过度外流;③限制企业资本支出的规模,控制企业资产结构中长期性资产的比例,以降低公司日后不得不变卖固定资产以偿还贷款的可能性;④限制公司再举债规模,目的是防止其他债权人取得对公司资产的优先索偿权;⑤限制公司的长期投资,如规定公司不准投资短期内不能收回资金的项目,不能未经银行等债权人同意而与其他公司合并等。

(3)特殊性保护条款。

这类条款是针对某些特殊情况而出现在部分借款合同中的条款,只有在特殊情况下才能生效,包括要求公司的主要领导人购买人身保险;借款的用途不得改变;违约惩罚条款等。

上述各项条款结合使用,将有利于全面保护银行等债权人的权益。但借款合同是经双方充分协商后决定的,其最终结果取决于双方谈判能力的大小,而不是完全取决于银行等债权人的主观愿望。

二、发行公司债券

企业债券又称公司债券,是企业依照法定程序发行的、约定在一定期限内还本付息的有价证券。债券是持有人拥有公司债权的书面证书,它代表持券人同发债公司之间的债权债务关系。

(一)发行债券的条件与种类

1. 发行债券的条件

在我国,股份有限公司、国有独资公司和两个以上的国有企业或者其他两个以上的国有投资主体投资设立的有限责任公司,具有发行债券的资格。

公开发行公司债券,应当符合下列条件:①股份有限公司的净资产不低于人民币 3 000 万元,有限责任公司的净资产不低于人民币 6 000 万元;②累计债券余额不超过公司净资产的 40%;③最近 3 年平均可分配利润足以支付公司债券 1 年的利息;④筹集的资金投向符合国家产业政策;⑤债券的利率不超过国务院限定的利率水平;⑥国务院规定的其他条件。通过公开发行公司债券筹集的资金,必须用于核准的用途,不得用于弥补亏损和非生产性支出。

公司申请公司债券上市交易,应当符合下列条件:①公司债券的期限为 1 年以上;②公司债券实际发行额不少于人民币 5 000 万元;③公司申请债券上市时仍符合法定的公司债券发行条件。

2. 公司债券的种类

(1)按是否记名,分为记名债券和无记名债券。

记名债券应当在公司债券存根簿上载明债券持有人的姓名及住所、债券持有人取得债券的日期及债券的编号等信息。记名公司债券,由债券持有人以背书方式或者法律、行政法规规定的其他方式转让;转让后由公司将受让人的姓名或者名称及住所记载于公司债券存根簿。

无记名债券应当在公司债券存根簿上载明债券总额、利率、偿还期限和方式、发行日期及债券的编号。无记名公司债券的转让,由债券持有人将该债券交付给受让人后即发生转让的效力。

(2)按是否能够转换成公司股权,分为可转换债券与不可转换债券。

可转换债券是指债券持有者可以在规定的时间内按规定的价格转换为发债公司的股票。这种债券在发行时,对债券转换为股票的价格和比率等都作了详细规定。可转换债券的发行主体是股份有限的公司中的上市公司。不可转换债券是指不能转换为发债公司股票的债券,大多数公司的债券属于这种类型。

(3)按有无特定财产担保,分为担保债券和信用债券。

担保债券是指以抵押方式担保发行人按期还本付息的债券,主要是指抵押债券。抵押债券按其抵押品的不同,又分为不动产抵押债券、动产抵押债券和证券信托抵押债券。

信用债券是无担保债券,是仅凭公司自身信用发行的、没有抵押品作抵押担保的债券。在公司清算时,信用债券的持有人因无特定的资产作担保品,只能作为一般债权人参与剩余财产的分配。

(二)发行债券的程序

1. 作出决议

公司发行债券要由董事会制订方案,股东大会作出决议。

2. 提出申请

我国规定,公司申请发行债券由国务院证券管理部门批准。发行债券证券管理部门按照国务院确定的公司债券发行规模,审批公司债券的发行。公司申请发行债券应提交公司登记证明、公司章程、公司债券募集办法、资产评估报告和验资报告。

3. 公告募集办法

企业发行债券的申请经批准后,向社会公告债券募集办法。公司债券分私募发行和公募发行,私募发行是以特定的少数投资者为对象发行债券,而公募发行则是在证券市场上以非特定的广大投资者为对象公开发行债券。

4. 委托证券经营机构发售

公募间接发行是各国通行的公司债券发行方式,在这种发行方式下,发行公司与承销团签订承销协议。承销团由数家证券公司或投资银行组成,承销方式有代销和包销两种。代销是指承销机构代为推销债券,在约定期限内未售出的余额可退还发行公司,承销机构不承担发行风险;包销是由承销团先购入发行公司拟发行的全部债券,然后再销售给社会上的投资者,如果约定期限内未能全部售出,那么余额要由承销团负责认购。

5. 交付债券,收缴债券款,登记债券存根簿

发行债券通常不需经过填写认购证的过程,由债券购买人直接向承销机构付款购买,承销单位付给企业债券。然后,发行公司向承销机构收缴债券款并结算代理费及预付款项。

(三)债券的偿还

债券偿还时间按其实际发生与规定的到期日之间的关系,分为提前偿还与到期偿还两类,其中后者又包括分批偿还和一次偿还两种。

1. 提前偿还

提前偿还又称为提前赎回或收回,是指在债券尚未到期之前就予以偿还。只有在公司发行债券的契约中明确规定了有关允许提前偿还的条款,公司才可以进行此项操作。

提前偿还所支付的价格通常要高于债券的面值,并随到期日的临近而逐渐下降。具有提前偿还条款的债券可使公司筹资有较大的弹性。当公司资金有结余时,可提前赎回债券;当预测利率下降时,也可提前赎回债券,而后以较低的利率来发行新债券。

2. 分批偿还

如果一个公司在发行同一种债券的同时就为不同编号或不同发行对象的债券规定了不同的到期日,这种债券就是分批偿还债券。因为各批债券的到期日不同,它们各自的发行价格和票面利率也可能不相同,从而导致发行费用较高;但这种债券便于投资人挑选最合适的到期日,因而便于发行。

3. 一次偿还

到期一次偿还的债券是最为常见的。

(四)发行公司债券的筹资特点

1. 一次筹资数额大

利用发行公司债券筹资,能够筹集大额的资金,满足公司大规模筹资的需要。这是在银行借款、融资租赁等债权筹资方式中,企业选择发行公司债券筹资的主要原因,也能够适应大型公司经营规模的需要。

2. 提高公司的社会声誉

公司债券的发行主体有严格的资格限制。发行公司债券,往往是股份有限公司和有实力的有限责任公司所为。通过发行公司债券,一方面筹集了大量资金,另一方面也扩大了公司的社会影响力。

3. 筹集资金的使用限制条件少

与银行借款相比,债券筹资筹集资金的使用具有相对的灵活性和自主性。特别是发行债券所筹集的大额资金,主要用于流动性较差的公司长期资产上。从资金使用的性质来看,银行借款一般期限短、额度小,主要用途为增加适量存货、增加小型设备等;反之,期限较长、额度较大,用于公司扩展、增加大型固定资产和基本建设投资的需求,多采用

发行债券方式。

4. 能够锁定资本成本的负担

尽管公司债券的利息比银行借款高,但公司债券的期限长、利率相对固定。在预计市场利率持续上升的金融市场环境下,发行公司债券筹资能够锁定资本成本。

5. 发行资格要求高,手续复杂

发行公司债券,实际上是公司面向社会负债,债权人是社会公众,因此国家为了保护投资者利益,维护社会经济秩序,对发债公司的资格有严格的限制。从申报、审批、承销到取得资金,需要经过众多环节和较长时间。

三、融资租赁

租赁是指通过签订资产出让合同的方式,使用资产的一方通过支付租金,向出让资产的一方取得资产使用权的一种交易行为。在这项交易中,承租方通过得到所需资产的使用权,完成了筹集资金的行为。

(一)租赁的特征与分类

1. 租赁的基本特征

(1)所有权与使用权相分离。

租赁资产的所有权与使用权分离是租赁的主要特点之一。银行信用虽然也是所有权与使用权相分离,但其载体是货币资金,租赁则是资金与实物相结合基础上的分离。

(2)融资与融物相结合。

租赁是以商品形态与货币形态相结合的方式提供的信用活动,出租人在向企业出租资产的同时,满足了企业的资金需求,具有信用和贸易双重性质。它不同于一般的借钱还钱、借物还物的信用形式,而是借物还钱,并以分期支付租金的方式来体现。租赁的这一特点将银行信贷和财产信贷融合在一起,成为企业融资的一种新形式。

(3)租金的分期回流。

在租金的偿还方式上,租金与银行信用到期还本付息不一样,采取了分期回流的方式。出租方的资金一次投入,分期收回。对于承租方而言,通过租赁可以提前获得资产的使用价值,分期支付租金便于分期规划未来的现金流出量。

2. 租赁的分类

租赁分为经营租赁和融资租赁。

经营租赁是由租赁公司向承租单位在短期内提供设备,并提供维修、保养、人员培训等的一种服务性业务,又称为服务性租赁。经营租赁的主要特点是:①出租的设备一般由租赁公司根据市场需要选定,然后再寻找承租企业;②租赁期较短,短于资产的有效使用期,在合理的限制条件内承租企业可以中途解约;③租赁设备的维修、保养由租赁公司负责;④租赁期满或合同中止以后,出租资产由租赁公司收回。经营租赁适用于租用技术过时较快的生产设备。

融资租赁是由租赁公司按承租单位要求出资购买设备,在较长的合同期内提供给承租单位使用的融资信用业务,它是以融通资金为主要目的的租赁。融资租赁的主要特点是:①出租的设备由承租企业提出要求购买,或者由承租企业直接从制造商或销售商那里选定;②租赁期较长,接近于资产的有效使用期,在租赁期间双方无权取消合同;③由承租企业负责设备的维修、保养;④租赁期满,按事先约定的方法处理设备,包括退还租赁公司,或继续租赁,或企业留购。通常采用企业留购办法,即以很少的"名义价格"买下设备。

(二)融资租赁的基本程序与形式

1. 融资租赁的基本程序

(1)选择租赁公司,提出委托申请。

当企业决定采用融资租赁方式获取某项设备时,需要了解各个租赁公司的资信情况、融资条件和租赁费率等,分析比较选定一家作为出租单位。然后,向租赁公司申请办理融资租赁。

(2)签订购货协议。

由承租企业和租赁公司中的一方或双方,与选定的设备供应厂商进行购买设备的技术谈判和商务谈判,在此基础上与设备供应厂商签订购货协议。

(3)签订租赁合同。

承租企业与租赁公司签订租赁设备的合同,如需要进口设备,还应办理设备进口手续。租赁合同是租赁业务的重要文件,具有法律效力。融资租赁合同的内容可分为一般条款和特殊条款两部分。

(4)交货验收。

设备供应厂商将设备发运到指定地点,承租企业要办理验收手续。验收合格后签发交货及验收证书交给租赁公司,作为其支付货款的依据。

(5)定期交付租金。

承租企业按租赁合同规定,分期交纳租金,这就是承租企业对所筹资金的分期还款。

(6)合同期满处理设备。

承租企业根据合同约定,对设备续租、退租或留购。

2. 融资租赁的基本形式

(1)直接租赁。

直接租赁是融资租赁的主要形式,承租方提出租赁申请时,出租方按照承租方的要求选购,然后再出租给承租方。

(2)售后回租。

售后回租是指承租方由于急需资金等各种原因,将自己资产售给出租方,然后以租赁的形式从出租方处原封不动地租回资产的使用权。在这种租赁合同中,除资产所有者的名义改变之外,其余情况均无变化。

(3)杠杆租赁。

杠杆租赁是指涉及承租人、出租人和资金出借人三方的融资租赁业务。一般来说,当所涉及的资产价值昂贵时,出租方只投入部分资金,通常为资产价值的20%~40%,其余资金则通过将该资产抵押担保的方式,向第三方申请贷款解决。然后租赁公司将购进的设备出租给承租方,用收取的租金偿还贷款,该资产的所有权属于出租方。出租人既是债权人也是债务人,如果出租人到期不能偿还借款,资产所有权则转移给资金的出借者。

(三)融资租赁租金的计算

1. 租金的构成

融资租赁每期租金的多少,取决于以下几项因素:①设备原价及预计残值,包括设备买价、运输费、安装调试费、保险费等,以及该设备租赁期满后,出售可得的市价;②利息,指租赁公司为承租企业购置设备垫付资金所应支付的利息;③租赁手续费,指租赁公司承办租赁设备所发生的业务费用和必要的利润。

2. 租金的支付方式

租金的支付方式有以下几种:①按支付间隔期长短,分为年付、半年付、季付和月付等方式;②按在期初和期末支付,分为先付和后付;③按每次支付额,分为等额支付和不等额支付。实务中,承租企业与租赁公司商定的租金支付方式,大多为后付等额年金。

3. 租金的计算

我国融资租赁实务中,租金的计算大多采用等额年金法。等额年金法通常要根据利率和租赁手续费率确定一个租费率,作为折现率。

(四)融资租赁的筹资特点

1. 在资金缺乏情况下,能迅速获得所需资产

融资租赁集"融资"与"融物"于一身。融资租赁使企业在资金短缺的情况下引进设备成为可能。特别是针对中小企业、新创企业而言,融资租赁是一条重要的融资途径。有时,大型企业对于大型设备、工具等固定资产,也需要融资租赁解决巨额资金的需要,如商业航空公司的飞机,大多是通过融资租赁取得的。

2. 财务风险小,财务优势明显

融资租赁与购买的一次性支出相比,能够避免一次性支付的负担,而且租金支出是未来的、分期的,企业无须一次筹集大量资金偿还。还款时,租金可以通过项目本身产生的收益来支付,是一种基于未来的"借鸡生蛋、卖蛋还钱"的筹资方式。

3. 融资租赁筹资的限制条件较少

企业运用股票、债券、长期借款等筹资方式,都受到相当多的资格条件的限制,如足够的抵押品、银行贷款的信用标准、发行债券的政府管制等。相比之下,租赁筹资的限制条件较少。

4. 租赁能延长资金融通的期限

通常为设备而贷款的借款期限要比该资产的物理寿命短得多,而租赁的融资期限却可接近其全部使用寿命期限;并且其金额随设备价款金额而定,无融资额度的限制。

5. 免遭设备陈旧过时的风险

随着科学技术的不断进步，设备陈旧过时的风险很高，而多数租赁协议规定此种风险由出租人承担，承租企业可免受这种风险。

6. 资本成本高

其租金通常比举借银行借款或发行债券所负担的利息高得多，租金总额要高于设备价值的 30%。尽管与借款方式比，融资租赁能够避免到期一次性集中偿还的财务压力，但高额的固定租金也给各期的经营带来了负担。

四、债务筹资的优点

(一) 筹资速度较快

与股权筹资比，债务筹资不需要经过复杂的审批手续和证券发行程序，可以迅速地获得资金。

(二) 筹资弹性大

发行股票等股权筹资，一方面需要经过严格的政府审批；另一方面从企业的角度出发，由于股权不能退还，股权资本在未来永久性地给企业带来了资本成本的负担。利用债务筹资，可以根据企业的经营情况和财务状况，灵活商定债务条件，控制筹资数量，合理安排取得资金的时间。

(三) 资本成本负担较轻

一般来说，债务筹资的资本成本要低于股权筹资。其一是取得资金的手续费用等筹资费用较低；其二是利息、租金等用资费用比股权资本要低；其三是利息等资本成本可以在税前支付。

(四) 可以利用财务杠杆

债务筹资不改变公司的控制权，因而股东不会出于控制权稀释原因反对负债。债权人从企业那里只能获得固定的利息或租金，而不能参加公司剩余收益的分配。当企业的资本报酬率高于债务利率时，会增加普通股股东的每股收益，提高净资产报酬率，提升企业价值。

(五) 稳定公司的控制权

债权人无权参加企业的经营管理，利用债务筹资不会改变和分散股东对公司的控制权。

第四节 衍生工具筹资

一、可转换债券

可转换债券是一种混合型证券，是公司普通债券与证券期权的组合体。可转换债券的持有人在一定期限内，可以按照事先规定的价格或者转换比例，自由地选择是否转换为公司普通股。按照转股权是否与可转换债券分离,可转换债券可以分为两类:一类是一般可转换债券,其转股权与债券不可分离,持有者直接按照债券面额和约定的转股价格,在约定的期限内将债券转换为股票;另一类是可分离交易的可转换债券,这类债券在发行时附有认股权证,是认股权证和公司债券的组合,又被称为"可分离的附认股权证的公司债",发行上市后公司债券和认股权证独立流通、交易。认股权证的持有者认购股票时,需要按照认购价出资购买股票。

(一)可转换债券的基本性质

1. 证券期权性

可转换债券给予了债券持有者未来的选择权,在事先约定的期限内,投资者可以选择将债券转换为普通股票,也可以放弃转换权利,持有至债券到期还本付息。由于可转换债券持有人具有在未来按一定的价格购买股票的权利,因此可转换债券实质上是一种未来的买入期权。

2. 资本转换性

可转换债券在正常持有期属于债权性质;转换成股票后,属于股权性质。在债券的转换期间,持有人没有将其转换为股票,发行企业到期必须无条件地支付本金和利息。

转换成股票后,债券持有人成为企业的股权投资者。资本双重性的转换,取决于投资者是否行权。

3. 赎回与回售

可转换债券一般都会有赎回条款,发债公司在可转换债券转换前,可以按一定条件赎回债券。通常,公司股票价格在一段时期内连续高于转股价格达到某一幅度时,公司会按事先约定的价格买回未转股的可转换债券。同样,可转换债券一般也会有回售条款,公司股票价格在一段时期内连续低于转股价格达到某一幅度时,债券持有人可按事先约定的价格将所持债券回卖给发行公司。

(二)可转换债券的基本要素

可转换债券的基本要素是指构成可转换债券基本特征的必要因素,它们代表了可转换债券与一般债券的区别。

1. 标的股票

可转换债券转换期权的标的物,就是可转换成的公司股票。标的股票一般是发行公司的普通股票,不过也可以是其他公司的股票。

2. 票面利率

可转换债券的票面利率一般会低于普通债券的票面利率,有时甚至还低于同期银行存款利率。因为可转换债券的投资收益中,除了债券的利息收益外,还附加了股票买入期权的收益部分。一个设计合理的可转换债券在大多数情况下,其股票买入期权的收益足以弥补债券利息收益的差额。

3. 转换价格

转换价格是指可转换债券在转换期间据以转换为普通股的折算价格,即将可转换债券转换为普通股的每股普通股的价格。由于可转换债券在未来可以行权转换成股票，所以在债券发售时，确定的转换价格一般比发售日股票市场价格高出一定比例。上市公司发行可转换公司债券时，以发行前 1 个月股票的平均价格为基准，上浮一定幅度作为转股价格。

4. 转换比率

转换比率是指每一份可转换债券在既定的转换价格下能转换为普通股股票的数量。在债券面值和转换价格确定的前提下，转换比率为债券面值与转换价格之商。

5. 转换期

转换期是指可转换债券持有人能够行使转换权的有效期限。可转换债券的转换期可以与债券的期限相同，也可以短于债券的期限。转换期的设定通常有四种情形：债券发行日至到期日；发行日至到期前；发行后某日至到期日；发行后某日至到期前。至于选择哪种，要看公司的资本使用状况、项目情况、投资者要求等。由于转换价格高于公司发债时股价，投资者一般不会在发行后立即行使转换权。

6. 赎回条款

赎回条款是指发债公司按事先约定的价格买回转股债券的条件规定，赎回一般发生在公司股票价格在一段时期内连续高于转股价格达到某一幅度时。赎回条款通常包括不可赎回期间与赎回期间、赎回价格、赎回条件等。

7. 回售条款

回售条款是指债券持有人有权按照事前约定的价格将债券卖回给发债公司的条件规定。回售一般发生在公司股票价格在一段时期内连续低于转股价格达到某一幅度时。回售对于投资者而言实际上是一种卖权，有利于降低投资者的持券风险。与赎回一样，回售条款也有回售时间、回售价格和回售条件等规定。

8. 强制性转换调整条款

强制性转换调整条款是指在具备某些条件之后，债券持有人必须将可转换债券转换为股票，且无权要求偿还债权本金的规定。可转换债券发行之后，其股票价格可能出现巨大波动。如果股价长期表现不佳，又未设计回售条款，投资者就不会转股。公司可设置强制性转换调整条款，保证可转换债券顺利地转换成股票，预防投资者到期集中兑付引发公司破产的悲剧。

（三）可转换债券的发行条件

①最近 3 年连续盈利，且最近 3 年净资产收益率平均在 10%以上；属于能源、原材料、基础设施类的公司可以略低，但是不得低于 7%。

②可转换债券发行后，公司资产负债率不高于 70%。

③累计债券余额不超过公司净资产额的 40%。

④上市公司发行可转换债券，还应当符合关于公开发行股票的条件。

发行分离交易的可转换公司债券，除符合公开发行证券的一般条件外，还应当符合的规定包括公司最近一期期末经审计的净资产不低于人民币 15 亿元；最近 3 个会计年度实现的年均可分配利润不少于公司债券1年的利息;最近3个会计年度经营活动产生的现金流量净额平均不少于公司债券1年的利息;本次发行后累计公司债券余额不超过最近一期期末净资产额的40%,预计所附认股权全部行权后募集的资金总量不超过拟发行公司债券金额等。分离交易的可转换公司债券募集说明书中应当约定,上市公司改变公告的募集资金用途的,将赋予债券持有人一次回售的权利。

所附认股权证的行权价格应不低于公告募集说明书日前20个交易日公司股票均价和前1个交易日的均价;认股权证的存续期间不超过公司债券的期限,自发行结束之日起不少于6个月;募集说明书公告的权证存续期限不得调整;认股权证自发行结束至少已满6个月起方可行权,行权期间为存续期限届满前的一段期间,或者是存续期限内的特定交易日。

(四)可转换债券的筹资特点

1. 筹资灵活性

可转换债券将传统的债务筹资功能和股票筹资功能结合起来,筹资性质和时间上具有灵活性。债券发行企业以债务方式取得资金,到了债券转换期,如果股票市价较高,债券持有人将会按约定的价格转换为股票,避免了企业还本付息之负担。如果公司股票长期低迷,投资者不愿意将债券转换为股票,企业即时还本付息清偿债务,也能避免未来长期的股权资本成本负担。

2. 筹资效率高

可转换债券在发行时,规定的转换价格往往高于当时本公司的股票价格。如果这些债券将来都转换成股权,这相当于在债券发行之际,就以高于当时股票市价的价格新发行了股票,以较少的股份代价筹集了更多的股权资金。因此,在公司发行新股时机不佳时,可以先发行可转换债券,以期将来变相发行普通股。

3. 存在不转换的财务压力

如果在转换期内公司股价处于恶化性的低位,持券者到期不会转股,会造成公司集中兑付债券本金的财务压力。

4. 存在回售的财务压力

若可转换债券发行后,公司股价长期低迷,在设有回售条款的情况下,投资者集中在一段时间内将债券回售给发行公司,增大了公司的财务支付压力。

5. 股价大幅度上扬风险

如果债券转换时公司股票价格大幅度上扬,公司只能以较低的固定转换价格换出股票,这会降低公司的股权筹资额。

二、认股权证

认股权证全称为股票认购授权证,是一种由上市公司发行的证明文件,持有人有权在一定时间内以约定价格认购该公司发行的一定数量的股票。广义的权证是一种持有人有权于某一特定期间或到期日,按约定的价格认购或沽出一定数量的标的资产的期权。按买或卖的不同权利，权证可分为认购权证和认沽权证，又称为看涨权证和看跌权证。

（一）认股权证的基本性质

1. 证券期权性

认股权证本质上是一种股票期权，属于衍生金融工具，具有实现融资和股票期权激励的双重功能。但认股权证本身是一种认购普通股的期权，它既没有普通股的红利收入，也没有普通股相应的投票权。

2. 认股权证是一种投资工具

投资者可以通过购买认股权证获得市场价与认购价之间的股票差价收益，因此它是一种具有内在价值的投资工具。

（二）认股权证的种类

1. 美式认股证与欧式认股证

美式认股证是指权证持有人在到期日前，可以随时提出履约要求，买进约定数量的标的股票。欧式认股证是指权证持有人只能于到期日当天买进标的股票。无论股证属欧式或美式，投资者均可在到期日前在市场出售转让其持有的认股权证。事实上，只有小部分权证持有人会选择行权，大部分投资者均会在到期前沽出权证。

2. 长期认股权证与短期认股权证

短期认股权证的认股期限一般在 90 天以内。认股权证期限超过 90 天的为长期认股权证。

（三）认股权证的筹资特点

①认股权证是一种融资促进工具，它能促使公司在规定的期限内完成股票发行计划，顺利实现融资。

②有助于改善上市公司的治理结构。采用认股权证进行融资，融资的实现是缓期分批实现的，上市公司及其大股东的利益和投资者是否在到期之前执行认股权证密切相关。在认股权证有效期间，上市公司管理层及其大股东任何有损公司价值的行为，都可能降低上市公司的股价，从而降低投资者执行认股权证的可能性，这将损害上市公司管理层及其大股东的利益。因此，认股权证将有效约束上市公司的败德行为，并激励它们更加努力地提升上市公司的市场价值。

③作为激励机制的认股权证有利于推进上市公司的股权激励机制。认股权证是常用的员工激励工具，通过给予管理者和重要员工一定的认股权证，可以把管理者和员工的利益与企业的价值成长紧密联系在一起，建立一个管理者与员工通过提升企业价值实现自身财富增值的利益驱动机制。

第四章 财务营运资本管理

第一节 营运资本管理策略

一、营运资本

营运资金一词来源于美国早期商贩的故事，商贩们借款采购货物，并用四轮马车沿途贩卖，出售后用赚的钱偿还银行借款，并且不断重复这一过程。这些货物因为需要不间断地“周转”以持续获取利润，从而用利润偿还借款，这个过程就形成了营运资本的周转。

营运资本又称营运资金，有广义和狭义之分。广义的营运资金又称毛营运资金，是指企业一个企业在生产经营活动中占用在流动资产上的资金；狭义的营运资金又称净营运资金，是指企业投入日常经营活动的资本，是企业流动资产减去流动负债后的余额。净营运资本衡量企业的即时流动性，揭示企业有多少现金可用于持续营运和发展。营运资金周转一次所需时间较短，在循环周转过程中，其占用形态不断变化，各种形态的资金相互转化、周而复始。在企业不同的流动负债水平下，某一时期企业净营运资本可能为正或负。一个企业要维持正常的运转就必须拥有适量的营运资本，营运资本是企业日常生产经营活动的润滑剂，也是衡量企业短期偿债能力的重要指标。

营运资本管理是与其短期资产和短期负债相关的决策，既包括流动资产的管理，也包括流动负债的管理。这里所说的流动资产是指可以在 1 年或一个营业周期内变现或耗用的资产，主要包括现金、应收款项、存货等。流动负债是指需要在 1 年或者超过 1 年的一个营业周期内偿还的债务。

企业应合理控制营运资金的持有数量，既要防止营运资金过多，也要避免营运资金不足。营运资金越多，经营风险越小，收益率越低；相反，营运资金越少，经营风险越大，但收益率越高。企业需要在风险和收益之间进行权衡，从而将营运资金的数量控制在一定范围之内。

二、经营周期和现金周期

短期财务管理主要关注企业短期的经营活动和财务活动，企业的营运资本从现金投入生产经营活动开始，经过采购、加工生产、销售到最终收回现金的过程，形成了营运资本循环,即现金周转循环。

其中,从取得存货、进行销售到收取货款所消耗的时间叫作经营周期。经营周期通常由两部分组成:一是取得和销售存货所花费的时间,也叫存货周期;二是收取货款所花费的时间,即应收账款周期。经营周期反映了货物是如何在流动资产各形态之间进行转移的,每一次转化都会更加接近现金。经营周期的计算公式为:

经营周期=存货周期+应收账款周期

现金流量的变化与企业的经营活动并不总是同步的,如购买存货时并未马上付款,这段时间就形成了应付账款周期,这个周期会减少企业实际使用的现金数量。因此,现金周期就是企业从实际支付采购货款开始,到收到销货款项的时间。现金周期的计算公式为:

现金周期=经营周期-应付账款周期

现金周期反映了短期融资管理的需求。现金周期越长,所需资金越多。现金周期的变化通常会作为一项早期预警指标进行监测,现金周期变长可能说明企业在销售或收款上出现问题。现金周期也会影响企业的盈利能力。现金周转期越短,企业在存货或应收账款上的投资就越少,总资产就越少,资产周转率提高会提升企业的盈利能力,增加公司的价值。

三、相关营运资本管理策略

营运资本管理是企业财务管理的重要组成部分,主要涉及两个问题。

一是企业应该投资多少到流动资产上,即资金运用的管理,包括现金、有价证券、应收款项和存货等的管理;二是企业应该如何融通流动负债,即资金筹措的管理,包括银行短期借款、商业信用等的管理。

(一)流动资产投资策略

由于企业的生产成本、补货时间、销售水平以及收付款期限等存在不确定性,所以流动资产的投资决策就至关重要。企业经营的不确定性和风险忍受程度决定了流动资产的存量水平,表现为在流动资产账户上的投资水平。企业要选择与其行业特点和管理风格相适应的流动资产投资策略,一般包括以下内容。

1. 宽松的投资策略

在宽松的流动资产投资策略下,企业拥有大量的现金余额和短期有价证券;放宽信用条件,持有高水平的应收账款;进行大规模的存货投资。这种策略会使企业具有较高的流动性,财务风险和经营风险较小。但过多的流动资产投资,无疑会承担较大的流动资产持有成本,如资金的机会成本,降低企业的收益水平。

2. 紧缩的投资策略

在紧缩的流动资产投资策略下,企业保持低水平的现金余额,很少投资短期有价证券;限制赊销,几乎没有应收账款;存货的投资规模较小。这种策略可以节约流动资产的持有成本,提高企业收益。但同时会伴随更高的风险,表现为较低的存货水平影响经营以及缺乏现金支付货款等。这就对企业的管理水平提出了较高的要求。因为一旦管理失控,流动资产短缺就会对企业的经营活动带来重大影响。

3. 适中的投资策略

为了确定在流动资产上的最优投资水平,需要在资产的流动性和收益性之间进行权衡,了解不同策略下的成本。一般来说,最优的流动资产投资应该是使流动资产的持有成本与短缺成本之和最小时的投资水平。这种要求持有成本和短缺成本大致相等的策略称为适中的投资策略。

企业持有成本随投资规模的增加而增加,短缺成本随投资规模的增加而减少,在两者相等时达到最佳的投资规模。适中的流动资产投资策略,就是按照预期的流动资产周转天数、销售额及其增长、成本水平和通货膨胀等因素确定的最优投资规模,安排企业的流动资产投资。

(二)流动负债融资策略

流动资产的投资政策决定了投资的总量,也就是需要筹资的总量。营运资本的筹资策略主要是决定筹资的来源结构。制定营运资本筹资政策就是确定流动资产所需资金的中短期来源和长期来源的比例。

企业对流动资产的需求一般会随着产品销售的变化而变化。因此流动资产可以被分解为永久性流动资产和临时性流动资产。永久性流动资产是指满足企业长期最低需求的流动资产,其数量通常相对稳定;临时性流动资产是指那些由于季节性和临时性的需求而形成的流动资产,其占用量随当时的需求而波动。流动负债也可以相应地分为临时性负债和自发性负债。临时性负债是指为满足临时性流动资金需求所发生的负债,一般只能供企业短期使用;自发性负债又称经营性流动负债,是指直接产生于企业持续经营中的负债,可供企业长期使用。一般来说,流动资产的永久性水平具有相对稳定性,需要通过长期负债融资或权益性资金来解决;而临时性部分融资相对灵活,可以通过低成本的短期融资方式解决。

流动负债融资策略就是为企业日常所需的流动资产及时足额地筹集到资金的决策。根据资产的期限结构和资金来源的期限结构的匹配程度差异,流动负债融资策略可以划分为三类。

1. 配合型筹资策略

配合型筹资策略的特点是:对于临时性流动资产,运用临时性负债满足其资金需要;对于永久性流动资产和长期资产,则运用长期负债、自发性负债和权益资本来满足其资金需要。资金来源的有效期与资产的有效期匹配,只是一种战略性的观念匹配,而不要求实际金额完全匹配。

这种策略下,要求企业的临时性负债融资计划严密,实现资金的占用时间与负债的偿还时间相配合。在经营性淡季和低谷阶段,企业除了自发性负债外没有其他流动负债;只有在对临时性流动资产的需求达到高峰时,企业才举借各种临时性债务,这样有利于降低利率风险和偿债风险。因此,配合型筹资策略是一种理想的对企业有着较高资金使用要求的匹配策略。

2. 激进型筹资策略

激进型筹资策略的特点是:临时性负债不但融通临时性流动资产的资金需要,还解决部分永久性资产的资金需要。

这种策略下,临时性负债所占比例较大,由于临时性负债的资金成本一般低于长期负债和权益资本的资金成本,所以企业的资金成本较低。另外,为了满足永久性资产的长期资金需要,企业必然要在临时性负债到期后重新举债或申请债务延期,使企业更为经常地举债和还债,从而加大了筹资的困难和风险。所以,激进型融资策略是一种收益性和风险性都较高的筹资策略。

3. 保守型筹资策略

保守型筹资策略的特点是:临时性负债只融通部分临时性流动资产的资金需要,另一部分临时性流动资产和永久性流动资产则由长期负债、自发性负债和权益资本加以解决。

在保守型筹资策略下,临时性负债在企业的全部资金来源中所占比例较小,企业保留较多营运资金,可降低企业无法偿还到期债务的风险,同时蒙受短期利率变动损失的风险也较低。但降低风险的同时也降低了企业的收益,因为长期负债和权益资本在企业的资金来源中比重较高,并且两者的资本成本通常会高于临时性流动负债的资本成本,而且在生产经营淡季,企业仍要负担长期债务的利息。即使将过剩的长期资金投资于短期有价证券,其投资收益一般也会低于长期负债的利息,从而降低了企业整体的收益率。所以,保守型融资策略是一种风险低、收益也低的筹资策略。

第二节 现金管理

现金是可以立即投入使用的交换媒介。它的首要特点是普遍的可接受性,即可以有效地用来购买商品、货物、劳务或偿还债务。因此,现金是企业中流动性最强的资产。拥有足够的现金对降低企业财务风险、增强企业资金的流动性具有十分重要的意义。现金主要包括企业的库存现金、各种形式的银行存款和银行本票、银行汇票等。

有价证券是企业现金的一种转换形式,获取收益是持有有价证券的原因。有价证券变现能力强,可以随时兑换成现金。企业有多余时,常将现金兑换成有价证券;现金流出量大于流入量需要补充现金时,再出让有价证券换回现金。在这种情况下,有价证券就成了现金的替代品。从这种角度看,有价证券也是现金的一部分。

现金管理反映企业管理和投资现金的各种活动。现金管理的目的是在保证企业生产经营所需现金的同时,节约使用资金,并从暂时闲置的现金中获得最多的利息收入。企业的库存现金没有收益,银行存款的利息率一般也远远低于企业的资金利润率。现金结余过多,会降低企业的收益;现金太少,又可能出现现金短缺,影响生产经营活动。现金管理应力求做到既保证企业交易所需资金,降低风险;又不使企业有过多的闲置现金,以增加收益。

一、持有现金的动机

（一）交易动机

交易动机是指持有现金以便满足日常支付的需要。企业每天的现金收入和现金支出很少同时等额发生，保留一定的现金余额作为缓冲是必要的，可使企业在现金支出大于现金收入时，不致中断交易。支付所需现金的数量取决于其销售水平。正常营业活动所产生的现金收入和支出以及它们的差额，一般同销售量呈正比例变化。随着电子转账和其他高速、无纸化支付工具的发展，作为交易需求持有的现金可能完全消失。然而即使如此，企业仍存在着对流动性以及对其有效管理的需求。

（二）预防动机

预防动机是指企业持有现金以应对意外事件所产生的现金需要，为非预期的现金需求提供一个缓冲。由于市场情形瞬息万变和各种不测因素的存在，企业通常难以对未来现金流入量与流出量做出准确的估计和预测。一旦企业对未来现金流量的预测与实际情况发生偏离，必然对企业的正常经营秩序产生极为不利的影响。因此，在正常业务活动现金需要量的基础上，追加一定数量的现金余额以应对未来现金流入和流出的随机波动，是企业在确定必要现金持有量时应考虑的因素。企业为应对紧急情况所持有的现金余额主要取决于以下三个方面：一是现金收支预测的可靠程度，二是企业临时借款的能力，三是企业愿意承担风险的程度。

（三）投机动机

投机动机是指企业为了抓住各种瞬息即逝的市场机会、获得较大的利益而准备的现金余额。投机动机只是企业确定现金余额时所需考虑的次要因素之一，其持有量的大小往往与金融市场的投资机会及企业对待风险的态度有关。对于大部分公司来说，可能会因为投机动机而需要流动性，但不一定必须要保持现金，保留借款能力和有价证券也可以满足投机动机。

同时，商业银行中要求企业提供的补偿性余额等条款，也可能是企业持有现金的原因之一。最低补偿性余额的要求可能为企业持有的现金水平设置了下限。

企业的现金持有量一般小于各种动机下的现金持有量之和，因为某一动机持有的现金可以用于满足其他并不一定同时产生的其他动机的需要。

企业的现金管理就是根据各种动机需求，在资产的流动性和盈利性之间进行权衡，以获取最大的企业价值。

二、最佳现金余额的确定

现金既是一种流动性最强的资产，又是一种盈利性最差的资产。现金过多，会使企业盈利水平下降；而现金太少又可能影响正常生产经营。在确定现金余额时，也存在风险与报酬的权衡问题。

（一）影响现金水平的因素

1. 流动性要求

流动性是指在不招致损失的情况下，将资产迅速转换成现金的能力。现金流入和现金流出很少同步，因此企业需要控制营运资本以弥补现金流入和现金流出的不平衡，并确保足够的流动性。有效的现金管理方法可以提高企业的整体流动性，从而增强企业的获利能力并降低偿付能力不足的风险。

2. 获利能力及风险水平

获利能力一般与流动性反向变化。企业必须确保合理的流动资产的最优投资水平以及为保证流动性所必需的长短期筹资策略，这些投资必须考虑到获利能力和风险之间的关系以及两者的平衡。

对企业的流动性、获利能力以及风险与现金的有效管理，需要确定相应的现金管理方法。以下是几种常见的最佳现金持有量的确定方法。

（二）成本分析模式

成本分析模式是指寻求持有现金的相关总成本最低的现金余额的一种方法。企业持有现金的相关成本主要有机会成本、管理成本和短缺成本。

1. 机会成本

机会成本是指因持有现金而放弃投资其他方面获得的收益。在实际工作中可以用企业的资金成本替代。现金持有越多，机会成本越高。企业为了交易动机、预防动机和投机动机需要而持有一定量的现金，付出相应的机会成本是必要的，但一定要权衡得失，不能让机会成本代价太大而影响最佳收益的取得。

2. 管理成本

企业持有现金将会发生管理费用。管理成本通常是一种固定成本，与现金持有量之间无明显的数量关系。

3. 短缺成本

现金的短缺成本是指因缺乏必要的现金，不能应付业务开支所需，而使企业蒙受损失或为此付出的代价。现金的短缺成本与企业现金持有量成反比。现金持有量增加，短缺成本下降，现金持有量减少，短缺成本上升。

（三）存货模式

企业如果平时只持有少量现金，在需要时通过出售持有的有价证券换回现金，就能既满足经营对现金的需求，避免短缺成本，又能尽量减少机会成本。因此，适当的现金和有价证券之间的转换，是企业提高资金使用效率的重要途径。如何确定有价证券与现金的转换数量，可以通过现金持有量的存货模式解决。

存货模式也称鲍莫模式，将存货经济订货批量模型原理用于确定目标现金持有量。企业现金持有量在许多方面与存货批量类似，因此，可用存货批量模型来确定企业最佳现金持有量。在存货模式中，假设收入是每隔一段时间发生的，而支出则是在一定时期内平均发生的。在此时期内,企业可通过销售有价证券获得现金。

存货模式的目的是要求出使总成本最小的N值。现金余额总成本包括两个方面。

①现金持有成本。即持有现金所放弃的报酬,是持有现金的机会成本。这种成本通常为有价证券的利息率,它与现金余额成正比例的变化。

②现金转换成本。即现金与有价证券转换的固定成本。这种成本只与交易的次数有关,而与持有现金的金额无关。

这种模式假设需用现金时,可以转换有价证券,所以不会出现现金短缺,因而不需要考虑现金的短缺成本。

如果现金余额大,则持有现金的机会成本高,但转换成本要减少;如果现金余额小,则持有现金的机会成本低,但转换成本要上升。两种成本合计最低条件下的现金余额即为最佳现金余额。

存货模式简单直观,可以精确地测算出最佳现金余额和变现次数,表述了现金管理中基本的成本结构,它对加强企业的现金管理有一定作用。但是这种模式假定现金流出量稳定不变,以现金持有成本和转换成本易于预测为前提条件。因此,只有在上述因素确定的情况下才能使用此种方法。

(四)随机模式

随机模式是在现金需求量难以预知的情况下进行现金持有量控制的方法。对企业来讲,现金需求量往往波动大且难以预知,但企业可以根据历史经验和现金需求,测算出一个现金持有量的控制范围,即制定现金持有量的上限和下限,将现金余额控制在上下限之内。当现金量升到控制上限时,用现金购入有价证券,使现金持有量下降;当现金量降到控制下限时,则抛售有价证券换回现金,使现金持有量回升。若现金量在控制的上下限之内,便不必进行现金与有价证券的转换,保持它们各自的现有存量。

随机模式建立在企业的现金未来需求总量和收支不可预测的前提下,因此计算出来的现金持有量比较保守。

各种计算模式分别从不同角度来计算最佳现金余额,在实际工作中,可结合起来加以运用。另外,现金余额的多少是多种因素作用的结果,数学模型并不能把各种因素的变化都考虑进去,所以在多数情况下,还需财务管理人员根据经验加以确定。

三、现金的日常管理

企业在确定了最佳现金持有量后,还应采取各种措施,加强现金的日常管理,提高现金的管理效率。企业通常可以从缩短现金流入时间和延长现金流出时间中获益。加速应收账款的回收使得企业更快地获得资金,减慢应付账款的支付使得企业能在更长的时间跨度内利用手头的资金。无论是加快现金的回收还是减慢现金的流出,都必须谨慎处理,以确保不会影响与供应商或客户的关系,保持良好的信誉。如果企业能使其现金流入与现金流出发生的时间趋于一致,力争现金流入与流出同步,就可以使其所持有的交易性现金余额降到最低水平。

(一)加速现金回收

为了提高现金的使用效率,加速现金周转,企业应尽量加速账款的收回,即在不影响未来销售的情况下,尽可能地加速现金的收回。企业加速收款的任务不仅是要尽量使顾客早付款,而且要尽量快地使这些付款转化为可用现金。

企业的收款安排会影响现金流入的适时性,为此企业一般通过减少收款浮差来加速现金收款。收款浮差是从付款人邮寄支票到收款企业收讫这笔资金的时间间隔,主要包括三个部分:一是邮寄浮差,即顾客付款的邮寄时间;二是处理浮差,即企业收到顾客开出支票到将支票存入银行的时间;三是到账浮差,即资金从存入自己开户银行到记入企业账户的时间。为减少收款浮差,企业可以采用以下措施。

1. 锁箱法

当企业收到邮寄形式的付款时,必须决定支票要寄往何处以及如何收集支票存入银行。认真选择收账网点的数量和地点,可以大大减少收账时间。许多企业采用一种称为锁箱的特殊邮政信箱,来缩短从收到顾客付款到存入当地银行的时间。采用锁箱法的具体做法如下。

①在业务比较集中的地区租用当地加锁的专用邮政信箱。

②通知顾客把款项邮寄到指定的邮箱而非直接邮至企业。

③授权企业邮政信箱所在地的开户行,每天数次收取邮政信箱的汇款并存入企业账户,然后将扣除补偿性余额后的现金及一切附带资料定期送往企业总部。

一些企业现在已经开始使用“电子锁箱”替代传统的锁箱。在电子锁箱中,客户使用电话或互联网来处理账户、查阅账单并授权支付。采用锁箱法的优点是,客户将款项直接寄给客户所在地的邮箱,而不是企业总部,不但缩短了汇款的邮寄时间,还免除了公司办理收账、货款存入银行等手续。但采用这种方法,需要支付额外的费用。因为被授权开启邮政信箱的当地银行除了要求扣除相应的补偿性余额外,还要收取办理额外服务的劳务费,导致现金成本增加。因此,是否采用锁箱系统,需视提前回笼现金产生的收益与增加成本的大小而定。

2. 集中银行

集中银行是指通过设立多个策略性的收款中心来代替通常在企业总部设立的单一收款中心,以加速账款回收的一种方法。其目的是缩短从顾客寄出账款到现金收入企业账户这一过程的时间。集中银行的具体做法如下。

①企业以服务地区和各销售区的账单数量为依据,设立若干收款中心,并指定一个收款中心的账户为集中银行。

②客户将货款送到最近的收款中心而不必送到企业总部。

③收款中心将每天收到的货款存到当地银行,然后把多余的现金从地方银行汇入集中银行——公司开立的主要存款账户的商业银行。

设立集中银行主要有以下优点。

①账单和货款邮寄时间可缩短。账单由收款中心寄发该地区顾客,与由总部寄发相

比,顾客能较早收到;顾客付款时,货款邮寄到最近的收款中心,通常也比直接邮往总公司所需时间短。

②支票兑现的时间可缩短。如收款中心收到顾客汇来的支票存入该地区的地方银行,而支票的付款银行通常也在该地区,因而支票兑现较方便。

3. 其他方法

除上述方法外,还可以采取电汇、企业内部往来多边结算、减少不必要的银行账户等方法加快现金回收。在这种安排下,支付金额和支付时间提前确定下来。当约定的日期到来时,该笔金额就自动从客户的银行账户转入企业的银行账户,大大减少甚至消除到账浮差。拥有在线终端的企业也使用同样的方法,即当一笔销售完成,资金就立即转入到企业账户中。另外,企业对于各银行之间以及企业内部各单位之间的现金来往也要严加控制,以防有过多的现金闲置在各部门之间的结转上。

(二)控制现金支出

企业在收款时,应尽量加快速度;而在管理支出时,应尽量延缓现金支出的时间,控制现金支出的方法有以下几种。

1. 使用零余额账户

零余额账户是一个虽然余额保持为零,但企业仍可以签发支票的支付账户。企业通常在一个主支付账户下,设置几个附属的零余额账户。零余额账户从主账户划款是自动进行的,从同一银行的主账户转账可以覆盖任何计入零账户的支票。企业只在主账户保持一定的安全储备,而在一系列子账户不需要保持安全储备。当从某个子账户签发支票需要现金时,所需资金立即从主账户拨入。零余额账户的借贷方每天都会轧平。银行在主账户和零余额账户之间划拨适量资金,以保持零余额账户的余额为零。

零余额账户的优点是控制账户余额以及消除在子账户中闲置的过剩余额。利用零余额账户,作为缓冲而持有的现金更少,企业可以释放出更多的现金用于其他用途。

2. 利用现金付款浮差

付款浮差是从企业开出付款支票至银行将款项划出企业账户的时间间隔,包括邮寄浮差、处理浮差和清算浮差。在这段时间里,尽管企业已开出了付款票据,仍然可以动用在结算存款账户上的这笔资金。值得注意的是,在使用现金浮游量时,一定要控制好使用时间,否则会发生银行存款的透支,影响企业信誉。

3. 推迟付款

推迟支付是指企业在不影响其商业信誉的前提下,尽可能地推迟应付款的支付时间。如充分运用供应商所提供的信用优惠,在信用期的最后一天支付款项。若对方提供了现金折扣,还需要权衡折扣优惠与现金占用之间的利弊得失。利用汇票代替支票、改进薪酬支付模式,以及充分利用银行透支等。

4. 电子商务

从现金管理的角度,电子商务就是通过信息和网络技术为交易双方提供便利的过程。电子商务包括互联网、企业内部的内联网、网上商务、电子数据交换和电子资金转账等。尽管很多企业的交易仍然基于纸质凭证,但电子商务提供了一项备选可能。电子商务的优点包括:提高效率,基本消除了人工处理;减少了周转时间;降低了错误率;改善了现金流的预测和交流能力。硬件和软件要求及其成本、安全问题,以及相关人员的培训等都是实施电子商务要考虑的因素。

5. 闲置资金投资

当企业有暂时闲散的资金时,可将其投资于国库券、大额可转让定期存单、企业债券、企业股票等短期证券,以获得利息或股利收入;而当企业现金短缺时,再出售各种有价证券以换取现金。这样,既能保证有较多的利息收入,又能增强企业的变现能力。因此,适当进行证券投资是调整企业现金余额的一种方法,企业应该选择短期的、违约风险小、市场流通性好的有价证券。

第三节 应收款项管理

一、应收账款的功能与成本

应收账款是企业因对外赊销产品、材料、提供劳务等而应向购货或接受劳务的单位收取的款项。商品与劳务的赊销与赊购在强化企业市场竞争能力、扩大销售、增加收益、节约存货资金占用以及降低存货管理成本方面有着其他任何结算方式都无法比拟的优势。但相对于现销方式,赊销毕竟意味着应计现金流入量与实际现金流入量时间上的不一致,所以产生拖欠甚至坏账损失的可能性自然也比较高。因此,企业应在发挥应收账款强化竞争、扩大销售功能的同时,尽可能降低应收账款的机会成本,减少坏账损失与管理成本,提高应收账款投资的收益率。

(一)应收账款的功能

应收账款的功能是指它在生产经营中的作用。

1. 增加销售的功能

在市场竞争比较激烈的情况下,赊销是促进销售的一种重要方式。进行赊销的企业,实际上是向顾客提供了两项交易:一是向顾客销售产品;二是在一个有限的时期内向顾客提供资金。虽然赊销仅仅是影响销售量的因素之一,但在银根紧缩、市场疲软、资金匮乏的情况下,赊销的促销作用是十分明显的。特别是在企业销售新产品、开拓新市场时,赊销具有更重要的意义。

2. 减少存货的功能

应收账款的增加意味着存货的减少。存货的减少可以降低存货的储存费用、保险费用和管理费用等。并且,存货的减少将增加企业的速动资产,提高企业的短期偿债能力,改善企业的财务指标。

(二)应收账款的成本

企业在采用赊销方式促进销售的同时,会因持有应收账款而付出一定的代价,这种代价即为应收账款的成本。

1. 应收账款的机会成本

应收账款的机会成本是指因资金投放在应收账款上而丧失投资于其他方面获得的收益。这一成本的大小一般与企业维持赊销业务所需要的资金数量、资本成本率有关。其计算公式为：

应收账款机会成本=维持赊销业务所需要的资金×资本成本率

2. 应收账款的管理成本

应收账款的管理成本是指企业对应收账款进行管理而耗费的开支，主要包括对客户资信的调查费用、收集各种信息的费用、账簿的记录费用、收账费用和其他费用。

3. 应收账款的坏账成本

应收账款基于商业信用而产生，存在无法收回的可能性，由此给应收账款持有者带来的损失，即为坏账成本。坏账成本一般与应收账款数量成正比，即应收账款越多，坏账成本也越多。所以，为规避发生坏账成本给企业生产经营活动的稳定性带来的不利影响，企业应合理提取坏账准备。

二、信用政策

制定合理的信用政策是加强应收账款管理、提高应收账款投资效益的重要前提。信用政策即应收账款的管理政策，是指企业对应收账款投资进行规划与控制而确立的基本原则与行为规范，包括信用标准、信用条件和收账政策三部分内容。

（一）信用标准

信用标准是指顾客获得企业的交易信用所应具备的条件。信用标准一般由公司制定，作为评价客户信用质量的尺度。只有达到了信用标准，信用管理人员才能判断是否给予客户信用和给予多大程度的信用，通常以预期的坏账损失率作为判别标准。如果企业的信用标准较严，只对信誉好、坏账损失率低的顾客给予赊销，虽会减少坏账损失，减少应收账款的机会成本，但这样可能不利于扩大销售，甚至会使销售量减少，不利于企业提高市场竞争能力。相反，如果信用标准较宽，虽然有利于企业扩大销售，提高市场竞争力和占有率，但同时也会导致坏账损失风险加大和应收账款机会成本增加。企业应根据具体情况进行权衡。

（二）信用条件

信用条件是指企业要求顾客支付赊销款项的条件，包括信用期限、现金折扣和折扣期限。信用期限是指企业允许顾客从购货到付款的最长时间。信用期限过短，不足以吸引客户、促进销售；信用期限过长，收账费用和坏账可能性增加，影响利润提高。信用期限的确定，主要是分析改变现行信用期对收入和成本的影响。现金折扣是指企业在顾客提前付款时给予的优惠，主要目的是缩短企业的平均收款期。

（三）收账政策

收账政策是指信用条件被违反时，企业采取的收账策略。企业如果采用积极的收账策略，可以尽快回收大量现金，加速应收账款的周转，减少资金的占用，减少坏账费用，但同时企业也要付出不少的收账费用，甚至影响企业与客户之间的关系。因为许多客户并不愿意同收账部门或公司打交道。企业必须在收账政策能够带来的成本效益中权衡分析，制定合理的收账政策。

一般而言，收账费用支出越多，坏账损失越少，但这两者并不一定存在线性关系。通常情况是：开始花费一些收账费用，应收账款和坏账损失有小部分降低；随着收账费用继续增加，应收账款和坏账损失明显减少；当收账费用达到某一限度以后，应收账款和坏账损失的减少就不再明显了，这个限度称为饱和点。在制定收账政策时，应权衡增加收账费用与减少应收账款机会成本和坏账损失之间的得失，以便作出正确的选择。

要制定最优的信用政策，应把信用标准、信用条件、收账政策结合起来，考虑信用标准、信用条件、收账政策的综合变化对销售额、应收账款机会成本、坏账成本和收账成本的影响。这里决策的原则仍是赊销的总收益应大于赊销带来的总成本。综合决策的计算相当复杂，计算中的几个变量都是预计的，有相当大的不确定性。因此，信用政策的制定并不能仅靠数量分析，在很大程度上要由管理人员的经验来判断决定。企业信用政策确定后，便可根据信用政策和预计销售收入等指标来计算确定应收账款占用资金的数额。

三、应收账款日常管理

信用政策建立以后，企业要做好应收账款的日常控制工作，进行信用调查和信用评价，以确定是否同意顾客赊欠货款，当顾客违反信用条件时，还要做好账款催收工作。

（一）客户的信用调查

对顾客的信用进行评价是应收账款日常管理的重要内容。只有正确地评价顾客的信用状况，才能合理地执行企业的信用政策。要想合理地评价顾客的信用，就必须对顾客信用进行调查，收集有关的信息资料。

1. 直接调查

直接调查是指调查人员与被调查单位接触，通过当面采访、询问、观看、记录等方式获取信用资料的一种方法。直接调查能保证收集资料的准确和及时性，但若不能得到被调查单位的合作，则会使调查资料不完整。

2. 间接调查

间接调查是以被调查单位及其他单位保存的有关原始记录和核算资料为基础，通过加工整理获得被调查单位信用资料的一种方法。这些资料主要来自如下几个方面。

(1)财务报表。

有关单位的财务报表是信用资料的重要来源。通过财务报表分析，基本上能掌握一个企业的财务状况和盈利状况。

(2)信用评估机构。

许多国家都有信用评估的专门机构，定期发布有关企业的信用等级报告，如标准普尔公司就是国际著名的信用评级机构。在评估等级方面，一般采用三类九级制。专门的信用评估机构通常评估方法先进,评估调查细致,评估程序合理,可信度较高。

(3)银行。

银行是信用资料的一个重要来源,因为许多银行都设有信用部门,为其顾客提供服务。但银行的资料一般仅在同业之间交流,而不愿向其他单位提供。因此,如外地有一笔金额较大的交易,需要了解顾客的信用状况,最好通过当地开户银行,向其征询有关客户信用资料。

(4)其他。

图书、报纸、杂志等也可提供有关顾客的信用情况。

(二)顾客的信用评估

搜集好信用资料后,要对这些资料进行分析,并对顾客信用状况进行评估。

评估的方法很多,常见的方法主要有5C评估法和信用评分法。

1. 5C评估法

所谓5C评估法,是指重点分析影响信用的五个方面来评价顾客信用的一种方法。这五个方面英文首字母都是C,故称为5C评估法。

①品德,指顾客愿意履行付款义务的可能性。顾客是否愿意尽自己最大努力来归还货款,直接决定着账款的回收速度和数量。品德因素在信用评估中是最重要的因素。

②能力,指顾客偿还货款的能力。这主要根据顾客的经营规模和经营状况来判断。

③资本,指一个企业的财务实力状况,这主要根据有关的财务比率进行判断。

④抵押,指顾客能否为获取商业信用提供担保资产。如有担保资产,则对顺利收回货款比较有利。

⑤条件,指一般的经济情况对企业的影响或某一地区的特殊情况对顾客偿债能力的影响。

通过以上五个方面的分析,便基本上可以判断顾客的信用状况,为最后决定是否向顾客提供商业信用做好准备。

2. 信用评分法

信用评分法是先对一系列财务比率和信用指标进行评分,再进行加权平均,得出顾客综合的信用得分,并以此进行信用评估的一种方法。有些信用卡发行公司开发了信用评分的统计模型以发现客户与其违约历史的关系。

(三)收账管理

收账是企业应收账款管理的一项重要工作。收账管理应包括如下两个方面的内容。

1. 确定合理的收账程序

催收账款的程序一般是:信函通知,电话催收,派员面谈,法律行动。当顾客拖欠账款时,一般先给顾客一封有礼貌的付款通知函;接着可寄出一封措较直率的信件;进一步则可通过电话催收;若再无效,企业的收账员可直接与顾客面谈,协商解决;如果谈判不成,就只好交给企业的律师采取法律行动。

2. 确定合理的收账方法

顾客拖欠的原因比较多，但可概括为两类：无力偿还和故意拖欠。

无力偿还是指顾客因经营不善，财务出现困境，没有资金偿付到期债务。对这种情况要进行具体分析，如果顾客遇到暂时困难，经过努力可以东山再起，企业应帮助顾客渡过难关，以便收回较多欠款。如果顾客遇到严重困难，已达到破产界限，不可能起死回生，则应及时向法院起诉，以期在破产清算时得到较多的债权清偿。

故意拖欠是指顾客虽有能力付款，但为了其利益，想方设法拖延付款。遇到这种情况，则需要确定合理的收账方法收回欠款。

（四）应收账款账龄分析

企业已发生的应收账款的时间长短不一，有的尚未超过信用期，有的则已逾期拖欠。一般来讲，逾期拖欠时间越长，账款催收的难度越大，成为坏账的可能性就越高。因此，进行账龄分析，密切注意应收账款的回收情况，是提高应收账款收现率的重要环节。

应收账款账龄分析就是考察研究应收账款的账龄结构，即各账龄应收账款的余额占应收账款总计余额的比重。

（五）应收账款保理

应收账款保理是企业将赊销形成的未到期应收账款在满足一定条件的情况下，转让给保理商，以获得其流动资金的支持，加快资金的周转。应收账款保理实质上是利用未到期应收账款这种流动资产作为抵押从而获取银行短期借款的一种方式。对于不易获得银行贷款的中小微企业，通过保理业务融资可能是较为明智的选择。同时，保理业务可以使企业从应收账款管理中解脱出来，将其交给专业的保理商，提高管理效率，减少坏账损失，降低经营风险。改善企业的财务结构，增强了企业资金的流动性。

第四节 存货管理

一、企业储备存货的动因

存货是指企业在日常生产经营过程中为生产或销售而储备的物资，主要有各种原材料、燃料、包装物、低值易耗品、委托加工材料、在产品、产成品和库存商品等。企业的存货在流动资产中所占的比重较大，通常为40%~60%。

企业持有充足的存货，不仅有利于生产过程的顺利进行，而且能为生产与销售提供较大的机动性，避免因存货不足带来的损失。然而，存货的增加必然要占用更多的资金，使企业付出更大的持有成本、而且存货的储存与管理费用也会增加，影响企业获利能力的提高。因此，如何在存货的收益与成本之间进行利弊权衡，在充分发挥存货功能的同时降低成本、增加收益，实现它们的最佳组合，成为存货管理的基本目标。

企业储备存货主要是基于以下原因。

(一)保证生产或销售的经营需要

生产过程中所需要的存货是生产中必需的物资资料。为了保证生产顺利进行,必须适当地储备一些存货。存货在生产不均衡和商品供求波动时,可起到缓解矛盾的作用。即使生产能按事先规定好的程序来进行,但要每天都采购也不现实,经济上也不一定合算。所以,为了保证生产正常进行,存储适当的存货是必须的。

(二)降低产品成本

一般来讲,零购物资的价格往往较高,而大批购买物资在价格上常有优惠。但是,过多的存货需要占用较多的资金和承担较多的资金成本,并且会增加包括仓储费、保险费、维护费和管理人员工资在内的各项开支。进行存货管理,就是要在各种存货成本与存货效益之间作出权衡。

二、存货储备成本

与储备存货有关的成本,包括以下三种。

(一)取得成本

取得成本是指为取得某种存货而发生的成本,通常用 TC_a 来表示。取得成本又可进一步分为订货成本和购置成本。

1. 订货成本

订货成本是指取得存货订单的成本。订货成本中有一部分与订货次数无关,称为订货的固定成本,用 F_1 表示,另一部分与订货次数有关,称为订货的变动成本,每次订货的变动成本用 K 表示;订货次数等于存货年需求量 D 与每次进货量 Q 的比。订货成本的计算公式为:

$$订货成本=F_1+\frac{D}{Q}\cdot K \tag{4-1}$$

2. 购置成本

购置成本是指存货本身的价值,一般用数量与单价的乘积来确定。如果年需要量用 D 表示,单价用 U 表示,则购置成本为 DU。

订货成本加上购置成本就等于存货的取得成本。其计算公式可表示为:

$$TC_a=F_1+\frac{D}{Q}\cdot K+DU \tag{4-2}$$

(二)储存成本

储存成本是指保持存货而发生的成本,包括存货占用资金应计的利息、仓库费用、保险费用、存货破损和变质损失等,通常用 TC_C 表示。

储存成本可分为固定成本和变动成本。固定成本与存货数量的多少无关,用 F_2 表示。变动成本与存货的数量有关,其单位变动成本可用 K_C 表示。假设存货耗用均衡,则平均存货储存量为 $Q/2$。其计算公式为:

$$TC_c = F_2 + \frac{Q}{2} \cdot K_c \tag{4-3}$$

(三)缺货成本

缺货成本是指由于存货供应中断而造成的损失,包括材料供应中断造成的停工损失、产成品库存缺货造成的拖欠发货损失及丧失销售机会的损失。如果生产企业紧急采购代用材料解决库存材料中断之急,那么缺货成本表现为紧急采购代用材料增加的购入成本。缺货成本用 TC_S 表示。

如果用 TC 表示储备存货的总成本。其计算公式为:

$$TC = TC_a + TC_c + TC_s = F_1 + \frac{D}{Q}K + DU + F_2 + \frac{Q}{2}K_c + TC_s \tag{4-4}$$

三、存货经济订货批量分析

按照存货管理的目的,需要通过合理的进货批量和进货时间使存货的总成本最低。这种订货批量可以采用经济订货批量模型计算。

(一)经济订货批量的基本模型

企业存货管理的最优化就是要使存货总成本 TC 值最小。使存货总成本最低的订货量叫作经济订货批量(Economic Order Quantity,EOQ)。有了经济订货批量,可以很容易地找出最适宜的进货时间。

要确定经济订货批量的基本模型,需要有以下几个假设条件。

①企业能够及时补充存货,即需要订货时便可立即取得存货。

②能集中到货,而不是陆续到货。

③不允许缺货,即无缺货成本,TC_S 为零,因为良好的存货管理本身就不应该出现缺货成本。

④需求量稳定且能预测,即 D 为已知常量。

⑤存货单价不变,不考虑现金折扣,即 U 为已知常量。

⑥企业现金充足,不会因现金短缺而影响进货。

⑦所需存货市场供应充足,不会因买不到需要的存货而影响其他方面。

设立上述假设条件后,存货总成本的计算公式可以简化为:

$$TC = F_1 + \frac{D}{Q}K + DU + F_2 + \frac{Q}{2}K_c \tag{4-5}$$

当 F_1、K、D、U、F_2、K_C 为常量时,TC 的大小取决于 Q。为了求出 TC 的极小值,求 TC 对 Q 的导数得:

$$\text{经济订货批量} = Q^* = \sqrt{\frac{2KD}{K_C}} \tag{4-6}$$

这一公式称为经济订货批量的基本模型,用此模型求出的每次订货批量,可使 TC 值达到最小。

（二）经济订货批量的扩展模型

经济订货批量的基本模型是在各种假设条件下建立的，但现实中能够满足这些假设的情况很少。为使模型更接近于实际情况，并具有较高的可用性，现放宽部分假设，同时改进模型。

1. 订货提前期

一般情况下，企业的存货不能做到随用随时补充。因此，考虑到送货需要时间，企业订购存货时需要有一个提前期。在提前订货的情况下，企业再次发出订货单时尚有存货的库存量，称为再订货点。用 R 来表示。它等于交货时间（L）和每日平均需用量（d）的乘积：

$$R=L\cdot d \tag{4-7}$$

2. 存货陆续供应和使用

经济订货批量的基本模型假设存货一次全部入库，故存货增加时存量变化为一条垂直的直线。但事实上，各批存货可能陆续入库，使存量陆续增加。尤其是产成品入库和在产品转移，几乎总是陆续供应和陆续耗用的。

设每批订货量为 Q，每日送货量为 P，故该批订货全部送达所需日数 Q/P，称为送货期，设每日耗用量为 d，故送货期内的全部耗用量为：

$$\frac{Q}{P}\cdot d \tag{4-8}$$

由于存货边送边用，所以每批送完时，最高库存量为：

$$Q-\frac{Q}{P}\cdot d=Q\left(1-\frac{d}{P}\right) \tag{4-9}$$

平均库存量则为：

$$\frac{1}{2}Q\left(1-\frac{d}{P}\right) \tag{4-10}$$

这样，与订货批量有关的总成本为：

$$TC=\frac{D}{Q}K+\frac{1}{2}QK_c\left(1-\frac{d}{P}\right) \tag{4-11}$$

求 TC 对 Q 的导数得经济订货批量为：

$$Q^*=\sqrt{\frac{2KD}{K_c}\cdot\frac{P}{P-d}} \tag{4-12}$$

将 Q 代入上述 TC 公式，可得出陆续供应和使用的经济订货批量总成本为：

$$TC(Q^*)=\sqrt{2KDK_c\left(1-\frac{d}{P}\right)} \tag{4-13}$$

3. 存在数量折扣条件

由于存在数量折扣，即大批量采购可享受价格优惠，所以每次订货数量的大小会直接影响单位采购成本的高低，从而影响全年采购成本总额。这样，存货的采购成本对于计算经济批量就是相关成本，从而全年存货相关总成本为：

全年存货相关总成本=购置成本总额+变动订货成本总额+变动储存成本总额

$$TC=DU+\frac{D}{Q}\cdot K+\frac{Q}{2}\cdot K_c \quad (4-14)$$

存在数量折扣的经济订货批量具体确定步骤如下。

第一步：按照经济订货批量基本模型确定经济订货批量。

第二步：计算按经济订货量进货时的存货相关总成本。

第三步：计算按给予数量折扣的订货量进货时的存货相关总成本。

第四步：比较不同订货数量的存货相关总成本。最低存货相关总成本对应的订货数量，就是实行数量折扣的最佳经济订货量。

4. 保险储备

经济订货批量的基本模型假定存货的供需稳定且确知，即每日需求量不变，交货时间也固定不变。实际上，每日需求量可能变化，交货时间也可能变化。按照某一订货批量和再订货点发出订单后，如果需求增大或送货延迟，就会发生缺货或供货中断。为防止由此造成的损失，就需要多储备一些存货以备应急之需，这称为保险储备。保险储备正常情况下不动用，只有当存货过量使用或送货延迟时才动用。

在再订货点，企业按经济订货批量订货，在交货期内如发生延迟或需求增大，则可能发生缺货。为防止存货中断，再订货点应相应提高，即：

再订货点=交货时间×日需求量+保险储备　　(4-15)

$$=L\cdot d+B$$

式中，B 代表保险储备。

建立保险储备，可以使企业避免缺货或供应中断造成的损失，但存货的平均储备量加大却使储备成本升高。研究保险储备的目的就是要找出合理的保险储备量，使缺货或供应中断造成的损失和储备成本之和最小。一般可先计算各不同保险储备量的总成本，然后再对总成本进行比较，选定其中最低的成本对应的保险储备量。

如果设与此有关的总成本为 TC，缺货成本为 C_S，保险储备成本为 C_b，则：

$$TC=G_S+G_b \quad (4-16)$$

设单位缺货成本为 K_a，一次缺货量为 S，年订货次数为 N，保险储备量为 B，单位储备成本为 K_C，则：

$$C_s=K_u\cdot S\cdot N \quad (4-17)$$

$$C_b=B\cdot K_c \quad (4-18)$$

$$TC=K_u\cdot S\cdot N+B\cdot K_c \quad (4-19)$$

在实际中，缺货量 S 具有概率性，其概率可根据历史经验估计得出，保险储备量 B 可选择而定。

第五章 财务智能化转型

第一节 人工智能概述

一、人工智能的定义与内容

（一）人工智能的定义

人工智能来源于人类的不断进步和发展，它是人类智慧和文明的结晶。人工智能是研究如何使用计算机或其他电子设备模拟某些人类思维过程和智能行为的学科。简而言之，人工智能是计算机系统的理论和应用。它是开发人工构建的人类意识和思维模式，可以取代人类完成一些工作。

（二）人工智能的研究内容

人工智能的研究具有很高的技术性和专业性，每个分支都是深入的、不相同的，它涵盖的范围很广。人工智能的研究内容主要包括：知识表示与自动推理、搜索方法与知识处理、机器学习与知识获取、计算机视觉与自然语言理解、自动编程与智能机器人等。

二、财务人工智能概述

财务人工智能是将有关财务的管理理论进行模型化处理，再运用高科技的信息技术进行匹配，把数据导入总的信息库或者以信息库的现存数据作为研究对象来分析，然后以最快的速度得到公司的经营报告，形成经营的战略建议。财务领域中的人工智能技术着重模仿人类的财务操作和判断，同时在业务收入预测、风险控制和管理、反舞弊分析、税务优化等方面也有很大的应用空间。

（一）财务人工智能应用领域

在相关研究的科技应用领域，财务人工智能有专家系统、模式识别、资源规划与配置、智能财务管理信息共享系统和人工神经网络模型五项内容。

1. 专家系统

从本质上来说，专家系统是在特定的专业领域拥有超高水平、理解能力的程序系统，就像通过早期的学习和积累，在业界已经具备较高专业素养的某个领域的专家一样。针对这一领域的问题，能够快速运用经验和知识给出反应，进而解决问题。

从结构上来看，专家系统就好比一个特定领域的信息库和一个能够被人类获得和利用的系统所组成的专业解题系统。它核心的项目是信息库的储备和反应机制，由经验和智能的程序系统、信息库、推理机制、解释程序等项目的运作来获取程序。财务专家系统就是积累经验、获取数据、知识收集储备和智能化的程序系统，利用这个系统来解决财务范围内的所有问题。它在一定程度上能够辅助财务方面的专家，对一些财务管理的内容进行叙述、诊断问题、分析数据和验证原理，从而通过对财务管理环境、技术和理念进行综合利用而得出最终的决策。它工作的思维方式就是从复杂到简单、从抽象到具体，把复杂的财务问题拆分为简单的问题，最后通过搜索问题、分析归纳总结，实现问题的解决。系统进行处理和整合后，财务管理专家系统的功能在很大程度上被利用，财务人员在决策方面会更有信服力，财务预算也更符合实际，财务控制也能更到位，不会严重脱节，财务数据和各种分析也会更加清晰，财务管理也会更加全面、更易掌控。

2. 模式识别

对物体表征的各种各样的消息进行归纳和汇总分析，然后对事物或特定现象进行叙述、分辨、归类和阐述的行为就是模式识别。当今社会，模式识别的方法有很多，其中最主要的方法是结构法和决策论方法。近些年，又出现了一些新的方法。另外，它在财务领域也有大量的实际运用。它能高效地分辨并描述出财务目标和大环境，并能识别公司财务管理受到金融危机的原因和影响，从而根据分析提出解决方案；在公司的经营框架中，能够识别公司财务经营框架及框架所掌控的运行机制；在运营管理上，它的工作重点是识别财务的主体行为及它对财务管理目标的作用；在现金的保管规划层面，能识别资金的筹划支付及流动性；在企业财务的风险规避和安全层面，模式识别可以感受到潜在的财务危机和隐患，设立一个有预防作用的模型，从而达到保护财产安全的目的。

3. 智能财务管理信息共享系统

为了达到快速有效处理财务的目的，可以将智能财务信息管理系统分为财务操作系统和财务查询系统。这样的系统使各部门可以通过浏览 Web 网站方便快捷地查询相关财务信息，即使是远离公司，也可以通过网站及时查询实时财务信息，而且发布财务信息的企业成本很低。财务管理智能系统的出现意味着财务管理变得高效方便，其与网络技术完美结合，各部门在任何地方、任何时候都可以在共享系统中了解财务状况。而以上方便快捷的系统生成是通过将企业 ERP 财务信息植入系统来实现的。

4. 人工神经网络模型

通过大量的处理单元对人脑神经系统的模仿，仿照系统的工作结构和原理，再通过各个链接方式组成网络就是人工神经网络模型。运用学习案例更新信息储备库、推理机制等，以达到帮助人类增加对外部世界的认识及智能管理的目标。它主要运用在优化、预测、归类和函数逼近等方面，运用范围包括对上市企业进行财务风险预测和预警、财务问题分析诊断、规划财务管理、缴税和评估、财务质量的检测评估、对风险投资的项目进行分析评估、股票价格指数的监测和分析评估、固有财产投资规划和分析预测、金融证券定价、选择经济发展方式等等。当前，人工智能技术已经是人工智能研究领域的重点、亮点,它在经济与财务管理方面的辉煌成就已经引起了人们的特别关注。

(二)财务智能化的架构特点

与传统财务信息化功能架构有所不同,财务智能化是建立在一系列智能技术基础之上的。在具体的信息化架构搭建时需要考虑以下要点。

1. 构建数据基础

对于大数据和人工智能来说,数据是这些智能技术有效运转的基础。因此,在信息化架构中,必须要考虑搭建一个可靠的数据层。这个数据层和传统信息化技术中所理解的后台的数据是不一样的。

首先,对于结构化数据来说,需要对系统中所有具有业务含义的数据进行标签化,也就是说,要建立一个标签字典,用来重新定义系统中的每一个具有业务含义的字段,并在每一笔交易发生时,将交易中包含的所有标签及标签值存储到数据层中。

其次,对于非结构化数据来说,要能够采用大数据技术对非结构化数据进行管理和存储,并基于应用场景尽可能地获取更为广泛的非结构化数据。

在建立了基于标签的结构化数据及非结构化数据的数据基础之后,无论是后续基于规则引擎的自动化处理,还是基于机器学习引擎的智能建设,都具备了基础条件。这对于财务信息化来说,是一个重要的改变。

2. 构建智能技术引擎

在有了数据基础之后,财务信息化平台向智能化的转型还需要一系列的技术引擎的支持。

第一是图像文字识别引擎。财务的大量数据还是以实物形态存在的。虽然这些原始凭证正在向电子化迈进,但在现阶段,实物仍然是其主要形态,而这些实物中蕴含了大量财务信息,并且是后续智能应用的关键基础。要提取这些信息,除了通过人工录入或者采取众包模式外,还可以运用图像文字识别(Optical Character Recognition,OCR)技术。基于 OCR 技术,能够批量高效地对图像中财务信息进行提取。需要注意的是,传统的 OCR 技术并不是非常成熟,识别率较低,基于深度学习的 OCR 引擎会有所改进。

第二是规则引擎。规则引擎能够以标签为基本元素,通过特定的语法对控制规则进行表达和封装,形成一个个规则包。这些规则包从业务角度来看,能够帮助替代一部分人工进行系统的自动化审核控制,规则引擎本身技术并不复杂,难点在于进行清晰的标签定义和管理,梳理和拆解规则,以及基于标签定义规则。对于最简单的差旅费报销来说,其涉及的标签可能多达数百个,并且也需要数十个规则来进行组合审核。

第三是流程引擎。流程引擎虽然在传统的财务信息化架构中已经广泛应用,但在智能化要求下,流程引擎需要具有更强的灵活性和扩展性,以支撑在智能应用中更为复杂的后台任务路径分流。流程引擎技术本身需要引入机器学习技术,以逐渐实现流程的智能化流转管理,在共享派工时,实现更为灵活和均衡的智能派工。

第四是机器学习引擎。机器学习引擎是人工智能技术的关键组件,能够将一系列算法进行封装,并形成标准化的输入和输出。机器学习引擎能够通过对带有特征和标签的大量历史数据的学习去自主发现规则或算法,并将这些规则或算法应用于财务的工作场景中,实现对人工的辅助或替代。机器学习引擎是财务信息化从自动化向智能化迈进的关键一步。

第五是分布式账簿引擎。分布式账簿引擎可以理解为实现区块链在财务领域应用的重要基础。分布式账簿引擎通过在业务系统与财务系统底层搭建统一底账的方式,实现每一笔交易发生时的平行记账,并基于区块链的原理实现去中心化和数据一致。分布式账簿引擎能够为内部往来核对、关联交易核对、业财一致性核对等复杂业务问题提供技术支持。

在完善的数据基础的支持及多个技术引擎的共同作用下,财务信息化架构能够实现从自动化向智能化的进化。

(三)财务人工智能对财会人员工作的影响

被人工智能机器人代替的可能性最大的工作岗位就是财务工作。这种系统的应用会极大地威胁财会人员的工作,财会人员将面临失业。财务人工智能技术的应用和发展对财会人员工作的影响包含以下两个方面。

第一,财务人工智能的发展给财会人员的工作带来巨大的挑战。基础核算财务岗位急剧减少,企业对财会人员的综合管理能力的要求不断提高,对财会人员的需求类型发生一定的变化。

第二,财务人工智能的发展加速了财会人员的职业转型发展。财务人工智能虽然在很多方面可以代替财会人员进行工作,也可以完成传统的财务核算工作,但是财务人工智能与财会人员相比,并不能适用于会计行业中的每个领域。在人工智能背景下,财会人员需要不断提高战略分析与判断能力,打造自身软实力。

第二节 智能时代促使财务转型的新技术

一、智能化全面驱动财务转型

(一)智能化带来的财务管理模式转型

以大数据、云技术、物联网、区块链、人工智能等为代表的智能化技术的出现,不仅从技术上全面提升了对财务工作的支持能力,还从思维模式上对企业财务管理的转型提出了更高的要求。

1. 集团管控向全局视角的转变

在传统的财务管理模式下,集团财务管控长期以来一直是企业面临的难题和挑战。对于企业集团来说,存在横向、纵向的信息壁垒,导致横纵信息割裂。

从横向来看,集团内的各业务板块及板块下的各专业公司之间存在壁垒。从集团的视角来看,业务板块及专业公司之间的信息以烟囱状的形态存在。不同专业公司之间的信息可比性存在问题,各公司之间的协同财务效果难以进行清晰地评价,专业公司之间财务结果的可比性也会存在问题。

从纵向来看,集团和专业公司、专业公司总部与下级机构之间每一个层次也都存在信息壁垒,集团难以穿透到专业公司内部看清其经营情况,而专业公司总部也不排除和下级机构存在信息不对称和不透明的情况。

造成这种信息割裂的状况,一方面是因为管理机制,另一方面是因为在技术层面,采用传统的信息化架构模式,数据在集团层面的高度集中是困难的,多数情况下,数据在不同的管理主体中分散存储,进一步造成了数据透明困难。

而在技术智能化后,基于大数据、云计算等能力的支持,从技术角度来说,有条件实现数据更广范围的集中化管理,通过建立集中化的数据中心,打破集团内横向和纵向的信息壁垒。在技术条件具备的前提下推动管理变革,成功的概率也会更大,从而进一步打破由于管理所造成的信息壁垒。

当实现了数据在集团内横到边、纵到底的通透后,集团财务管控的模式能够发生本质上的改变。在传统模式下不得不进行的块状管控模式能够转变为全局管控的新模式,而对于企业集团财务转型来说,这种模式的转变具有极其重要的意义与价值。

2. 集团流程管理向敏捷化的转变

企业集团财务信息化迈向智能化的进程伴随着流程再造的过程。在从人工管理向财务自动化管理过渡的过程中,已经发生过一次非常重要的流程再造。在管理制度化、制度流程化、流程系统化的过程中,流程与系统被紧密地结合在一起。

费控系统和预算管理系统的出现很好地诠释了这种改变。费控系统使员工填写纸质单据并交由领导审批,再转至财务记账付款的模式实现了全面的线上化,从而将信息流转依托纸质单据单线程流转的模式转换为实物流和信息流双线程流转的模式。

预算管理系统的建立使通过 Excel 进行多级人工汇总的预算编制过程实现了线上化,使整个预算编制流程的效率得以大幅提高。而预算控制也由以往只能在核算完成后的事后控制转变为事前或者是事中控制。

以上结合信息系统从人工向自动化管理转变的过程中所发生的流程再造,更多的是形成了一套新的固化流程,是对财务人员升级后的管理思维的适应。而在智能时代,流程与系统的结合方式还将进一步升级,从固化向敏捷流程跃迁。

在智能化阶段,内置规则类似条件数方式的流程流转决策机制转变为基于人工智能的优化策略的选择。在流程流转过程中,系统能够更为灵活地根据管理模板设定流程流转的路径和复杂度。在管理决策的过程中,智能系统可以通过判断决策分析后获得信息的紧急程度,并据此进行不同的后续信息反馈流程。简单地说,流程不再是固化的模式,而是基于目标的敏捷和弹性的管理模式。智能化下的敏捷流程如图 5-1 所示。

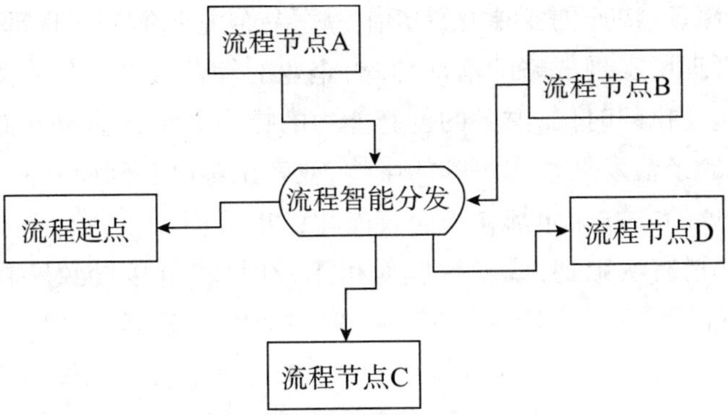

图 5-1　智能化下的敏捷流程

敏捷流程的实现意味着管理从人工决策向机器决策更大程度地授权，也是计算机模拟人工进入深度阶段后可以尝试的应用场景。

3. 集团财务运营向自动化、智能化的转变

在智能化过程中，相比管控的全局化及流程的敏捷化来说，集团财务运营向自动化和智能化的转变是相对容易实现的。

所谓集团财务运营是指在当前财务工作中涉及的工作量大、标准化高的财务作业。在财务领域，这类业务消耗了大量的人力，但其价值产出却相对有限。因此，针对这一领域的财务信息化能力建设始终是重点和热点。

在过去，大量财务信息系统的建设已经在这一领域自动化的实现中发挥了重要作用。但是，随着智能技术的不断发展，这一领域仍然有大量的空间能够进一步实现自动化。

财务运营领域的智能化首先需要实现所有财务作业输入信息的数字化，OCR 技术、众包模式等都能够帮助解决此问题。而随着电子发票、电子合同的普及，困扰人们的大量纸质凭证将从源头实现数字化。在此数据基础上，计算机能够通过建立大量的规则、模型，将财务人员工作时所使用的思考、分析、判断动作进行系统化，从而达到实现复杂财务运营业务自动化、智能化的目的。

在具体的应用中，财务共享服务中心是财务运营智能化的主要组织，但在企业的各级机构中，同样存在大量的财务运营自动化和智能化的机会。

(二) 智能化带来的团队和人员能力升级

财务转型迈入智能化阶段后，不仅对运营模式、组织造成影响，对财务团队和人员的能力升级也带来了极大的挑战和要求，这种能力升级主要体现在财务人员创新能力升级和财务人员知识结构升级两个方面。

1. 财务人员创新能力升级

智能化时代对财务人员的创新要求和传统财务时代有了显著的不同，创新的压力来自多个方面。

首先，智能化将在当前及未来相当长的时间内给整个社会经济带来重大改变。在这个过程中，传统的商业经济模式会快速发生变化，每个企业集团的主业都会受到这一浪

潮的影响，并发生深远、快速的变革。财务作为每个企业必备的管理部门，其重要的使命之一是帮助企业管理层实现战略的落地，并为企业的经营发展提供有效的决策支持。在企业主业发生快速变化的时候，财务的创新能力的提升如果没有办法跟上企业发展的节奏，可能会对企业的经营发展带来不利的影响，或者说难以起到应有的支持作用。

其次，财务管理的方方面面都在因为智能化的出现而发生各种改变。财务人员自身如果在这一过程中没有认识到，或者说应对得不及时，将直接导致所在企业的财务管理水平落后于市场，无论是财务的运营效率、决策支持水平，还是资源配置能力等各个专业领域，都会受到影响，甚至出现瓶颈。因此，在财务的专业领域积极地提升创新能力至关重要。

最后，在实现财务创新本身就困难的情况下，应该将创新的方向聚焦，并保持与公司发展战略的一致性。财务创新并不是孤立的，当财务创新的目标与公司发展战略的目标高度一致时，财务创新能够获得最大化的资源保障。与此同时，管理层也容易认同和理解财务的创新工作，避免不必要的沟通和解释。

要打造鼓励财务创新的文化环境。创新本身并不是一件简单的事情，应该建立必要的机制，对于积极作出管理创新的财务人员给予奖励。通过对创新的正向激励，让一线的财务人员有意愿参与到这一过程中去，而不是将创新作为机械的任务来看待。

要建立适合创新的组织环境。在层级森严的组织中是很难孕育出创新精神的。因此，在鼓励创新的同时要适度打破组织边界，让跨团队的交流成为可能。项目制是打破组织边界很好的工具，不妨考虑将财务项目作为创新的摇篮。

创新本身就是一种尝试，对于财务人员的创新试错要有一定的包容性。给予财务人员极大的包容性，甚至在很多时候鼓励财务人员试错，以取得创新成功。因此，好的创新生态应当具有技术试验环境，让大家能在不断的尝试中找到正确答案。这一点对财务人员尤为重要。

2. 财务人员知识结构升级

在智能化阶段，财务人员的知识结构也面临着极大的升级压力。在传统财务组织中，财务人员更多的是走专业路线，也就是说在某一个专业领域，从最基础的工作做起，不断丰富自己的知识结构，通过多年努力成为某一领域的专家。这样一条发展路径在传统财务发展阶段是无可厚非的，也是大多数财务人员的成长历程。

但必须要认识到，随着智能化阶段的到来，很多新进入财务工作领域的人员已经不再有机会经历这样一条发展路径。一方面由于技术的发展，基于网络的专业协同和专业分工变得越发主流，这使得一开始就迈入特定基础工作领域的财务人员很有可能在后续的多年中始终没有机会接触到更大范围的知识领域。另一方面由于技术的进步，越来越多的基础工作会被计算机替代，这使得新入行的财务人员根本没有机会接触到最基础的财务业务。

在这种情况下，团队中财务人员要想在智能化阶段发挥其价值，就必须要慢慢脱离传统的职业发展方式，从一开始就树立全局观和系统观，及早构建完整的财务知识结构的框架体系，知道财务各职能中的模块构成及各模块的相互作用关系。

在这一框架体系的支撑下，企业应当鼓励财务团队成员构建更为宽阔的专业知识体系。通过系统化和全局化思维，先构建一个知识面，再逐渐加深知识面的厚度，同时选择少数专业领域重点钻研。这种团队人员的发展模式让财务人员在智能化阶段更好地适应多变的技术环节，并能够为及时调整自身的发展方向打下基础，从而具有更大的职业弹性。

智能化阶段的到来将全面驱动财务从模式、组织、文化、人员多个方面进行转型。成功转型的财务组织也必将为企业经营迈入智能化阶段提供巨大的助力，这也是财务人员应有的贡献和价值。

二、智能时代的财务管理实践升级

智能化带来的不仅是观念的转变，在财务管理的实践中，人们还能够看到越来越多的智能化应用场景，这些场景的落地也让财务管理能力不断升级。财务的整体框架包括战略财务、专业财务、业务财务、共享服务几个方面。

（一）智能化与战略财务

战略财务包括战略与业务支持、财会控制机制、价值管理、经营分析与绩效管理、全面预算管理等多个方面。

智能时代的到来将对企业的经营产生重大影响，各行各业在这个过程中都或多或少地会被改变。战略财务要能够敏锐地跟上企业的战略和经营变化的步伐，主动对公司的战略或战术改变提供支持，而非被动响应。在战略财务领域，智能化技术的影响主要集中在经营分析和全面预算管理两个方面。

1. 智能化对经营分析的影响

经营分析并不是简单地做一些分析报表。对于企业来说，要让经营分析体系化并且发挥管理价值，需要将经营分析构建在一套相对稳固的机制之上。

对于经营分析来说，其核心是由数据、指标和报表三个层次构成的。

报表层：基于指标进行展示，形成决策支持能力。

指标层：名称、维度、维值。全面梳理分析方向。

数据层：提供经营分析的数据基础。

数据比较容易理解，有了丰富的数据积累，人们才有可能展开分析。无论是传统阶段的财务，还是智能化阶段的财务，数据都极其重要。而在智能化阶段，数据的范围更是从结构化数据扩展到了非结构化数据，大数据概念的引入也让经营分析有了更多的可能。在经营分析体系中，构建一个好的数据基地需要企业对数据仓库、数据集市有一个清晰的规划和设计，对数据的定义、标准、来源和采集有清晰的业务逻辑。当然，数据仓库和数据集市都是数据的载体，要想避免数据垃圾的产生，系统本身的数据质量就要有所保障。而对这种数据质量的保障来自前端业务流程和信息系统的有效搭建、管理。

指标是一种衡量目标的单位或方法。当人们进行经营分析时，会围绕企业经营的目标来设定一些衡量标准,这些衡量标准能够评价经营结果是否达到了设定的目标,指标的管理在经营分析体系中尤为重要,好的管理体系要构建企业的指标树,并定义每个指标的名称、维度和维度值。一套清晰有序的指标体系能够帮助企业集团更透彻地看清自身的经营情况和管理水平。

经营分析结果的展示,也就是报表,实际上就是将各种指标的不同层级维度交叉组合起来进行应用的产物。因此,在搭建报表体系时,要先明晰经营管理者到底需要看到什么,在明确需求后,选取能够说明问题的指标,并在匹配和管理对象相关的维度信息后进行组合展示。此外,在报表的指标组合中,经常需要用到使用说明来解释指标。

在理解了经营分析体系后,再来看智能化对经营分析的影响。

智能化技术将对经营分析的视角和工具方法带来影响。从分析视角上来说,传统经营分析所受到的数据的局限性将被打破。在大数据的基础上,能够从因果分析向相关性分析增强。由于数据的边界从企业内部延展到社会化数据,所以 KPI、经营分析报告、市场对标等职能都可能获得更加可靠的数据基础,从而对经营分析结果的可用性带来更大的帮助。

而在工具方法方面,大数据和云计算的结合应用将使经营分析变得更加灵活。二者的结合能够为经营分析提供更加强大的数据采集、数据捕获和数据处理服务,使经营分析的范围大大拓宽。同时,大数据的非结构化数据的处理能力也能够帮助企业在进行经营分析时更好地处理市场上与企业相关的热点信息,将新闻、微信、微博等社会化媒体的信息纳入经营分析的视野。

此外,人工智能技术的发展也将使经营分析的方法从经验分析向算法分析演变,使更为复杂的分析得以实现。同时,基于机器学习、算法的自我优化,能够使经营分析的能力实现持续提升。

2. 智能化对全面预算的影响

预算实际上是一种对企业资源的配置方式,当股东设定了经营目标后,业务单位要达成这些经营目标就需要匹配相应的资源。从契约的角度来看,如果把预算作为一种契约,那么一方是企业的股东,另一方面就是企业的经营者。资源本质上属于股东,业务单位作为经营者向股东承诺经营目标,而股东向经营单位承诺支持其实现经营目标所需要的资源。当然,在经营目标达成后,会有相应的绩效激励,这又是另一个层次的契约关系。

因此,在企业进行预算管理的过程中,预算编制的核心是提出股东和经营单位都能够接受的资源配置方案,也就是在经营目标承诺和资源承诺上找到平衡点。

在企业进行预算管理,也就是资源配置的过程中会遇到一些难点,包括契约双方如何建立信任,使用怎样的标准来进行资源配置,如何提升资源配置效率,如何进行资源配置效果检验等问题。这些问题在传统财务管理阶段并不容易解决,往往会通过变通和妥协的方式来解决。但在智能化时代到来后,这一情况将有所改观。

其一,在制订经营计划和编制预算的过程中,智能化技术能够发挥重要作用。由于经营计划和预算编制是资源配置的过程,资源配置的方向、权重是否合理是预算编制结果能否发挥价值的重要评价标准。

其二，在预算预测的过程中，能够基于大数据、机器学习等方法构建更为复杂和完善的预测模型，能够展开大量复杂场景下的敏感性分析，从而提升预算预测的可靠性和对未来复杂不确定性的预判能力。而现下，让人更加期待的模拟技术正在出现，引入人工智能的虚拟商业生态系统能够让未来的预测建立在与真实社会相仿的现实模拟环境中，如在拟真的环境中投放广告、设置不同的预算投入、模拟用户的真实反映、评价预算的投入效果等都可以在未来成为现实。

（二）智能化与专业财务

专业财务可以说是财务框架几个模块中最为成熟的部分，是企业财务管理的基础。专业财务领域包括会计报告管理、税务管理、资金管理、合规管理、管理会计、成本管理及财务风险管理等多个领域。智能化阶段对财税管理、管理会计、风险管理有较大的影响。

1. 智能化对财务报告与税务管理的影响

会计与报告在传统的会计电算化、财务信息化过程中一直是重要的建设领域，财务的各项信息化工作早期也都是在这个领域开展的。智能化时代的到来给会计与报告管理领域信息化的提升带来了契机。

在报告领域，基于机器学习技术，可以实现智能报告。将会计报告交给人工智能来处理并非不可能，现在的人工智能写出的市场研究报告已经让人难以区分背后是资深研究员还是机器。基于相对结构化的报告范式，再加入人工智能基于市场反应的学习，智能报告或许对股价的提升会越来越有帮助。

2. 智能化对管理会计的影响

管理会计的应用十分依赖信息系统的建设。在通常情况下，管理会计需要处理大量数据，如果缺少信息系统的支持，就很难实现日常的机制化运转。但在传统模式下，管理会计在支持系统的运算性能方面存在瓶颈，在性能难以支持的情况下，需要通过简化业务逻辑的方式来满足性能的要求。

随着智能化时代的到来，管理会计将更多地从技术性能方面获益。基于云计算架构来搭建的多维数据库，或直接使用内存数据库来进行相关的管理会计数据处理，都有优化数据性能的机会。

另外，大数据技术架构的发展也为使用大数据平台来解决多维数据处理问题提供了新的技术思路。在实践中，已经有部分企业尝试将新的管理会计的数据处理搭载在大数据平台中。基于大数据平台的技术优势，突破计算性能的瓶颈，使得管理会计系统能够处理更多的数据维度和更为复杂的逻辑。

3. 智能化对风险管理的影响

在专业财务中的风险管理领域，智能化也在发挥作用。

智能技术能够从事前、事中、事后三个层次防范财务操作风险。

从事前防范角度来看，在传统模式下，人们所构建的风险监控体系是基于经验分析的，但这种构建方式可能在认知完整性上存在缺陷。机器学习方法能够基于财务业务流程中大量的交易及风险事件，发现新的风险规则，从而补充和完善现有的风险指标体系，加强对事前风险的防范能力。

从事中控制角度来看，基于经验的规则系统化能够实现初级人工智能的应用。通过大量的规则发现财务交易中的潜在风险事件，并能够对一些风险事件进行直接拦截。同样，机器学习技术能够基于经验的规则积累，进行持续的训练优化，不断提升风险控制能力。而基于企业内外大数据的积累和挖掘，能够建立更为丰富的单据风险分级规则模型，使单据的风险分级更加准确。

从事后分析角度来看，能够建立起不同类型的分析模型以发现风险线索，如基于决策树的模型、社交网络的模型、聚类分析的模型等。这些模型的构建能够帮助人们在事后进行操作风险审计和问题发现，通过跨交易单据的分析，发现更为广泛的风险线索，并基于风险线索进一步发现和解决问题。

智能化技术在风险领域的应用是相对容易起步的，也适合企业作为迈入智能化阶段的前期选择之一。

(三)智能化助力财务管理实践再升级

财务转型已经正式迈入智能化的阶段，这已经不再是假想中的趋势，而是已经发生的事实。对于企业集团的财务转型之路来说，在实现从核算向共享、出纳向司库转型的过程中，必须要重视并且抓住技术升级转型这一重大趋势，以智能化技术为基础，全面升级企业的财务信息化能力，为业务转型奠定扎实的基础。

在漫长的转型中，不少企业经历了管理模式的升级、信息技术的进步。财务管理实践在这一过程中从未止步。对于企业财务来说，无论是组织、团队还是财务人员，都在积极进行自我提升，以适应甚至是引导这一变革。

第三节 智能时代财务管理新逻辑

一、财务组织与认知的新逻辑

财务组织与认知是财务主体的躯干与心智，当智能时代来临时，首先要强身明智，认识到财务组织与认知在智能时代的改变是财务智能变革的基础。从管控、组织、知识、观念四个关键词来看财务组织与认知的新逻辑。

(一)管控

现代财务管控受到组织壁垒的严重制约，从集团到业务板块，到专业公司，再到机构，每一个层次之间都存在着无形的数据壁垒。智能时代的数据将实现高度的集中和透明，数据无边界将成为可能。当数据壁垒被打破时，财务管控势必将从局部走向全面。这是智能时代管控的新逻辑。

(二)组织

现代财务组织建立在刚性管理的基础上，泰罗的科学管理理论将人看作“经济人”和

“会说话的机器”,强调组织权威和专业分工。刚性组织的管理依靠组织制度和职责权力,管理者的作用在于命令、监督和控制。而智能时代需要更多的能动与创新,“会说话的机器”将被人工智能这个“真的机器”所替代。在智能时代更需要柔性组织,柔性管理擅长挖掘员工的创造性和主观能动性,依靠共同的价值观和组织文化调动员工的高层次主导动机,实现智能时代管理所需要的跳跃与变化、速度与反应、灵敏与弹性。这是智能时代组织的新逻辑。

(三)知识

现代财务管理对财务人员的要求首先是要有专业的纵深能力。财务管理本身涉及会计、税务、预算、成本等多个垂直领域,很多财务人员常年围绕一个纵深领域从事工作,也因此形成了自身在某一领域强大的专业能力。但在智能时代,财务管理的视野将被极大地拓展,人工智能可以辅助增加财务人员的知识深度,需要财务人员具备知识的横向宽度,能够进行跨专业领域协同创新的新知识体系。在智能时代,适度的专业宽度和专业深度所形成的 T 型知识结构将更具有价值。这是智能时代知识的新逻辑。

(四)观念

财务人员的观念多数在潜意识中还是偏重被动的,在现今社会,财务人员被认为且自己也认为需要用严谨的态度去处理和解决问题。管理层和业务部门也常常会认为财务是后台角色,做好自己的事情,有问题能解决就可以了。这些都是典型的被动观念和思维。在这种认知和定位下,财务人员能够掌握的资源就会极其有限,难以起到很好的管理推动作用。在智能时代,将更多地强调财务基于大数据和智能分析的主动发现和管理能力。对财务来说,要想实现这样的观念转变,就需要逐渐转向强势财务,从被动响应变化转变为主动迎接挑战。这是智能时代观念的新逻辑。

二、财务管理技术的新逻辑

管理技术是财务主体的脉络。好的管理技术能够让财务主体运转得更具活力,并焕发出青春的能量。财务管理技术的逻辑转变将让财务触及更为广阔的管理技术领域,获得更加先进和更有价值的管理技术工具。

(一)数据

传统的财务数据处理和数据分析都是建立在结构化数据基础上的,也可称之为“小数据”。传统财务分析领域的技术工具也多是基于“小数据”开展的。对财务来说,即使在智能时代,“小数据”也仍然是不可舍弃的核心,毕竟太多的财务管理理论都是构建在结构化数据基础上的。但对财务管理从业者来说,在手握“小数据”工具的同时,还要高度重视大数据。基于大数据的技术工具,让海量非结构化数据的处理成为可能,这能够帮助人们跳出传统思维的局限,探索出一片广阔的新天地。这是智能时代数据的新逻辑。

（二）计算

传统的信息系统或者计算多是构建在本地部署基础上的，从用户的角度来看，本地部署模式能够更加灵活地匹配管理需求，更好地支持按需建设。但随着本地部署量越来越大，其带来的负面影响是持续高昂的运维成本的投入，以及企业大量资产的占用。这些在传统时代由于算力有限并非不可容忍之痛，而在智能时代，大数据和机器学习对算力的要求都是海量的，传统的本地部署模式势必受限，云计算将成为首选，无论是公有云、私有云还是混合云，走向云端成为必然。这是智能时代计算的新逻辑。

（三）记录

传统财务信息的记录采用的是集中记录的方式，或者说“有中心”的记录方式。这种方式的好处是数据存储量小，不会产生大量的资源消耗，但数据的安全性及一致性并不是很高。因此，很多公司常见的财务问题是业财不一致，或者可以解释成不同系统之间的同源数据不一致。而在智能时代，随着区块链技术的出现，记账方式发生了革命性的改变，从原来的集中记账转变成分布式记账，对财务信息进行去中心化的多账本同步记录。虽然这种财务信息记录模式会造成大量的数据冗余，但网络和存储的快速发展克服了这一不足，信息记录从集中到分布将有越来越多的应用场景。这是智能时代记录的新逻辑。

（四）流程

为保持传统财务端到端流程的可靠性，大家更多的是进行流程固化。在业务流程相对稳健的模式下，流程的可靠性和维护的便利性得到增强，但丧失了较多的灵活性，以及对客户需求响应的可能性，从而造成客户满意度的下降。在智能时代，更为高效的流程引擎能够支持维度更加丰富的流程控制，并且能够基于动态数据分析及时调整流程控制参数。同时，流程中智能自动处理的环节在增加，流程变动并不会给运营造成过多压力。在这种情况下，适度地将流程从稳健向敏捷转变成为可能，也将会赢得财务客户的青睐。这是智能时代流程的新逻辑。

（五）互联

传统的财务关注数字之间的联系，无论是流程处理还是经营管理，都更多地关注数字流转。数联时代帮助人们将一系列的经营管理过程及流程转换为数字形态，从而可以实施量化管理。而在智能时代，人们可以在数联的基础上引入物联。随着物联网应用的逐渐展开，在企业经营中关键实物、运输、人、财务凭证等的流动都可以打上物联标签，而将物流信息进一步转换为数字信息，让人们可以通过数字进行分析，引入在没有物联时难以关注到的管理视角。物联并不是排斥数联，这里强调的是将物联转换为数联，在数联里加上物联的信息。这是智能时代互联的新逻辑。

三、财务管理实践的新逻辑

管理实践是财务主体的手足，手足敏捷能够帮助财务主体变得更加刚劲有力。财务管理实践的逻辑转变能够让人们在实践工作中引入不同的视角，通过另一种模式对现有的实践进行转换和升级。从绩效、预算、管会、控本、业财、共享、财资七个关键词来看财务管理实践的新逻辑。

(一) 绩效

在传统的财务管理中，绩效管理通常会预先设定因果，通过设定关键绩效指标(Key Performance Indicator, KPI)，并设定目标值来监控业务部门的执行情况。当 KPI 结果发生偏离时，势必要找到其原因，再进一步寻求解决措施。这是典型的因果分析法，也是当下主流的绩效管理思维。但在智能时代，大数据并不强调因果关系，而更关注相关性，这为经营分析打开了另一扇窗。基于大数据分析，人们从数据角度去找到造成 KPI 偏离的因素，并获得其影响方向，直接对这些因素进行干预管理，不解释为什么，不用必须向业务部门说明其中的逻辑。这是智能时代绩效的新逻辑。

(二) 预算

传统的预算编制或资源配置往往基于经验，即使采用复杂的作业预算概念，其中的业务动因也大多是基于经验形成的。因此，传统预算是一种经验预算的说法是不为过的。这种经验预算对预算编制人员的经验要求很高，并且其结果很不稳定，往往在预算沟通过程中会有很大的弹性和空间。同时，沟通双方都很难找到合适的逻辑说服对方。而在智能时代依靠大数据的可预测性，通过分析数据，从结果出发，能够找到影响经营结果的热点因素。通过确定这些热点的资源投入，实现精准预算或精准资源配置，人们称之为数配。这是智能时代预算的新逻辑。

(三) 管会

传统管理会计的核心部分就是维度，而维度往往又是很多管理会计人员的痛苦回忆。在当前模式下，管理会计要实现多维度盈利分析的目标，而关系型数据库的性能早已无法支持，多维数据库成为当下管理会计系统数据载体的主流。即使这样，在管理设计中，大家也仍然极其谨慎，减少一切不必要的维度，以提高运行效率。而在智能时代，无论是算力还是数据处理模式都将有更大的提升空间。虽然在当下还没有看到技术突破至理想的状况，但相信在不远的将来，维度的组合计算将不再是业务设计的约束，全维管理会计将成为可能。这是智能时代管理会计的新逻辑。

(四) 控本

传统的成本管控往往是在成本发生后进行事后追踪。即使往前推进一步，做到设计阶段的成本管理，在现阶段也是必要的，是能够发挥作用的。而随着智能时代技术的进步，成本、费用被细分为一个子类，针对不同子类都可以进一步向前延伸，建立专业的前端业务管理系统。这些前置业务系统和财务系统之间无缝衔接，将成本费用的管理前置到业务过程中。这是智能时代控本的新逻辑。

(五) 业财

传统的业务系统和财务系统之间存在一定的分离情况，业务系统通过数据体外传递的方式完成和财务系统的数据对接。而近年随着业财融合的深入,出现了单个业务系统在体内自建会计引擎,并对接财务系统的模式,但多个系统之间仍然是分裂的。在智能时代,随着会计引擎应对复杂性能力的提升,将逐步建立起大型企业内部统一的会计引擎,并作为载体融合多个前端差异化的业务系统,从而实现业财对接从分裂到融合的转变。这是智能时代业财的新逻辑。

(六)共享

当下的财务共享服务采用的是典型的劳动密集型运营模式,将分散的财务作业进行集中处理。这种模式的建立在过去十年内极大地解决了国内企业在会计运营成本和管控能力上所面临的问题。但也要意识到,劳动密集本身也存在着成本和操作风险。在智能时代,基于人工智能和机器学习的共享作业将逐渐取代依赖于人工作业的模式。基于前端数据的丰富采集,依托智能规则,可以大幅降低财务共享服务中心的作业人力,从劳动密集型运营转变为技术密集型运营。依托人工智能,可以实现在智能作业时开展更加丰富的智能风控。这是智能时代共享的新逻辑。

(七)财资

在传统的财资管理系统中更多的是平面化的财资管理,所谓的平面化是指将财资管理的重点放在账户管理、资金结算、资金划拨、资金对账等交易性处理流程上。这也是很多国内企业目前资金管理水平的基本状况。而在智能时代,随着对复杂的资金管理模式技术支持能力的增强,财资管理将从平面走向立体。一方面,财资管理从交易处理模式转型为复杂的司库模式,在资产负债和流动性管理、风险管理领域进行更为丰富的实践;另一方面,财资管理从企业内部资金管理模式向供应链金融模式转变,构建起多维度立体的财资管理体系。这是智能时代财资的新逻辑。

第四节 智能时代财务新商业经济的转变

智能时代的来临让每一个财务人员都受到了影响,并且推动了财务人员形成驱动自我进步的新逻辑思维。智能时代对社会的改变远不止于此,它正在用自己的方式推动着整个社会的革新与进步。作为社会中非常重要的一环,商业也正在发生改变。

可以将新商业经济理解为一些能够改变商业模式和商业行为的新的思想观点。在这些新的思想观点的背后,往往能够产生广泛的社会影响和大量商业模式创新的机会。

一、共享经济与财务

说到"共享经济"这个概念,相信大家都不陌生。"共享经济"这个术语最早在 20 世纪 70 年代后期提出。但是,共享经济现象却是最近几年才流行的。

一种相对通俗的理解是一方把闲置资源的使用权拿出来,另一方通过付费的方式来获得使用权,在这个过程中,拿出资源的一方获得收益,使用资源的一方通过类似租赁的方式,实现低成本和便捷的资源使用,这个过程形成经济循环。

从这种理解来看,共享经济似乎与分享经济极其相似,都以闲置资源或者冗余资源的共享利用为核心。共享经济的思想的确驱动了非常多的商业实践,而在这种思想的影响下,财务领域也出现了一项非常重要的创新实践——财务共享服务,它解决了财务人力资源在分散模式下冗余浪费的问题,并实现了人力资源的共享。

随着对商业经济的观察,人们发现了一个问题,似乎并不是所有的依托闲置资源的共享经济模式都能够获得成功,也有不少成功的共享经济案例超出了闲置资源共享的概念范畴。

对于闲置资源共享的共享经济模式来说,一个极大的挑战是资源互通共享中存在的共享成本。另一些并非基于闲置资源共享的新共享经济模式似乎取得了更大的成功,并值得人们借鉴。最为典型的是滴滴打车和共享单车。如果仔细研究就会发现,实际上这两种模式中都不是在使用闲置资源,滴滴打车所用的车是大量社会人员为加入滴滴司机而购买的新车;共享单车也不是对人们家中闲置的自行车进行共享,而是向市场上投放大量的新自行车。这两种模式并没有使用闲置资源,但又都属于共享经济,其本质是通过新增平台化工具和资源,实现新增资源的共享,并以此来激发和创造出新的用户使用需求。共享单车,在这种模式出现后,原本并不热衷于自行车的社会成员对自行车的使用量突然呈现出现象级的上升。

基于增量资源实现共享经济的核心在于以下三点:打造新的工具或资源平台;共享新的工具或资源;基于以上条件创造新的用户需求。

在这样的新共享经济思维模式下,财务管理或财务服务市场可以从一些新视角进行思考。虽然说财务共享服务模式在过去十年间是一项非常重要的创新实践,但也要认识到,这仍然是建立在传统共享经济思维模式上的。

第一,集团财务领衔进行技术平台投资和创新增量共享经济。在增量资源共享思想的指导下,集团化企业不妨考虑形成一种集中投资先进技术平台,提供给集团内下属各个子公司使用的共享经济模式。在这种模式下,对于集团来说是投入了一笔增量资源,这些资源将用于技术研发,研发取得的成果以较低的成本提供给各个子公司使用,让那些本身并没有太多想法和能力使用财务新技术或进行财务创新的专业公司,也有机会迈入财务技术革新之路。这样就如同在市场上投放了一大批共享单车,让那些原本没打算骑车出行的人群改变习惯,开始骑车出行。事实上,在智能时代改变财务的新技术的研发投入都是非常大的,如果仅仅依托子公司的资源,实现起来难度会很大。而集团财务基于共享经济的思路进行建设,将使作为用户的子公司更加积极主动地发现和创造自身的财务管理创新需求,从而带来整个集团管理水平的大幅提升。

第二,用高品质中小企业财务共享服务提升代理记账市场管理水平。在国内的中小企业财务服务市场中,存在着大量良莠不齐的代理记账公司。这就如同在滴滴模式出现前的出租车市场,既有规范运营出租车的公司,也有大量黑车,整个出租车市场混乱不堪,用户也难以得到好的服务。而滴滴模式通过共享平台的方式,定义了新的准入标准、新的调度方式,将各种各样的资源进行有效共享整合,并且在标准化体系中引入了大量新的专车司机,使整个市场标准日趋规范,并且扩大了整体用户规模。

因此,未来的代理记账市场同样需要类似于滴滴的财务共享服务平台,通过规范代理记账行业的服务标准、信用体系,并能够依托信息系统进行供需关系间的撮合服务。在这个基础上,引入更多高品质的财务服务商,势必将使整个服务市场更加规范,并推动用户在简单的记账需求基础上衍生出对财务服务商在税务、财务制度、财务管理、经营分析等方面全方位的业务需求,实现增量共享经济。

二、跟踪经济与财务

在智能时代第二个重要的商业经济思维是跟踪经济。顾名思义,跟踪经济的含义是在对某一个事项跟进追踪的过程中挖掘其商业价值。实际上,在过去近二十年的时间内,跟踪经济一直都在发挥作用,并且随着时代的变迁而不断发展。

早期的跟踪经济建立在个人计算机(Personal Computer,PC)的互联网基础之上,接下来的跟踪经济建立在手机,特别是智能手机的移动互联网基础之上,而智能时代的跟踪经济则建立在物联网基础之上。

基于 PC 的互联网跟踪经济能够实现的跟踪范围是有限的,通常无法超出计算机的物理位置,在这种情况下,当用户访问互联网时,互联网能够记载用户的登录地点和访问时间,人们可以结合这两项信息做一些简单的商业模式的挖掘。

基于移动互联网的跟踪范围能够从 PC 的固定位置扩大到人在移动时的动态位置。这一跟踪范围的扩大使商业创新也得到了突破。通过对人移动位置的记录,发展出了高德地图的人车定位、美团外卖的送餐小哥位置定位、滴滴叫车时的乘客定位、移动考勤签到等多个方面的丰富的应用。

而第三个阶段的跟踪经济则建立在智能和物联网基础之上。在这个阶段中,物联网通过结合多种跟踪设备与智能时代的高运算能力,能够实现对人/物的位置、时间、行为的全方位分析。这种分析能力使跟踪经济的商业模式出现爆发式增长。

(一)跟踪经济的发展特点

在跟踪经济的发展历程中,有三个方面:智能物联阶段的跟踪设备在丰富;智能物联阶段的分析能力在提升;智能物联阶段的商业应用在进步。

1. 智能物联阶段的跟踪设备在丰富

在智能物联阶段,跟踪方式得到了丰富。首先,智能手机仍然是跟踪的重要工具之一,但跟踪的精度和时效性都较以往大幅提升,可以说,能够做到精准实时的位置定位。其次,无线射频技术的低成本广泛应用使对物体的大范围跟踪成为可能。最后,智能穿戴设备的普及弥补了使用手机跟踪时的不足。

2. 智能物联阶段的分析能力在提升

随着跟踪设备的丰富,所能采集的跟踪信息也呈现出几何级数的上升。在这种情况下,对数据分析时计算能力的要求大幅提升,好在智能时代基于云计算技术及计算机本身算力的提升、大数据技术的发展,足以应对这样的大数据分析。在智能物联阶段,人们已经不再受到算力的约束,可以精选数据进行分析,并且可以对采集到的海量数据进行充分应用。

3. 智能物联阶段的商业应用在进步

智能物联在商业上的应用受益于跟踪设备的丰富和分析能力的提升。

(二)跟踪经济思维对财务的启示

对于财务来说,当跟踪成本大幅降低后,广泛地应用跟踪技术来提升财务管理的水平将成为可能。跟踪经济最重要的是能够提供大量财务所需要的核算、风控、分析的辅助支持数据,而对这些数据的充分应用可以解决不少在传统财务模式下十分棘手的问题。

1. 解决存货、生物资产等的管理、核算、审计问题

在传统财务模式下,对于存货的管理往往需要输入大量业务信息,无论是对于企业自身的财务,还是对于外部的审计师来说,这些业务信息输入的可靠性都需要进行验证。企业发往产品备件被闲置在仓库中多年无人问津,从而给公司造成巨大的损失,在财务上也难以反映实际情况。对于生物资产来说,采用传统的管理模式则更加困难。而跟踪经济能够给这些问题提供很好的解决方法,通过跟踪芯片能够轻松地完成对存货、生物资产的实时跟踪。对位置的精准分析有助于完成大量依赖库位转移进行财务核算工作的自动化处理,存货管理能力高度优化,使业财一体化的水平进一步提升。

2. 解决合同、印章、银行账户 UKey 等重要风险物品的管理问题

在财务管理过程中,合同、印章、银行账户 UKey 等都是风险较高的物品,在传统模式下对这些物品的管理难度很高,也容易发生财务操作风险事件。而在跟踪技术下,通过在合同、印章和银行账户 UKey 中直接附加跟踪芯片,能够实现对这些高风险物品的精准风险管理,当物品距离保管位置达到预警距离时将直接触发报警系统。结合保管柜的权限管理系统,能够实现对这些高风险物品被使用的具体场景的还原。

3. 实现基于丰富跟踪场景的经营分析和业务财务管理

在传统的经营分析和业务财务工作中,非常大的挑战是财务和业务之间存在距离,虽然一直强调财务要深入业务,但很多时候,客观情况使人们难以完全做到这一点。这使财务分析很容易浮在表面,而难以深入分析问题的本质。跟踪经济能够在某种程度上优化这一情况,随着智能物联的发展,业务部门本身存在采用物联网管理的强烈动机,而当整个社会发展到一定阶段后,物联网必将形成社会的统一规范。这个时候,财务应当积极地将物联网背后大量的信息引入使用,并且有可能打破企业的边界,结合整个供应链中的物联信息去获得更为广泛的数据基础。在此基础上,财务的经营分析和业务财务工作能够获得与业务部门相对同等的信息透明度,财务业务一体化得以深度实现。

三、合作经济与财务

最后要讲的一种经济形态叫作合作经济。合作经济看似很好理解，但很多时候大家的理解可能不够充分，这就会导致后续在进行商业模式创新时遇到困难。

人类一般意义的合作行为由来已久，但是作为一种特殊的社会经济组织现象和合作方式，合作经济是近代社会的产物，是人类社会发展到资本主义阶段后才出现的。合作经济思想起源于早期空想社会主义。19 世纪初，空想社会主义者幻想了一个没有剥削、没有贫困、协同劳动、平等和谐的理想社会，这是合作经济的思想雏形。

当然，今天的合作经济已经有了新的演变。当下，一个非常广泛的使用合作经济的概念是“互联网+”，即将互联网与某一个传统行业进行组合，从而形成一种新的商业模式。部分模式已经取得了比较好的应用成果。但很多时候，这种组合并没有产生很好的效果。

在合作经济模式下，人们可以更多地关注“传统产业”+“新技术工具和商业思想”的组合，无论谁加谁，都可能出现创新。

对于合作经济与财务来说，大的方向应当是将财务传统的业务模式与智能时代的新技术进行充分的结合应用。

实际上，在财务与技术的合作中，非常核心的一环是技术能力，对于有不同技术能力的市场参与者来说，其面对的选择可能是不一样的。

第一，有技术实力的参与者。在这一场合作中，有一类财务服务提供商是有可能成为“财务+技术”中技术端的主导者的，对于国内市场来说，传统财务信息化厂商也有这样的可能。而另一些大数据、云计算、人工智能等技术领域的主导者，也可能成为这一场合作的重要参与方。

对于他们来说，需要的是充分发挥自身的技术优势，深度参与到技术端的合作中去，并从技术角度设法推动一些商业模式的出现。但不得不说，这仍然是少数人的游戏，对于绝大多数财务服务市场的参与者来说，他们是没有能力去扮演好这个角色的。

第二，应用技术的摆渡人。在智能时代，如果对于绝大多数厂商来说无法成为那一小部分技术主导者，那么不妨看清自己的身份和定位，换个角色，积极地成为应用技术的中间人。

对于多数企业财务来说，实际上在这场“财务+技术”的合作中很难扮演好自身财务端的角色，这并不是说他们不懂财务，相反，这是他们的老本行，是他们最擅长的领域。对于技术端来说，他们更多的是在提供一种工具和平台，而如何将这些工具和平台应用到财务领域，很多时候这些“巨无霸”并不怎么在意；而对于在技术上并不擅长的财务人员来说，去创造性地寻找两者的结合点是很有难度的。这个时候，市场上的财务服务商不妨考虑将自身定位为结合传统财务和技术的“摆渡人”，通过帮助财务应用新兴管理技术来实现自身的价值，这可能是财务领域合作经济的最好模式。

案例:

蒙牛财务共享智能化实践

蒙牛集团财务部的愿景是成为具有持续推动公司价值增值的国际化专业水准的卓越财务团队,其使命是规范作业、控制风险、支持业务、提升价值。在智能财务转型的进程中,蒙牛集团提出战略财务、运营财务、共享财务三位一体的财务战略。财务战略规划的驱动也在不断促进蒙牛集团的智能财务转型。财务共享建设是财务转型的必经之路,推进财务转型也契合集团国际化、数智化、生态圈的发展战略。借助于RPA和AI技术,财务共享中心、预算管理系统、资金管理系统、发票管理系统、税务共享中心以及合并报表系统得到了协同贯通,并以此构建了互联互通的智能财务体系。

一、案例背景

(一)公司介绍

蒙牛集团(以下简称蒙牛)是中国领先、世界知名的乳制品企业,位居全球乳业八强。公司1999年成立于内蒙古自治区,总部位于呼和浩特市。2004年在中国香港上市(股票代码2319. HK),是恒生指数、恒生中国企业指数和恒生可持续发展企业指数成分股。

蒙牛专注于为中国和全球消费者提供营养、健康、美味的乳制品,形成了包括液态奶、冰淇淋、奶粉、奶酪等品类在内丰富的产品矩阵,拥有特仑苏、纯甄、真果粒、未来星、冠益乳、优益C、每日鲜语、蒂兰圣雪、瑞哺恩、贝拉米等明星品牌。除中国内地外,蒙牛产品还进入了东南亚、大洋洲、北美等区域的十余个国家和地区市场。2019年,公司营业收入790亿元,净利润达41亿元。

蒙牛在中国建立了43座生产基地,在新西兰、澳大利亚和印度尼西亚建有海外生产基地,全球工厂总数达68座,年产能合计逾1 000万吨。2016年以来,蒙牛在澳大利亚陆续收购原料乳加工商Burra Foods、知名有机婴幼儿食品生产商贝拉米等企业,海外产业链日益完善。

蒙牛着力整合全球优质资源,先后对富源国际、现代牧业、圣牧高科三家大型牧业集团进行战略投资,同时积极布局海外高品质奶源。目前,生鲜乳已100%来自规模化、集约化牧场。蒙牛与国内外多家知名企业、科研机构达成战略合作,联手开展养殖与加工、乳业基础科学、创新产品等领域的研究,在智能制造、原奶保鲜、益生菌、质量控制等领域取得长足进展。

蒙牛持续完善"从牧草到奶杯"的全产业链质量管理体系,用数字化、智能化手段覆盖养殖、加工、物流等各个环节,全封闭监控生产、全流程动态检验,确保每一包牛奶的质量过硬、品质上乘。

蒙牛的产品品质与品牌价值在国内外得到广泛认可,是奥林匹克全球合作伙伴、FIFA世界杯全球官方赞助商、中国航天事业战略合作伙伴、金砖国家领导人厦门会晤指定产品、中华人民共和国第十四届冬季运动会官方合作伙伴、中国足球超级联赛官方合作伙伴、上海迪士尼度假区官方乳品合作伙伴、北京环球度假区官方乳品及冰淇淋独家供应商。

蒙牛成立二十余年来，建立了完善的社会责任发展体系，积极投身营养扶贫、应急救灾、乡村帮扶等多个领域。新冠感染疫情中，蒙牛在武汉捐建“中华慈善总会（蒙牛）疫情防控应急物资中心”，并先后投入7.4亿元为全国医护工作者和其他抗疫一线人员提供营养支持。作为行业龙头企业，蒙牛全力参与国家奶业振兴行动，积极倡导“强乳兴农”，持续从资金、技术等层面对广大农牧民给予充分支持。蒙牛是“营养普惠计划”的主要参与者，已为全国18个省区市的近200所学校捐赠500多万盒学生奶。2020年，集团总裁卢敏放被中华慈善总会授予名誉副会长称号。

蒙牛积极参与全球乳业合作共建，首倡构建“全球乳业共同体”。集团总裁卢敏放是国际乳品联合会（International Dairy Federation，IDF）、全球乳业论坛组织（Global Dairy Platform，GDP）中唯一来自中国的董事会成员，他为全球乳业的可持续发展持续发出中国声音、贡献中国智慧。

（二）团队介绍

蒙牛财务共享服务中心成立于2015年11月，目前成员300余人，主要为蒙牛在国内外业务范围涉及200余家法人，45 000余名员工提供财务交易处理服务，实现了全球化。

蒙牛财务共享服务中心是一步建成的全业务流程财务共享服务中心，包含8个业务循环：采购到付款、订单到收款、投资到资产、资金结算、费用报销、总账到报表、单据流转和主数据维护。应用9个二级流程、51个三级流程、128个四级流程。

运营四年来，蒙牛财务共享服务中心已达到核算业务标准化、规范化，通过持续的流程再造优化实现了降本提效，有效提升了公司内部风险管控能力，为管理层提供了更精准的经营分析数据支持。

蒙牛财务共享服务中心致力于成为国内一流、国际领先的财务共享服务中心，秉承规范、协同、高效、创新的理念和服务于心、专业于行的服务宗旨，乘风破浪，一路前行。

二、智能财务案例具体实践

（一）智能财务建设方案设计

基于全球大数据迅速崛起的宏观背景，财务行业也迎来了数字化、智能化的新时代。为顺应时代发展的大潮，蒙牛及时制定了既满足公司各方财务数据需求又可以推动公司由传统财务向智慧型财务迅速转型的战略规划。公司信息化发展战略为蒙牛跨越式发展持续注入数字化动力，通过建机制、定规范、提能力实现集团数智化转型。通过流程自动化技术的应用，围绕核心信息系统SAP，与其他外围系统建立连接，打造智能化财务流程生态体系，从而实现财务共享流程自动化。

1. 建设目标

流程自动化是智能化时代财务共享中心建设和运营的一个重要内容，它对提高财务共享中心运营效率和防范操作风险有着重要的价值。为实现蒙牛财务共享服务中心业务标准化、系统智能化、办公无纸化、服务全球化、体验无感化、共享无人化的总体发展目标，基于流程标准化程度高、系统集成化程度高等特点，通过流程自动化软件实现高度重复、规则明确、大批量和跨系统操作等特点业务流程的自动化，从而解放财务人员的“双手”,提升业务处理效率和准确率。同时有利于运营财务人员履行财务数据报告职能,还有利于业务财务人员、战略财务人员收集、分析相关决策数据。

通过财务共享流程自动化项目的建设,吸收流程自动化知识、培养流程自动化人才,打造具备“互联网+会计”能力的复合型人才团队,为流程自动化应用的全面推广、持续应用及集团数字化转型奠定基础。

2. 推进策略

2016 年,集团推行“SRM 供应商关系管理系统”,为推进“供应商采购协同结算”奠定基础条件。SRM 系统将实现供应商的准入、招标、比价、采购订单和收货协同等主要功能,财务共享推行“供应商采购协同结算”,符合立项契机,通过系统高度集成及供应商有效配合,势必对现流程采购结算带来颠覆性变革。

2018 年,蒙牛财务共享服务中心引入财务机器人技术,事前进行大量的学习与交流,与一些已经应用了财务机器人或具备财务机器人实施能力的企业进行充分沟通,对财务机器人的特点、优势、工作原理及应用场景进行更加全面、深入的了解,坚定在财务共享服务中心引进“机器人”的决心。

2019 年启动 BPC 合并报表项目,通过建立统一的财务合并管理报告平台,实现可以支持多准则多架构合并、数据同源、支持单品损益分析的功能,达到附注一键式出具、集团下国际国内准则报表自动化的目标,从而进一步提升数据质量和效率,降低人力成本,最终将智能财务平台赋能业务的蓝图,变成蒙牛集团智能财务建设中里程碑式的一项创举,推动蒙牛财务的数智化转型,助力业务分析,支持业务拓展。

人工智能技术(AI)是引领新一轮科技革命和产业的重要驱动力,深刻改变着人们的生产生活方式。不创新、无未来,2020 年蒙牛适时引入和应用 AI 技术,更好地帮助员工实现远程报销,在取得票据时及时拍照,识别数据自动填单后生成报销工单,存储时即可发现假、错、重复、失控发票,实现实时监测企业财税风险,形成财税预警。实现人机交互审核提效,全流程持续优化财务报销的用户体验。

(二)智能财务应用场景及产品选择

1. VAT(Value Added Tax,增值税)

整体工作通过统计、参与先进企业应用调研、系统选型、项目立项、项目实施、推广评价 6 个阶段,VAT 平台将实现与 SRM 供应商关系管理系统、ECC 系统、CE 报账平台、MDG 主数据系统、OpenText 影像系统、金税系统、电子签章、RPA 等 8 个系统集成。

蒙牛团队先后走访调研上海宝钢、益海嘉里、永辉超市、百威英博等企业,最终确定 VAT 平台方案。方案设计主要围绕运营提升、系统效率、税务管控三方面展开。在运营提升方面重点提升发票预制、校验、开票、记账、认证流程自动化水平,并对现有多个系统实现互联互通;在系统效率方面打通税务官方认证通道,实现进项税统一认证管理;在税务管控方面实现跨地域、跨行业数据共享,并实现统一管理、分析、筹划。

2. RPA(Robotic Process Automation,机器人流程自动化)

蒙牛财务共享服务中心 RPA 应用的系统架构由“调度平台+运行设备+监控工具”三

层架构组成。其中，首先是调度平台负责所有自动化任务的统一管理，包括自动化流程的配置、任务下发及相关配置数据的维护等，实现了自动化任务的排布以及“手动+自动”下发；其次是运行设备，顾名思义就是流程自动化软件真正运行的设备，目前由“实体机+虚拟机”组成，主要负责自动化任务的接收、运行，以及流程、业务文件的存储，相当于流程运行的载体；最后是监控工具，通过 FineReport 大屏展示工具的应用，实现了流程自动化程序及设备运行情况的可视化展示，主要负责自动化任务运行状态的监控，便于运维人员及管理人员对自动化设备及任务运行情况的实时掌握。

项目共涉及 8 条自动化流程，分别包含报表出具、月结准备、生产工厂月结、销售公司月结、自动清账、物料付款暂存提单及审核、资金转款付款、财务质量稽核，覆盖财务共享和金融共享服务中心。流程全部由数字化员工自动执行，并在发生异常错误时，以邮件的形式将错误信息反馈给业务用户，后由业务用户进行异常的处理跟进，从而实现高效的人机交互、人机协同，释放人工工作量，提升整体工作效率。

为保证项目顺利高效地推进，项目组抽调各业务部门及技术部门核心人员作为关键用户，负责项目过程中业务流程的梳理，参与业务蓝图设计，以及专业的信息技术支持，为整个项目的推进提供人员与技能的保障。

当时市面上存在多种流程自动化软件，其中，国外的软件主要有 Automation Anywhere、Uipath、Blue prism 等，国内的软件主要有 IS-RPA、令才机器人、Uibot 等。这些流程自动化软件的界面风格、开发风格、功能特点都存在一定的差异，给产品选型带来了一定的困难。经过讨论，从功能完善程度、开发难易程度及可实施能力等纬度，最终选择了 Uipath 作为实施产品，并在项目正式开始前邀请具备实施能力的厂家进行 POC 验证，保障需求落地的可能性。

通过项目启动、需求梳理、蓝图设计、迭代开发、测试验证、上线运行、不断优化等过程完成了项目整体目标的实现。其中，在需求梳理阶段，我们结合流程自动化软件的特点和优势，将所有四级流程进行全面梳理，从中选择了自动化优先级最高、自动化可能性最高的 8 条流程作为本次项目的实现范围。围绕这 8 条流程进行自动化蓝图设计，还对原流程进行了梳理优化，从而在满足业务实际要求的前提下最大化的便于自动化流程的落地。在开发阶段，基于自动化流程开发频率快、周期短等特点，选用敏捷开发的模式，不同的敏捷团队负责不同的业务流程，分组开发、快速迭代提升开发进度。流程全部上线针对问题实时监控、不断优化，以提升自动化流程运行效率及稳定性。

流程自动化的深度应用需要操作人员既懂财务又懂 RPA 开发，因此，“互联网+会计”中 RPA 复合型人才的培养成了非常重要的环节。在复合型人才培养方面，通过关键用户全程参与，并分配具体的流程梳理及流程开发任务，让其亲身实践。最终通过整个项目过程的学习与知识沉淀，财务共享组建了内部的自动化运营团队，团队主要包含自动化流程开发顾问、自动化流程梳理顾问及自动化流程运维。顾问，负责财务自动化流程的日常运营及自动化需求的内化开发，大大提升了资源应用时的时效性及灵活性。

本次项目需求范围包括共享五大业务循环及资金管理部门，其中共享五大业务循环需求以日常工作、月结工作及稽查类工作为主，资金管理部门需求以资金日常收、付、转为主。具体流程涉及往来清账、物料付款审核、财务月结、报表出具、质量稽核、资金转付等。项目共用时5个月，历经流程调研、系统开发、测试上线，2020年5月8条流程全部上线，大大提升了日常工作及月结工作的效率。

Uipath作为一款主流的流程自动化管理软件，有着安装便捷、界面友好、流程清晰等特点，加上软件本身基于控件拖拽的方式实现自动化，代码量相对较少，使得学习与门槛降低，非IT人员也能相对较快入门上手，这大大增加了其用户群体。同时，借着项目的机会在共享内部培养一批自动化管理人才，从而灵活满足后续自动化需求。再结合上述Uipath软件的功能特点，最终决定选择它作为业务流程自动化实现的主要工具。

3. BPC(Business Planning and Consolidation，合并报表系统)

以SAP、ERP核算系统、会计科目体系为基础，同时立足于对合并报表的业务需求，通过分析和梳理其流程与合并报告体系，对合并报表业务流程、体系进行设计。

BPC合并报表系统通过运用脚本语言、SAP ABAP语言开发技术，在兼顾考虑原有系统衔接问题，以及原系统承受能力及扩展性的前提下，在项目的不同阶段进行了5次压力测试，进一步优化了数据仓库模型，实现了高效、稳定提供基础数据的目标。通过科目主数据维护、开发HANA视图、创建数据存储对象，最终建立合并模型、所有权模型、汇率模型，并且以ECC、EAS数据采集平台为数据支撑，使用“BW+HANA”混合建模的方式进行模型搭建，将所有基础数据传输至BW，形成数据仓库。通过抽取层、转换层、汇总层、BPC专用模型，对数据进行加工处理，最终实现BI系统数据的输出。

BPC系统中的组织架构，既可以按股权投资关系描述，用于法定对外会计报表编制的组织架构，也可以是内部管理定义的组织架构。

系统组织架构范围包括多家公司、多个利润中心，最小合并单元为“公司代码+利润中心”。合并分为中国准则法定合并、国际准则法定合并、分部合并、管理合并四类，其中，分部合并要区分中国准则与国际准则。合并方式有逐级、平行两种。

数据来源是从ERP系统抽取数据到BW数据仓库，经过加工、关联交易的核对及抵消、货币的转换传输到BPC进行抵消调整合并，最终生成展示表、管理分析报表。

基于财务战略规划要构建集团统一的报表合并平台，实现蒙牛集团下国际和国内准则报表自动化，并在集团财务管理数字化、分析精准化、流程标准化方面起到推动作用；同时通过对架构、科目体系、模型、流程等的梳理，实现同一数据源出具不同管理报表，提升工作时效，为上市披露、税务申报、财务BI报表、内部管理分析提供精准的数据支持及科学的管理决策。

BPC合并项目，旨在通过无缝集成的方式打通合并报表系统与SAP。ERP系统，构建集团层面统一的合并报表平台，促使SAP、ERP系统前端财务数据更加规范化、标准化，同时提升蒙牛集团关联交易对账及合并报表出具的效率，且能够满足法定管理合并报表的及时性、准确性以及数据可追溯性。

4. AI(Artificial Intelligence,人工智能)

蒙牛报销云 AI 报账项目以全面提升费用报账全流程财务各类信息处理的效率、效益以及智能化应用为目标,通过"一提一降两优化",实现财务效能产业化升级。

"一提"即利用新工具、新技术提升业务与财务效率。通过接口对接电子发票文件上传、自动识别、后端推送实现自动系统传输,避免报销人员打印纸质票据;纸质票据报销人员拍照后通过勾选直接填单,共享会计审核单据依据拍照的资料,提升全流程提单效率;财务审核环节 RPA 与会计人机协同审核,提升效率,降低差错率。

"一降"即降低财务风险。报销人员拍发票储存票据时,自动进行查重校验,避免重复使用、重复报销;同时实现直联国税系统,及时查验票据真实性;前端对于发票引擎维护植入校验规则,包括敏感字、供应商黑名单、票面校验规则等,保存或提交时系统自动对发票合规性进行管控。

"两优化"分别指优化业务体验、优化企业管理。体验方面实现移动填单,业务提单不受时间、空间的限制;实现自动填单,识别发票结构化数据智能填单,减少人工录入;加速单据流转业务,自主上传更换影像,物流信息实时跟踪实物档案,无须等待实物票据扫描后再完成报销。企业管理优化,通过发票信息结构化,保证精准数据源;积累数据形成数据中心,提供数据基础,助力管理决策。

蒙牛报销云 AI 报账使用新方法、新技术,结合原系统的设计理念,不改变财务原 SAP 系统的基本流程,从而升级实现整体系统的稳定、可靠、可拓展。

应用 OCR 识别、RPA 和机器学习等新技术,结合现有流程与系统,进行费用管控方式创新,实现财务处理的全流程自动化;基于规则引擎、BI 数据挖掘等技术为管理决策提供深度支持。最终搭建成从消费终端管控到管理决策支撑覆盖费控、报销、商旅预订、资金结算全流程、全链条的"蒙牛报销云"智能系统。

第六章 智能财务的建设思路

第一节 智能财务建设之总体规划

一、智能财务建设的必要性和可行性

(一)智能财务建设的必要性

1. 企业数字化转型需要

以互联网为代表的信息技术和人类的生产生活深度融合,成为引领创新和驱动转型的先导力量。以数据的深度挖掘和融合应用为主要特征的智能化将成为未来数字化的主要标志。未来只有一种企业,那就是数字化企业,要么是原生的数字化企业,要么是传统企业转型后的数字化企业。

2. 行业财务创新推动

为适应互联网时代的发展要求,国家明确提出要积极主动适应现代财务审计管理要求,推动互联网、大数据和人工智能技术在财务审计工作中的创新应用,推进行业财务审计技术和管理创新。

(二)智能财务建设的可行性

1. 管理可行性

很多企业商业财务组织较为健全、财务人员素质较高、财务流程较为规范、财务制度较为健全、财务系统较为齐备,拥有良好的财务管理基础。此外,商业的领导层高度重视并坚决支持智能财务建设,各业务部门、管理部门积极参与和全力配合智能财务建设,使得智能财务建设项目拥有良好的土壤和环境。

2. 技术可行性

课题组调研发现,大数据、智能化、移动互联网、云计算、物联网和区块链在财务领域中,尤其在先进企业中都有一定的成熟应用场景。此外,据课题组了解,国内各大软件厂商在财务共享领域、管理会计领域和大数据分析应用领域都有一定的探索,其中财务共享最为成熟,管理会计在某些模块较为成熟,大数据分析应用有个别案例。

3. 经济可行性

商业进行智能财务建设将取得明显成效,改善了会计信息质量和全体员工财务体

验，提高了会计工作效率，降低财务工作成本，提升了会计合规能力和价值创造能力，促进了财务在管理控制和决策支持方面的作用发挥，推动了企业的数字化转型进程。此外，一些企业的财务状况良好，推进智能财务建设具有经济可行性。

二、智能财务建设的总体思路

智能财务建设是财务领域的一场重大变革，是新技术运用推动的财务管理变革，不仅涉及创新型智能财务平台的建设，更重要的是要在智能财务平台的支持下实现财务转型，构建新型财务管理模式。

（一）智能财务建设的定位

为满足财务工作提升需要、企业数字化转型需要和行业高质量发展要求，有企业开始探索智能财务建设，将其作为企业整体数字化建设的重要组成部分和首要突破口，旨在助力财务转型、新型财务管理模式构建的同时，推动企业整体数字化的发展进程，并通过财务管理水平的提升带动企业整体管理水平的全面提升。

（二）智能财务建设的目标

商业智能财务建设旨在达成以下三个目标。一是财务层面，立足于业务驱动财务，借助智能财务会计共享平台，实现会计核算的标准化和自动化、资金结算的集中化和自动化、资产盘点和对账的自动化、税务计算和申报的自动化以及会计档案管理的电子化和自动化，提升企业财务会计工作效率和信息质量，推动财务从核算型转向管理型；二是业务层面，立足于管理规范业务，借助智能管理会计共享平台，实现预算编制和分析的自动化、预算控制的前置化和自动化、成本归集和计算的自动化、项目管理的标准化和过程化以及税务风险检测的智能化，以更好地支持业务开展、规范业务管理和强化过程控制，提升企业管控水平；三是管理层面，立足于数据驱动管理，借助大数据分析应用平台，通过建立多维分析模型和数据挖掘模型，实现服务业务经营、精细协同管理、辅助决策支持和全面风险评估，促进企业数字化转型升级，服务企业高质量发展。

（三）智能财务建设的原则

在商业智能财务建设的过程中，需充分体现智能财务的五大特点，即全面共享、高效融合、深度协同、精细管理和力求智能，除此之外还需遵循以下四项原则。一是系统性原则。在智能财务建设过程中，将会涉及智能财务共享平台和大数据分析应用平台的建设，与业务经营管理平台、大数据基础平台和外部交易管控平台的对接，以及需要对业务经营管理平台进行改造提升，有必要进行系统化规划设计。二是前瞻性原则。智能财务建设的整体规划设计和具体方案设计应前瞻财务信息化发展趋势，基于智能财务研究和建设的现状与未来发展，面向企业高质量发展和管理需要，对智能财务建设开展探索性研究。三是先进性原则。在智能财务建设过程中，最能体现智能财务本质特色的是针对不同财务工作任务设计智能化应用场景，针对不同智能化应用场景探索新技术的匹配运用，这就要求精心设计智能化应用场景，且保证技术运用的先进性。四是可行性原则。

智能财务建设的整体规划设计和具体方案设计，应基于企业财务管理现状和实际工作需要进行，恰当选择和运用新技术，保证智能财务平台在软件实施商的配合和努力下顺畅落地运行，实现企业财务管理的数字化转型，促进企业整体管理的数字化转型。

三、智能财务平台的建设思路

(一)智能财务平台的总体架构

智能财务“提升财务工作”这一目标，体现为智能财务建设过程中的业务驱动财务、管理规范业务两个子目标，可通过智能财务共享平台的建设和运用来实现，包括智能财务会计共享平台和智能管理会计共享平台两个子平台；智能财务“更好地服务于业务工作和管理工作”这一目标，体现为智能财务建设过程中的数据驱动管理这一子目标，可通过大数据分析应用平台的建设和运用来实现。

智能财务平台的总体架构，除展现了平台自身内部的模块要素和模块关系之外，还描绘了该平台与企业内部及外部其他平台之间的关联关系，反映了智能财务平台在企业数字化建设中的基本定位。其中，大数据基础平台主要约定数据标准，以及数据抽取、数据转换和数据存储的规则，由数据管理组织按照数据管理流程和数据管理机制进行维护，旨在做好数据质量控制。该平台主要存储企业内部最细颗粒度的主数据、基础数据、业务数据、管理数据、财务数据，以及来自企业外部的行业数据、经济数据和环境数据等。大数据基础平台为业务经营管理平台和智能财务共享平台提供基础数据，为大数据分析应用平台提供分析所需的、标准化的企业大数据。

业务经营管理平台主要涵盖支持企业日常生产经营管理的信息系统，包括企业业务管理方面的信息系统和基础管理方面的信息系统。通过业财管一体化对接，该平台接收智能财务共享平台传递过来的资金计划、预算等关键财务管控指标，遵循平台内部的基础管理规定，作为业务操作平台支持企业日常生产经营管理。作为数据采集平台向智能财务共享平台传递业务数据和管理数据，以完成后续财务会计工作和管理会计工作，同时接收智能财务共享平台反馈回来的财务处理状态和财务处理结果。

大数据分析应用平台是基于大数据基础平台之上的分析应用平台，其分析应用的数据来源于大数据基础平台。该平台主要通过特定模型和先进算法，提供管理、业务、财务和风险等方面的主题分析。发现财务管理规律和生产经营管理规律，针对具体业务场景提供报表报告、灵活查询、预测预判、方案模拟和风险预警，在可视化展现的同时，将发现的两类经济规律分别反馈回智能财务共享平台和业务经营管理平台。

外部交易管控平台，反映了企业业务、财务和管理方面需要与企业外部对接的平台，包括总公司管控所需的信息系统和与第三方交易所需的信息系统。其中，总公司管控平台下发绩效指标和管控要求，要求企业进行相关数据报送，并将接收的行业数据向报送企业开放；与第三方交易平台之间，更多的是业务数据、业务单据、业务状态和资金状态等内容的传递。

(二)智能财务平台的建设逻辑

商业智能财务平台的总体架构中蕴含了三个建设逻辑。一是业务驱动财务,即业务活动直接驱动财务会计记账。生产经营业务直接驱动财务会计工作,通过人机联合完成智能稽核后自动生成准确无误的证账表等会计核算结果,经过协同合作半自动生成财务分析报告,自动生成合规的电子会计档案。二是管理规范业务,即依据标准规则规范业务活动。公司的生产经营业务在执行过程中,受企业生产经营管理规则、财务管控标准、业务预算和资金计划等的约束。三是数据驱动管理,即借助数据洞察驱动管理提升。通过大数据基础平台的建立和大数据分析应用平台的研发,基于企业大数据,借助模型和算法进行数据洞察,发现财务管理规律和生产经营管理规律,预测经济发展趋势,形成数据洞见,从而驱动财务管理水平的提升和生产经营管理水平的提升。

(三)智能财务平台的建设理念

商业智能财务平台的总体架构中蕴含了四大建设理念。一是大共享的理念。架构中的智能财务共享平台,既包括会计核算、财务会计报告等财务会计工作的共享,又包括资金管理、税务管理、预算管理、成本管理、投资管理和管理会计报告等管理会计工作的共享。二是大集成的理念。架构中同时覆盖企业的内部系统和企业的外部系统,体现了系统内外集成化的大集成理念。其中,企业的内部系统包括业务系统、财务系统、管理系统、大数据基础平台和大数据分析应用平台,外部系统包括总公司管控平台和第三方交易平台。三是大数据的理念。架构中同时涉及企业内外部数据,体现了大数据的体量大、类型多等典型特点,隶属大数据的范畴。其中,企业内部数据主要包括基础数据、业务数据、财务数据和管理数据等;企业外部数据主要包括行业数据、经济数据和环境数据等。四是大管理的理念。架构中大共享、大集成和大数据的建设,自然成就了大管理,通过规范业务管理和强化过程控制提升企业管理水平,通过服务业务经营和辅助决策支持实现财务价值增值。

(四)智能财务平台的建设框架

整个智能财务平台的建设涵盖智能财务会计共享平台、智能管理会计共享平台和大数据分析应用平台三个子平台的建设,旨在分别实现业务驱动财务、管理规范业务和数据驱动管理三个建设逻辑。

1. 智能财务会计共享平台的框架

商业智能财务会计共享平台的框架中展现了四项内容:一是智能财务会计共享的核心内容,包括两个平台及平台中涉及的五类业务;二是智能财务会计共享平台与周边系统的对接;三是智能财务会计共享平台中可能实现的智能化场景,涵盖“大智移云物区”等新技术在财务会计领域的单独运用或综合运用;四是智能财务会计共享平台内部,以及智能财务会计共享平台与周边平台之间可能传递的信息及信息流向。

需要说明的是,智能管理会计平台中涉及的需要基于业务、财务、管理和外部数据进行的相对综合性地预测、模拟、分析、评估、预警等复杂管理会计工作内容,将集中放置于大数据分析应用平台进行统一处理，主要涉及管理会计体系中的战略管理、风险管理和管理会计报告三部分内容。

2. 大数据分析应用平台的框架

商业大数据分析应用平台的框架中展现了四项内容。一是大数据分析应用平台在企业大数据平台中的定位，是基于大数据基础平台的应用展现平台，其数据采集、数据存储、数据计算和数据建模有赖于大数据基础平台；二是大数据分析应用平台的核心工作，即在各类分析和画像的基础上，紧紧围绕管理工作的四个环节展开，包括规划过程中需要的各类业务预测、决策过程中需要的各类方案模拟、控制过程中需要的各类风险预警以及考核过程中需要的各类结果评估；三是大数据分析应用平台中可能实现的智能化场景，涵盖“大智移云物区”等新技术在相对综合性的管理会计复杂工作领域的单独运用或综合运用；四是大数据分析应用平台内部及大数据分析应用平台与周边平台之间可能传递的信息及信息流向。

3. 智能财务平台的建设要点

商业智能财务平台的三个子平台之间，既有区别又有联系，各自的建设要点包括核心建设逻辑、基本建设目标、关键建设基础和重点建设工作。三个子平台的核心建设逻辑、基本建设目标、重点建设工作各有侧重，但这些工作却需要基于共同的 12 个方面的关键建设基础。

4. 智能财务平台的建设重点

商业智能财务平台建设旨在通过标准化、数字化和一体化建设实现智能化，建设过程中需要抓好以下几项重点工作。

一是业务流程梳理，旨在改造优化业务流程。业务流程是指业财管一体化的流程。智能财务建设的过程是流程再造的过程，可通过流程梳理实现。流程梳理的基本思路是：首先，梳理现有业务流程；其次，优化现有业务流程；最后，转换为智能财务共享模式下的业务流程，并在智能财务建设和运营过程中持续优化。

二是表单附件梳理，旨在改进表单附件，实现表单附件的标准化、电子化和数字化。智能财务建设的重要目标之一是通过业务驱动财务实现核算自动化，这就需要基于实际业务大类和业务细类，针对具体业务节点，对业务发生过程中产生的会计核算表单及附件进行详细梳理，包括表单编码、表单名称、表单样式、表单数据项、数据项属性，以及表单对应的附件编码、附件名称、附件内容、附件样式和附件排序等细项。表单附件梳理可为数据标准梳理和信息系统改造提供依据。

三是数据标准梳理，旨在调整或新建数据标准。智能财务建设为企业数据标准梳理提供了良好契机。数据标准梳理的根本目的是数出一门、数存一处和一数多用。数据标准梳理的基本思路是从最底层业务流程节点的表单中，以及正在使用的和未来可能使用的内部管理报表中抽取数据项，合并同类数据项，并对数据项的名称、含义、参考来源和使用维度等关键属性进行规范。数据标准梳理为信息系统对接提出内容要求、格式要求和方式要求。

四是信息系统梳理,旨在改造提升和新建信息系统。智能财务建设是信息系统再造的过程。一方面,需要引进财务共享运营管理平台、影像管理平台、电子会计档案管理系统等全新的智能财务共享专用信息系统;另一方面,需要改造提升与智能财务共享相关的业务系统、财务系统和管理系统,以解决智能财务建设过程中的系统对接问题和系统整体优化问题,从而实现文件附件的电子化和数字化、财务处理的自动化以及电子会计档案归集的自动化。

五是模型算法梳理,旨在新建或优化模型算法。智能财务建设的另一重要目标是通过数据驱动管理实现服务业务经营和辅助决策支持,这就需要根据实际问题、可得数据和备选方案对大数据分析应用涉及的多维分析模型和数据挖掘模型以及相应算法进行梳理。模型算法梳理的目的是基于企业内部大数据及企业外部大数据,实现对业务、财务和管理方面的多维分析,以及针对典型业务场景的数据挖掘。

四、新型财务管理模式的构建思路

商业智能财务建设的主要目的是通过财务组织重构、财务人员提升、财务平台升级和财务制度优化,借助智能财务共享平台和矩阵式财务管理方式,实现会计职能的成功转型,即从核算型、价值守护型转为管理型、价值创造型。财务转型的过程也是管理会计落地和新型财务管理模式形成的过程。

(一)新型财务组织的整体架构

商业智能财务组织架构总体上分为财务会计工作组、管理会计工作组、综合管理工作组和财务专家工作团队。

二级单位财务科负责本单位财务会计工作中的单据初核工作,负责二级单位及下属三级单位的凭证审核、支付确认和报表确认工作,负责本单位及下属三级单位管理会计工作中的税务管理、资金管理、资产管理、预算管理、成本管理、财务分析和业务运营分析工作,负责本单位综合管理中的纸质会计档案管理和综合事务管理工作。

三级单位财务股负责本单位财务会计工作中的单据初核工作,负责本单位管理会计工作中的资产管理、预算管理和成本管理,负责本单位综合管理中的纸质会计档案管理和综合事务管理工作。

(二)新型财务管理模式的运行管理

商业的新型财务管理模式总体上可概括为“智能财务共享”,其核心管理思想体现在两个方面:一是“集中管控、分级负责,上下联动、协同共享”的十六字智能财务运行原则;二是三级财务组织纵向到底、各类财务专业小组横向到边的矩阵式智能财务管理方式。智能财务共享的运行管理规则如下。

IFC 集中管控智能财务工作的运营管理。统一负责智能财务中心工作人员的管理,实现商业范围内财务人员的优化配置和资源共享;统一负责财务方面的政策、制度、规则、流程、标准和模式等,实现商业范围内的财务工作标准化;统一提供三级财务组织共建共用的智能财务共享平台,实现平台共享和数据共享;对各级财务单元的财务工作进行指导、质控和评价,保障商业范围内的财务工作正常开展,加强财务工作的监督管理。

二级单位财务科做实管理、人员调增。作为法人主体,二级单位财务部门应用智能财务共享平台对本单位财务工作负责;加强本单位及下属三级单位的财务集中管理,将原来分散在二级单位、三级单位的会计核算、资金管理和税务管理等财务工作集中到二级单位财务部门统一处理,实现二级单位及下属三级单位范围内的财务组织共享;按智能财务共享平台运行管理要求,在二级单位及下属三级单位范围内合理配置财务人员,实现二级单位及下属三级单位范围内的财务人员共享。

三级单位财务股职能缩小、人员调减。作为非法人主体,三级单位财务职能范围缩小。不再涉及会计核算、资金管理和税务管理等已经集中到二级单位财务部门的财务工作,不再设置相应岗位,并考虑根据智能财务会计共享平台运转情况和实际财务工作开展情况适时调减财务人员。

(三)新型财务管理模式的实现思路

商业的新型财务管理模式可通过智能财务平台、财务专业分工和各级财务组织的深度协同予以实现,即通过智能财务三个子平台在规则、数据、标准和流程等方面的统一和对这三个子平台的协同运用,达成三层财务专业分工之间的协同工作,以及三级财务组织(省公司财务处等二级单位财务科和县分公司等三级单位财务股)之间的协同运行,同时也可加强财务、业务和管理等职能部门之间的协同联动。

财务组织层级与财务专业分工之间的关系如下:基础财务中涉及的交易执行和操作控制工作由智能财务中心统一负责,州(市)公司等二级单位财务科和县分公司等三级单位财务股承担基础财务中的少量工作;战略财务中涉及财务领域的规划指导工作和涉及企业发展方面的战略决策支持工作由智能财务中心负责。

财务专业分工与智能财务平台之间的关系:智能财务会计共享平台实现业务驱动财务为基础财务所使用;智能管理会计共享平台实现管理规范业务;大数据分析应用平台实现数据驱动管理,为业务财务和战略财务所共用。

第二节 智能财务建设之财务组织规划

在"大智移云物区"等新技术风起云涌的当前,无论对于理论界还是实务界,智能财务建设和运营都是具有创新性、探索性的工作。在企业实务工作中,智能财务建设体现为智能财务共享平台的建设和新型财务管理模式的构建,主要包括流程设计、平台设计、组织规划和制度设计四项内容。而智能财务运营则体现为业务运行、平台运转、组织运营和管理提升四项工作,主要包括与智能财务业务运行相关的质量管理、服务管理和信用管理,与智能财务平台运转相关的系统管理,与智能财务组织运营相关的目标管理、绩效管理和人员管理,以及与智能财务管理提升相关的知识管理、制度管理和创新管理,共计十项内容。组织规划是智能财务建设过程中的重点工作之一,同时也是最为复杂的一项工作。

在智能财务建设过程中,要完成业务流程设计、共享平台建设、财务组织规划和财务制度建设四项核心工作。在这四项工作中,财务组织规划是智能财务建设和后续运营的关键,涉及智能财务整体的运营管理原则设定,整体财务组织架构的调整,不同层级财务组织之间的职责划分,以及各级财务组织内部的职能定位、岗位设置和人员配备等,需要企业重点关注和着力推进。但因财务组织规划会涉及岗位编制和人员变动,是智能财务建设过程中最为复杂的一项工作,特别是对于定编定岗的国有企业,需要企业在智能财务规划设计方案中及早考虑智能财务的组织规划问题,灵活应变现实存在的组织变革挑战。

一、智能财务的运营管理原则

基于财务管理和人事管理的大多数情况,课题组将商业智能财务运营管理的总体原则定为“集中管控、分级负责,上下联动、协同共享”。

IFC 集中管控智能财务工作的运营管理。统一负责智能财务中心工作人员管理,实现商业财务人员的优化配置和资源共享;统一负责财务方面的政策、制度、规则、流程、标准和模式等,实现商业财务工作的标准化;统一提供上下三级财务组织共建共用的智能财务共享平台,实现平台共享和数据共享;对各级财务单元的财务工作进行指导、质控和评价,保障商业财务工作正常开展,加强财务工作的监督管理。

二级单位财务部门做实管理、人员调增。作为法人主体,二级单位财务部门应用智能财务共享平台,对本单位财务工作负责;加强本单位的财务集中管理,将原来分散在二级单位、三级单位的会计核算、资金管理和税务管理等财务工作集中到二级单位财务部门统一处理,实现二级单位范围内的财务组织共享;按智能财务共享平台运行管理要求,在二级单位范围内合理配置财务人员,实现二级单位范围内的财务人员共享。

三级单位财务部门职能缩小、人员调减。作为非法人主体,三级单位财务职能范围缩小,不再涉及会计核算、资金管理和税务管理等已经集中到二级单位财务部门的财务工作,不再设置相应岗位,并考虑根据智能财务共享平台运转情况和实际财务工作开展情况,适当调减财务人员。

二、智能财务组织的整体架构

商业的智能财务建设秉承大共享的理念。既包括会计核算、财务会计报告等财务会计工作的共享,又包括资金管理、资产管理、税务管理、预算管理、成本管理、投资管理、绩效管理和管理会计报告等管理会计工作的共享,是横跨财务会计和管理会计两个财务工作领域的大共享。

三、智能财务中心的组织架构

(一)IFC 的职能定位

为将智能财务建设过程中的智能财务共享平台和新型财务管理模式有效落地,企业可以成立智能财务中心(Intelligent Finance Center,IFC)。定位为财务管控服务中心、数据处理中心、价值创造中心和人才培养中心。其财务管控主要体现在政策研究与制定、规则研究与制定、质量监控与跟进以及管理会计落地等方面;服务主要体现在系统共享与支持、技术共享与支持、数据处理与推送、财务分析与业务支持、财务预测与决策支持、电子会计档案的保管与利用管理等方面;数据处理主要包括定时任务的自动推送、证账表的自动生成与推送、财务事项的自动处理、业财数据的多维分析与关联分析等;价值创造主要是指通过规范业务管理、强化过程控制来提升企业管理水平,通过服务业务经营、辅助决策支持来实现财务价值增值;人才培养主要是指借助智能财务建设和运营带动财务人才培养工作,通过智能财务中心的日常运营管理,着力培养具有全局视野、数据思维的精财务、懂业务、会管理和知技术的复合型人才。

(二)IFC 的行政隶属

从财务人员的长远发展和持续高效为企业创造价值两方面考虑,课题组建议智能财务中心直接隶属省公司财务处,即将省公司财务处直接划分为智能财务中心和省公司机关财务两个部分。

(三)IFC 的人员配备

根据大共享理念,企业可以构建集约高效的财务人员管理体系。IFC 由核算质控组、综合管理组、管理会计组和财务专家团队四个团队组成。其中,财务专家团队均为流动兼职,不涉及岗位编制;其他三个小组涉及岗位编制。经测算,各小组的主要职责和人员配备如下:核算质控组,负责全省的核算政策研究和核算质量控制;综合管理组,负责 IFC 的运营管理,包括绩效管理、人员管理、创新管理、知识管理、制度管理、档案管理、质量管理、服务管理、信用管理、RPA 管理和系统管理;管理会计组,负责全省的管理会计工作,包括税务管理、资金管理、资产管理、预算管理、成本管理、投资管理和财务分析等;财务专家团队是企业智能财务的智囊团,负责项目研究性工作,包括管理会计研究、财务会计研究、业务支持研究、IFC 运营管理研究和新技术运用研究等。

四、属地财务部门的组织架构

(一)属地财务的职能定位

属地财务包括企业商业二级单位财务部门和三级单位财务部门。为将智能财务共享平台和新型财务管理模式有效落地,将二级单位财务部门定位为智能财务分中心,发挥财务审核中心、数据确认中心、管理会计中心和业务支持中心的作用。其中,财务审核主要体现在单据初核、凭证审核、资金支付确认等方面;数据确认主要体现在各类财税报表确认;管理会计主要体现在预算管理、成本管理、资产管理、资金管理、税务管理和财务分析等方面;业务支持主要体现在对卷烟业务、烟叶业务等主营业务的专项分析。各三级单位财务部门是其隶属二级单位财务职能的延伸。发挥本企业的财务审核职能和管理会计职能。

(二)属地财务的岗位设置

根据大共享理念,企业可以构建集约高效的财务人员管理体系。属地财务工作与公司智能财务中心的二类财务工作相对应,可分为财务会计类、管理会计类和综合管理类,在岗位设置上体现财务会计工作和管理会计工作的融合。各二级单位财务部门根据业务经营情况,可设置预算管理岗、成本管理岗、资产管理岗、资金管理岗、税务管理岗、财务分析岗、综合管理岗和财务初审岗,共计十类岗位。每个岗位均同时兼任相应业务的财务会计工作和管理会计工作,在提高财务会计工作效率和工作质量的前提下,将相应管理会计工作做深做实。各三级单位财务部门是其隶属二级单位财务职能的延伸,根据业务经营情况,可设置财务初审岗、管理会计岗和综合管理岗。

在智能财务建设过程中,财务组织规划是智能财务建设和后续运营的关键。涉及智能财务整体的运营管理原则设定、整体财务组织架构的调整、不同层级财务组织之间的职责划分,以及各级财务组织内部的职能定位、岗位设置和人员配备等,需要企业重点关注和着力推进。但财务组织规划会涉及岗位编制和人员变动,是智能财务建设过程中最为复杂的一项工作。此外,不同的所有制结构、公司治理结构、企业规模和企业文化等也会影响财务组织规划。这就需要企业在智能财务规划设计方案中,及早考虑智能财务的组织规划问题,灵活应对现实存在的组织变革挑战。

对于国有大型企业,岗位编制和人员调整可能受限,为此整体可采用属地管理、中心兼职的组织管理方式调集下属单位优秀会计人才。借助智能财务共享平台,采用“远程办公、虚拟共享”的业务运行方式,开展智能财务中心和智能财务分中心的日常运营管理工作。这样一来,不仅解决了岗位编制和人员调整受限的问题,还优化了整个公司内部的财务人力资源配置,实现了“横向到边、纵向到底”的矩阵式财务管理方式,对智能财务人才培养和财务管理转型都能起到显著的推动作用。

第三节 智能财务建设之业务、制度及运营体系设计

一、智能财务建设之业务设计

(一)业务流程概述

流程是一系列连续的、有规律的活动,在实务工作中体现为工作程序。一般情况下,企业的流程包括业务流程和管理流程。

业务流程是指企业经营运作的相关程序,涉及企业供产销三个基本环节。企业常见的业务流程有六类,包括市场与客户分析流程、目标与战略设计流程、新产品开发管理流

程、市场与销售管理流程、提供产品与服务流程、收款及售后服务流程。企业通过业务流程的运作可直接为客户创造价值,保证企业自身经营目标的实现。

管理流程是指企业开展各种管理活动的相关程序。企业常见的管理流程有六类,包括战略管理流程、人力资源管理流程、信息技术管理流程、质量管理流程、财务管理流程和行政管理流程。企业通过管理活动对自身的业务开展进行监督、控制、协调和服务,间接地为企业创造价值。

企业在进行智能财务建设的过程中,可以财务管理流程为主,向前追溯至业务流程,向后延伸至人力资源管理流程,完成业财管一体化的流程变革;可以全面预算管理为框架,区分规划与计划、预算编制、预算执行控制、内部管控分析和绩效考核等主要业务开展阶段,进行业务流程设计。

(二)业务流程设计概述

1. 业务流程设计目标

业务流程设计,旨在基于智能财务共享模式改造优化现有业务流程。

2. 业务流程设计思路

业务流程设计的基本思路是:首先,梳理现有业务流程,在梳理过程中体现优化思路;其次,优化业务流程,即转换为智能财务共享模式下的业务流程,并在智能财务共享落地和运营过程中持续进行优化。

3. 业务流程设计工具

在业务流程设计过程中,可借助业财管一体化的流程图和蕴含丰富信息的流程矩阵,来展现自顶向下划分层级的、业财管一体化的企业业务流程全景图。

4. 业务流程绘制工具

Office Visio 是 Office 软件系列中负责绘制流程图和示意图的软件,是一款便于 IT 人员和业务人员就复杂信息、系统和流程进行可视化处理、分析和交流的软件。保持商业智能财务建设三方团队业务流程绘制工具的先进性和一致性,以实现业务流程文件的可用性和共享性。

5. 业务流程设计组织

在业务流程设计过程中,需要专家团队、技术团队和公司团队三方力量优势互补,全方位开展深入合作。

(三)业务流程梳理

1. 业务流程梳理目标

业务流程梳理旨在帮助财务人员了解现有业务流程的基本情况,包括流程层次、流程节点,以及流程节点的基本描述、责任主体、风险及应对、问题及改进思路等,并初步对业务流程提出优化思路,为业务流程优化阶段提供工作基础。

2. 业务流程梳理步骤

第一,专家团队提供业务流程梳理模板,建议业务流程梳理和绘制工具,教授业务流程梳理和绘制方法;第二,现场团队参照业务流程梳理模板,借助业务流程梳理和绘制工具,采用业务流程梳理和绘制方法,依据智能财务相关资料和有关业务经验绘制业务流程图,填制业务流程矩阵;第三,现场团队与业务相关单位和部门请教、沟通和交流,以修正、确认业务流程图和业务流程矩阵。

3. 业务流程图

企业常用的业务流程图包括泳道式流程图和矩阵式流程图。其中,泳道式流程图是现代企业比较常用的一种流程图。这种流程图的每条泳道分别代表一个岗位或者一个部门,岗位和部门都是具体任务的执行者,图中所表示的职责和任务应与部门职责和岗位职责完全一致。矩阵式流程图是国际上通用的一种流程图。这种流程图分纵向和横向两个方向,纵向表示工作的先后顺序,横向表示承担该项工作的部门和职位。利用纵向、横向两个方向的坐标,可以解决先做什么、后做什么的问题,也可以解决各项工作具体由谁来负责的问题。

4. 业务流程矩阵

为描述现有业务流程节点的详细信息,包括现有流程的基本描述和优化思路,可借助业务流程矩阵,列明每一流程节点的节点名称、负责部门、负责岗位、功能描述、业务模型、信息处理、可能风险和应对措施,以及主要问题和改进思路。

5. 业务流程梳理组织

在业务流程梳理过程中,三方团队的具体分工如下:由专家团队进行清单起草、模板设计和优化指导;由现场团队进行流程清单修正、流程图绘制和流程矩阵填制;由技术团队提供经验支持。

(四) 业务流程优化

业务流程优化着重使用 ECRS 技巧,即取消(Elimination)、合并(Combination)、重排(Rearrangement)和简化(Simplification)四种技巧的组合,是指在现有工作方法的基础上,通过取消、合并、重排和简化四个步骤,对现有组织、工作流程、操作规程以及工作方法等方面进行持续改进。

1. 业务流程优化目标

业务流程优化旨在基于业务流程梳理阶段的工作成果——现有业务流程和业务流程优化思路,结合业务流程在落地应用过程中涉及的信息系统和信息系统操作人员,对业务流程进行设计,形成系统应用流程。

2. 业务流程优化步骤

要想使设计后的业务流程能够顺利、正常地运作,还需要进行相关的配套设计,包括计划、部门、岗位、制度、绩效、报表和信息技术,即流程优化方案需要与这几个方面有机结合,方能顺利落地实现。

对于企业而言,智能财务建设的过程是业务流程再造的过程,可通过业务流程设计来实现。在业务流程设计过程中,可区分业务流程梳理和业务流程优化两个阶段,可借助业财管一体化的流程图和信息丰富的流程矩阵,来展现自顶向下划分层级的、业财管一体化的企业业务流程全景图。当然,该过程也可能涉及某些具体业务的管理模式和处理方式的统一优化，此时则需要财务部门联合相关业务管理部门，从企业整体层面适时出台配套政策和制度，以支持业务流程设计成果的顺利落地和正常运行。建议企业在智能财务建设过程中，组织企业自身的工作团队牵头开展业务流程梳理和业务流程优化工作，重点考虑智能化财务工作场景的设计和“大智移云物区”等新技术的匹配运用，以掌握智能财务建设的主动权，并有助于智能财务人才队伍的培养和后续业务流程的持续优化。

二、智能财务建设之制度体系设计

财务制度设计是智能财务建设的四项基础工作之一，也是企业智能财务建设过程中的重点工作之一。

（一）智能财务制度设计目标

企业智能财务制度体系的总体设计目标为：规范企业智能财务运营管理工作，明确各单位在智能财务共享中的管理原则及权责划分，确保各单位借助智能财务共享平台依法、合规、有序地完成会计工作，以改善会计信息质量、提高会计工作效率、降低会计工作成本和提升会计合规能力。

（二）智能财务制度体系总体框架

鉴于财务共享相关制度的构建经验及企业现有相关制度的实际情况，构建企业智能财务制度体系，包括财务会计制度和智能财务运营管理制度。其中，财务会计制度包括会计核算制度和财务管理制度，区分商业企业和复烤企业；智能财务运营管理制度，总体上可区分为 IFC 运营管理制度和平台运营管理制度，平台又可区分为智能财务会计共享平台和智能管理会计共享平台。

在智能财务建设过程中，智能财务制度体系建设是财务组织规划、业务流程设计、财务平台建设和运营的重要保障，需要企业重点关注和着力推进。当然，在智能财务相关的财务制度建设过程中，会涉及制度的规划、梳理、编写、发布和持续优化等多个环节，每个环节具有一定的周期性。这就需要企业在智能财务规划设计方案中，尽早考虑智能财务制度体系的设计目标、总体框架和制度清单。但鉴于智能财务建设和运营过程中，需要规范的方面甚多，涉及的制度较为庞杂，而制度建设小组的时间精力有限，建议企业按制度的轻重缓急程度有序安排、拟定和发布，坚持按质量管理循环对每一项智能财务制度和智能财务制度体系整体进行持续优化。

三、智能财务建设之运营管理设计

智能财务的运营管理是智能财务建设的重要配套工作。在智能财务建设实务工作中，智能财务运营管理体现为业务运行、平台运转、组织运营和管理提升四项工作，主要包括与智能财务业务运行相关的质量管理、服务管理和信用管理，与智能财务平台运转相关的系统管理，与智能财务组织运营相关的目标管理、绩效管理和人员管理，以及与智能财务管理提升相关的知识管理、制度管理和创新管理,共计十项内容。

(一)智能财务运营管理的整体思路

智能财务运营管理有其特有的思路。不仅将财务流程进一步向业务端和管理端延伸,而且将智能技术与全流程的运营管理进行融合,考虑智能技术与流程之间的便捷性、快捷性与适用性。为了实现智能财务的运营管理体系建设,作为顶层设计的整体思路显得尤为重要,主要体现在以下几个方面。

1. 全流程生态圈

智能财务将实现业务、财务和管理全流程的端到端服务。这将涉及企业的大部分部门及岗位的全面参与,同时也将考虑流程相关的组织、人员、绩效、系统和制度等要素在不同部门及岗位的协同发展。通过打通财务内部的财务会计与管理会计,以及财务与业务、财务与管理、财务与外部利益相关者的界限,将企业与供应商、客户、监管等外部组织的流程进行智能融合。

2. 业务创造价值

智能财务是在智能技术作用下的财务转型,对运营管理的关键性指标维度进行持续跟踪,借助智能技术不断优化,明确效率、质量和绩效等指标维度对业务的影响程度,识别可能的价值点,为客户提供有针对性的建议。结合企业业务的类型和运营管理指标维度的数据,探索智能财务如何提升业务的处理效率,如何帮助业务提供决策支持,实现为业务创造价值的目标。

3. 智能技术变革

智能财务的核心是借助以“大智移云物区”为代表的智能技术,对流程设计、工作方式、工作内容和人员管理等产生更深入的影响。因此,企业迫切需要将智能技术应用到运营管理中,使其自动化、智能化、可视化地提供各种指标维度及分析结果。借助智能技术运营管理体系能够实时化、可视化地为业务提供信息,并能在绩效评价、质量控制、服务管理等方面实现智能化的决策支持,方便客户根据不同的需求快速得到相应的解决方案。

4. 全面精细化指标维度

精细化指标维度通过深层次地评价智能财务的运行过程,寻求目标、质量、绩效和服务等指标维度之间的关系,围绕部门、岗位、人员等进行综合评价。基于全面精细化指标维度,从相关、回归、趋势和对比等多角度分析,将智能技术应用到运营管理的分析、决策、展示中,加强运营管理指标维度的判断和利用,为运营管理寻求最优的方案以及为数字化决策提供支持。

(二)智能财务运营管理的整体设计

智能财务是由智能技术与财务共享相融合而形成的一种创新型财务管理模式,其运营管理指标维度不仅采用了财务共享运营管理已有的指标维度,还拓展了部分指标维度,并考虑业务处理的智能化特征,以及在运营管理指标维度数据分析中使用了智能技术。企业的实践表明,目标管理、绩效管理、人员管理、知识管理、质量管理、流程制度、服务管理、标准化以及信息系统等是财务共享主要的运营管理指标维度。组织的战略和愿景即通过制定目标,并持续跟踪予以实现的目标管理是运营管理中的重要内容之一。许多学者也对运营管理的不同指标维度进行了研究,认为绩效管理、流程管理是运营管理的关键指标;流程管理对财务共享的运营至关重要;服务管理是财务共享运营管理的核心要素。员工始终是企业能够可持续发展的关键所在。因此,人员管理也得到了众多学者的研究。智能财务运营管理的核心价值并不是指标维度的数量。一方面,需要更多地关注业务处理智能化对运营管理指标维度的影响,包括获取数据的多样性、绩效的标准性、效率的差异性等;另一方面,也需要运用智能技术对运营管理指标维度的数据进行智能化、可视化、数字化的分析、决策与展示。智能财务的运营管理整体设计如图 6-1 所示。

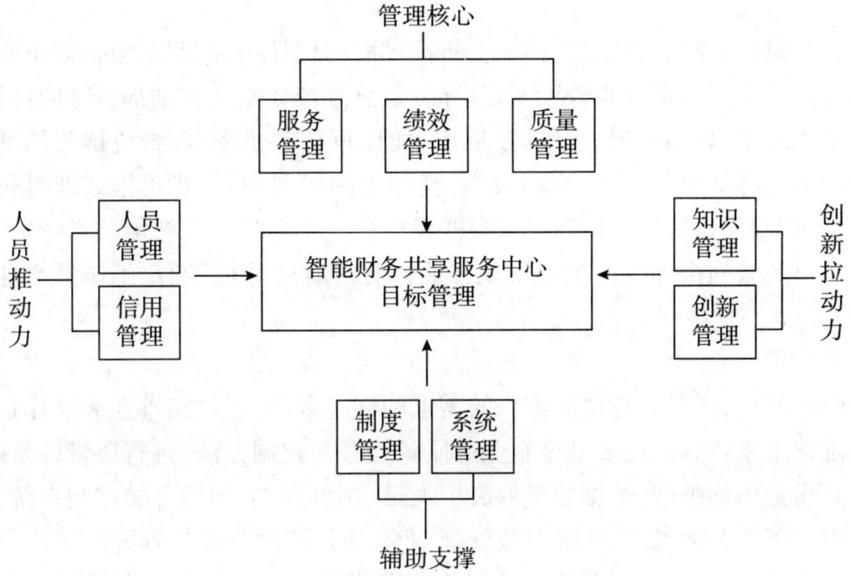

图 6-1　智能财务的运营管理整体设计

(三)智能财务运营管理的具体工作

鉴于智能财务是由智能技术与财务共享相融合而形成的一种新型财务管理模式,其运营管理的指标维度既有传承又有创新,因此,可对每一个指标维度分别从财务共享和智能财务两个角度进行分析,以突出智能财务运营管理的差异性和特殊性。

1. 目标管理

对于财务共享,不同发展阶段的目标会有不同偏重,需制定相应的目标管理办法。财务共享总体目标设定为改善会计信息质量、提高工作效率、降低工作成本以及提升合规能力,这些目标主要通过流程化和信息化得以实现。

对于智能财务,首阶段的核心目标是提升价值创造能力,促进企业财务在管理控制和决策支持方面的作用发挥;下一阶段目标为构建财务管理新模式,通过财务数字化转型推动企业数字化转型。三个基本目标如下。首先,提高业务处理效率。关注业务驱动财务的全业务流程的效率提升,并通过提升会计核算的标准化、智能化和数字化来提高业务处理效率。其次,降低运营成本。关注价值链上的智能成本控制,并通过提升集约化运营的效率、无纸化操作等来节约运营成本,包括会计档案管理电子化、自动化和无纸化。最后,提升会计信息质量。通过智能技术提高会计信息的及时性、真实性和相关性,提升会计信息质量。

2. 绩效管理

对于财务共享,组织绩效和人员绩效是主要考虑的两个方面。组织绩效针对组织相关的绩效指标,主要包括财务维度、客户维度、内部流程维度和学习创新维度。人员绩效是组织绩效的分解,只有与组织绩效保持一致的情况下,对人员的激励才能促进组织目标实现。人员绩效主要体现在各个岗位的时效性、工作量、质量和满意度等方面。

对于智能财务,绩效管理主要体现在指标维度的统计指标变化,包括以下几个方面。①财务维度的总成本前期发生较大变化,导致信息系统成本大大增加。②内部流程维度的凭证自动生成率、自动生成凭证的正确率、凭证审核差错率、现金流预测的准确性、费用报销处理周期降低率、收支结算高效率、高拍仪的识别率、每张单据处理时长、人均日处理凭证量、虚假发票检出率以及重复报账发票检出率等指标在智能技术影响下的变化情况。③人员绩效的指标维度主要体现在业务处理时效降低、额定工作量增加、业务质量提升等。

3. 质量管理

对于财务共享,质量管理要从客户的需求和期望着手,通过完善业务操作过程,提升操作的标准化水平;同时,还要健全企业的质量检查与控制办法,进行质量评价。质量管理需要设计质量指标维度,数据质量取决于人员、制度和 IT 相结合的控制系统。质量指标维度从以下三个方面考虑:业务时效管理、业务质量管理与服务质量管理等。

对于智能财务,对业务的处理方式更多的是自动化与智能化,而质量管理的指标维度统计方式会发生很大的变化,主要体现在以下几个方面。①质量时效指标在业务处理的及时性上将得到极大的提升。②业务质量管理的业务合格率、业务准确率和业务正确率等业务质量指标,在智能技术处理业务中将发生明显的变化,这也是决定智能财务的价值所在。

4. 制度管理

对于财务共享,制度管理包含对相关制度的规划、梳理、编写、发布和持续优化等内容。鉴于相关制度体系的构建经验及企业现有相关制度的实际情况,财务共享的制度体系应该包括财务会计制度和财务共享运营管理制度。其中财务会计制度包括会计核算制度和财务管理制度,以区分不同业务类型;财务共享运营管理制度总体上可区分为中心运营管理制度和平台运营管理制度,平台又可区分为财务会计共享平台和管理会计共享平台。

对于智能财务,在制度管理上最明显的区别是运营管理制度,由于智能技术的应用,对电子凭证的OCR识别、智能稽核的管理等都将建立新的制度，以适应智能财务的有效运营。

5. 系统管理

对于财务共享，系统管理的目标是使信息系统能够根据企业的需要，提供持续可靠的业务支持和管理决策服务，主要有以下两个方面：一是建立适合企业信息系统运行的组织架构，负责对信息系统和资源数据进行规划协调、服务支持和管理控制；二是制定适合信息系统特点的运行管理制度，管理规范是系统稳定运行的基本保障，也是信息中心开展各项运行管理工作的依据。财务共享服务中心的职能主要是进行会计核算、资金结算和总账报表等基础交易业务的处理，信息系统集中在核算层。

对于智能财务，智能财务中心IFC的职能包括业务活动、财务会计和管理会计等高附加值的财务工作，涉及的信息系统更加广泛，并具有智能技术的特征，对智能信息系统、运行组织架构、运行管理制度等指标维度的建立产生较大的冲击。

6. 服务管理

对于财务共享，服务管理主要包括服务效果、服务能力、服务时限和服务态度等指标维度，通过客户沟通管理规范、公共邮箱和在线咨询、呼叫中心、满意度调查等工具提升服务质量。财务共享通过签署服务水平协议的方式进一步补充和完善服务管理，并能对服务数据进行分析。

对于智能财务，服务管理强调获取服务数据的实时性，并对各种提升服务质量的工具采集到的服务数据借助数据挖掘、人工智能、商业智能等智能技术进行分析、决策，并能将可视化的结果展示给领导层，从而制定更好的服务方案。

7. 人员管理

对于财务共享，人员管理对于财务共享的顺利运行起着至关重要的作用。首先，企业需要周期性地对人员进行职业指导和培训，以此不断提升员工的专业水平；其次，通过资源整合，将原本分散于各财务部门的员工，甚至业务人员和技术人员进行集中，有必要对其进行有效的心理疏导，助其寻找到归属感；最后，需要培养具有数据思维、全局视野、思考能力、动手能力和协调能力的财务人员。

对于智能财务，更多的是强调员工掌握智能技术的理念，并能很好地操作基于智能技术的信息系统，结合智能财务的绩效管理，制定符合智能化环境下的人员晋升方案或发展通道。

8. 信用管理

对于财务共享，信用管理是对员工在开展财务共享相关业务工作过程中对企业各项规章制度遵从度的管理，其核心工作是信用评价。信用管理主要包括员工信用评价对象、员工信用评价指标、员工信用评价方法、员工信用评价实现方式、员工信用评价等级划分和员工信用评价结果运用等指标维度。

对于智能财务，信用管理主要体现在指标维度的工作方式变化。员工将发生的事项借助影像上传、语音识别、字符识别等智能技术进行电子化操作，其质量直接影响其他运营管理指标维度的完成。在智能财务中开展信用评价，有助于相关业务的顺利开展，也有助于智能财务相关业务和数据质量的提升。

9. 知识管理

对于财务共享,知识管理要求在日常运营中有意识地将工作中所需的和形成的知识进行识别、捕捉和整理,对知识的流动过程加以引导。鼓励员工在工作中不断学习,形成信任合作、分享交流的组织文化,从而将财务共享建设成为学习型、知识型组织。知识管理时从知识分享文化、知识管理组织、知识体系结构、知识管理平台、知识管理机制和知识管理评价等方面进行探讨。

对于智能财务,知识管理在多个方面发生了变化,主要表现在以下几个方面。①将智能财务中心建设成一个学习型组织,并进行有效的知识管理,对其高效运营、创新能力的培育和激发有着十分积极的作用。②智能财务中心是一个应用智能技术处理业务、财务、管理全流程工作的组织。这种特殊的机构属性,要求知识管理应集财务专业知识、服务技能知识及智能技术知识于一体。③智能财务中心作为价值创造中心,实现财务工作的共享化、标准化、自动化和智能化,推动管理会计落地,为业务部门提升经营效益赋能,为管理决策提供决策支持。智能财务相关的知识,无论是显性知识还是隐性知识,都不是一成不变的,知识管理更应体现动态化、实时性的特点,帮助智能财务实现可持续发展。

10. 创新管理

对于财务共享,全面创新管理是以培育核心能力、提高持续竞争力为导向,以价值创造、价值增加为最终目标,以各种创新要素的结合与集成、协同为手段的一系列管理活动。财务共享可以采用全面创新方式集成,包括技术集成、信息集成和管理集成。财务共享可以从创新计划安排、创新组织组建、创新绩效评价、创新评估分析、创新控制管控以及创新模板实施等方向,建立和完善创新管理体系。

对于智能财务,建立创新管理体系,需要将大数据、人工智能、区块链、云计算和物联网等智能技术,以及先进的管理理念融入创新计划安排、创新模板实施等方面,以创新的技术、理论和工具为引导,推进智能财务的创新发展。

案例:

雅居乐集团“基于财务中台的智能共享新财务”建设

本案例首先对雅居乐集团所处行业及自身情况进行了简要介绍,针对因集团业务多元化的发展及业务由低频次交易转变为高频次服务的趋势而面临的诸多挑战:如人力成本增加、管控难度加大、业务复杂程度不断提升,快速运作需求加紧及业务支持有限、财务共享中心的日常运营过程中出现的人员频繁流动及如何促进作业快速提质提效等的问题,围绕该集团财务共享服务中心“基于财务中台的智能共享新财务”的动机、目标、具体建设规划和建设历程进行了阐述。同时本案例也描述了集团共享中心建设迄今为止所取得的成效以及未来展望,最后,本案例总结了雅居乐集团“基于财务中台的智能共享新财务”建设案例的示范意义,以期能够为其他企业提供良好的建设经验。

一、案例背景

(一)案例单位简介

雅居乐成立于1992年,是一家有历史、有实力、多产业的大型综合性企业集团。经过29年的发展,雅居乐形成了地产、雅生活、环保、雅城科技、房管、资本投资、商业管理和城市更新的八大产业格局。

雅居乐旗下拥有两家上市企业。雅居乐集团控股有限公司(股票代码HK3383)与雅生活智慧城市服务股份有限公司(股票代码HK3319)已分别于2005年和2018年在香港联交所主板上市。雅居乐股份自2005年于中国香港联交所主板上市,现为恒生综合指数、恒生综合中型股指数、恒生港股通指数、恒生沪深港通大湾区综合指数、恒生沪深港中国500指数、恒生高股息率指数、恒生中国高股息率指数、摩根士丹利中国指数及力宝专选中港地产指数的成分股。

截至2020年12月31日,集团总资产规模超过人民币3 000亿元,净资产超过人民币700亿元,下属公司1 600多家,业务覆盖国内外200多个城市,拥有员工63 000人。

(二)基于财务中台的智能共享新财务的建设动机及目标

1. 墓于财务中台的智能共享新财务的建设动机

伴随集团业务多元化的发展及业务由低频次交易转变为高频次服务的趋势,雅居乐集团面临着诸多挑战,包括人力成本增加、管控难度加大、业务复杂程度不断提升,快速运作需求加紧及业务支持有限等。同时,财务共享服务中心的日常运营过程中也遇到了人员频繁流动及如何促进作业快速提质提效的问题。为此,雅居乐积极推进"基于财务中台的智能共享新财务"建设,努力打造智慧型企业:一是降本增效、增收减支;二是优化流程、提升效率;三是严控风险、科学管控。

财务共享带来价值的同时,也伴随着系统的风险。雅居乐集团财务共享服务中心由于连接的财务相关系统较多,各个IT系统之间通过开发一个又一个接口将各种系统进行集成,形成蜘蛛网状态,很容易导致各种问题层出不穷。每个接口都需要开发,不仅开发成本过高,而且由于开发人员和技术人员不一样,容易造成规范性差、稳定性差的问题。同时,由于几十甚至上百个接口独立运营,也会产生无法统一管理和监控等问题。特别是每个产业板块都用一套不同的ERP系统,这更是财务共享建设过程中非常大的难点。

2. 基于财务中台的智能共享新财务的建设目标

财务共享服务中心将帮助雅居乐集团通过财务管理结构的调整及优化,逐步降低财务人力成本,提高财务运作效率,防范财务风险,最终实现"向创新求突破,向管理要效益,做稳财务"的财务发展目标。雅居乐财务共享服务中心以三大中心为目标:会计智能核算中心、财税大数据中心及自动化卓越创新中心,以先进的IT技术为手段,并通过标准化且高效的服务来促进雅居乐集团"1+N"战略的有效落地。

二、案例具体实践

(一)雅居乐基于财务中台的智能共享新财务建设历程

雅居乐集团财务共享服务中心的建设历程相对较短,从2018年年中起,历经3年,已基本实现了“基于财务中台的智能共享新财务”建设，这也体现了雅居乐务实和高效的企业文化。在控股公司管理层的大力支持以及各个产业集团的协作下，目前整个项目正在有力有序地推进。因此，雅居乐集团财务共享服务中心建设的快速高效执行或可成为企业建设智能财务的一个参考范本。

以下是雅居乐共享中心“基于财务中台的智能共享新财务”建设的总体历程。

起步期：2018 年 7 月 3 日至 2018 年 12 月 30 日，项目启动及选型控股财务中心牵头成立财务共享中心筹备小组；启动财务共享咨询及系统平台招标；财务共享服务中心初期人员到位，财务共享服务中心初期各职能组管理岗人员到位；完成财务共享咨询，完成财务共享服务中心建设咨询；财务共享平台开发，完成共享平台系统功能开发（试点）。以前瞻性的科学规划为基础，以费用报销业务的快速上线推动财务共享服务中心的有效运作。在这一阶段，雅居乐主要上线了传统的费用报销模块，从最简单的业务入手推进财务共享，并快速覆盖 8 个产业集团及上千家公司。

成长期：2019 年 1 月 1 日至 2019 年 12 月 31 日，智能费用报销全产业上线；完成 8 大产业集团费用报销业务上线；通过智能付款、影像扫描及传输，实现发票全票面信息的自动稽核，并达到了自动校验重复和真伪的效果。启动财务中台规划，启动数字化财务中台规划，并出具规划方案及数据中台技术方案；地产集团全核算业务全国上线；完成地产集团全核算全国上线，覆盖 300 多家全资公司及联合营公司；费用报销智能机器人客服上线，应用智能机器人客服，实现费用报销 7×24 小时在线指导及查询，减少人工操作；启动财务中台开发、供应商选型；地产集团智能财务全国上线，利用 RPA 等技术实现应收楼款与实收楼款实时核对、智能退款、售楼流水码自动认领等十多项自动化应用场景；无人值守机器人及机器人编排平台上线，实现新建财务账套、系统授权、自动对账、自动结账等无人自动化操作。以智能 IT 技术为手段，以产业集团为单元开展全核算智能共享。在这一阶段，雅居乐对旗下 8 大产业集团及合作公司分别上线了全核算模块（包括应收、应付、总账、费用、资金和税金），不同产业集团采用不同的工序流程。同时，通过 RPA、OCR 等先进技术实现了智能财务应用。

突破期：2020 年 1 月 1 日至今，地产集团财务中台上线推广应用，财务中台上线（费用报销、税金核算、应收、应付）；启动财税大数据平台，上线应用财税大数据平台，实现可视化分析及展示，并实现了核心指标数据的预警提示；雅城集团财务中台上线推广应用，雅城集团财务中台上线，覆盖 100 多家全资公司；启动跨境资金池及跨境结算，启动跨境资金池及跨境结算项目；卓雅集团财务中台上线推广应用，卓雅教育集团财务中台上线，覆盖 240 多家全资公司；启动其他产业集团财务中台上线推广应用，其他产业集团（商业、环保、房管、资本等）财务中台上线；以财务中台为载体，以业务模块为单元进行全核算整合。目前，雅居乐正在步入财务共享创新深水区，通过搭建“财务中台”，全面打通各产业业务壁垒和财务核算壁垒，以业务模块为单元整合各行业业务，横向打通，纵向到底，极大提升了业务处理效率。

（二）雅居乐基于财务中台的智能共享新财务建设方案

在建设财务中台前，雅居乐各产业板块已具备较为成熟的业务系统、财务系统，并且打通了业务、财务之间的数据接口。同时，也因为多年来持续使用财务系统进行核算，财务规范化程度较高，已具备数字化核算的基础。目前雅居乐已全面应用了 9 大财务类信息系统（财务核算、固定资产管理、资金管理、投资管理、融资管理、合并报表、全面预算、税务管理、财税大数据分析平台等）、32 个业务系统（售楼系统、成本系统、工程管理系统、采购系统、SAP 环保生产系统、酒店系统等）。同时，通过 430 多项 ESP 接口实现了财务系统与业务系统数据的有效集成，为下一步建设财务中台夯实了基础。

1. 雅居乐财务中台建设方案

在目前商业环境下，伴随移动互联网、物联网技术的飞速发展，网络的链接可以实时和点对点，总体的趋势是整个社会越来越碎片化，市场从大众越来越倾向小众化，用户越来越依赖线上化，迭代和更新速度越来越快速化。应对传统的市场趋势，经营面对市场实时调整、组织按需随时而变、运营高度依赖系统将成为企业管理的常态。

像今天这样快速的商业环境不能再给我们提供传统的作业环境：客户的需求越来越个性化，是少量多频的，其需求不再是大批量、均衡、稳定、可预测的，而是随机、灵活多变的；客观上要求企业的业务财务都要变成根据市场可伸缩可调整的。

要想实现这样的操作，构建财务中台就需要采用一种更新的作业组织模式，把水平化的职能制流水线作业改为以作业池方式运行的并行作业，将原有的一个大的职能部门拆分为一个个服务动作，每一个动作或几个动作配置为一组，根据前端推动的业务量大小通过系统算法去调度资源，分配任务到个人以完成作业。这样做的好处就是能够并行处理，快速响应业务的变化，弹性地部署资源，减少人工浪费，而且不会由于某个人或者某个岗位出现问题造成业务停摆。

传统的财务系统是基于关系型数据库构建的，可以满足百万、千万级数据处理和应用。而处于这样的数字时代，财务部门需要处理的对象已经变成实时流变的、万物互联的、以 PB 等为单位的数据，要想满足企业经营管理和数据分析的需要，依靠人工和传统办公软件来处理已经是不现实的了，所以财务工作就必须改变传统的以单证和汇总报表为核心的手工作业模式，要改为基于交易级明细数据的相对自动化处理机制，人更多是做人机协同的管理工作。因此，要构建的财务中台产品必须是一个以满足大数据存储为核心的数据平台，基于此将业务交易级大数据和人工智能技术相结合，展开财务处理工作和财务分析工作，如此方能彻底解放人力、指导企业经营、提高企业盈利能力。

目前，大部分企业其实已经完成各类基础信息化系统建设，具备数字化分析和处理的数据基础条件，之所以还存在“抱着金饭碗要饭吃”，还在依靠大量人工处理数据的情况，其主要原因还是现有系统在数据处理层面有着诸多限制。

财务综合响应时代对财务管理提出的新要求，采用全新处理思路，通过财务中台把财务工作还原为对“数”的操作，通过各类自动化工具极大简化财务，彻底提高效率。这才是财务系统未来该有的发展前景。财务向智能化的转变正是大势所趋。

传统模式下企业的经营活动会产生大量的业务数据,财务人员需要根据业务数据进行会计核算,并输出财务数据。通过这些财务数据,企业可以进行财务管理、财务分析、业务决策,但会计核算的工作量非常庞大,大多数工作也比较基础、简单,可以被计算机替代。企业每年在基础的核算工作上会花费大量的人力资源,在更重要的财务管理、财务分析、业务决策上无暇顾及。为了解决此类问题,财务中台应运而生。

财务中台的复杂程度与企业业务数量和种类、内部数据交换频次和方式、整理与统一规则、业务流程,尤其是要实现的目的有关,并且与涉及的数据指标清晰程度、字段、维度、规则、逻辑数量有关。特别是财务共享中心依托的财务中台不仅要科学地解决业务数据的结构化问题,还要具备由一系列业务能力标准、运行机制、配置管理和执行系统构成的体系,提供使各业务快速、低成本构建和创新的能力。财务共享中心的中台可以对接入的流程和模式中的共性进行沉淀,形成可复用的能力。当财务共享中心有一项新的业务需要处理,则财务中台可以将沉淀的共性快速输出并进行相应的财务业务管理。财务中台还可以承担起大部分专业业务系统无法完成的业务财务任务,更好地辅助业务发展。

雅居乐财务中台的建设逻辑是将多元化板块的交易业务通过制定数据标准及自动化处理规则来整合。通过 Hadoop、Hive、HDFS、DM、DW、OLAP 等数据库技术的应用,不仅将交易业务从数据层面进行了全面的结构化梳理、定义和清洗,还建立了大量的交易业务模型。例如,地产板块的收入类业务及成本类业务抽象后形成 189 项交易业务模型,40 项主数据维度、业务及财务数据颗粒化后达到 500 多项。以售楼业务为例,置业顾问在明源 ERP 系统记录房屋交易信息,该信息经过抽取和清洗后传入财务中台,将业务数据与管理会计有效融合。不管交易业务来自全资公司还是合作公司,甚至上市体系外的体外公司,都遵循一套数据结构标准,这样财务共享中心能够快速为各类公司提供优质标准化的服务。同时,财务中台的应用也颠覆了传统的不同行业的交易业务需各自独立处理的情况,真正实现了跨行业交易业务的融合。

雅居乐财务中台采用的是主流的 JEE 流行成熟的开源技术框架与技术平台,采用 JAVA 开发语言。

雅居乐财务中台支持各种前端应用接入,包括 App、小程序、企业微信应用、钉钉应用、web 应用、其他标准的 RESTful API 接入的应用。

(1)API 网关。

统一对外提供服务接口、提供对外的服务负载均衡处理、提供服务编排服务、提供限流与熔断处理。

(2)统一认证功能。

网关统一认证、URL 级权限控制、支持 OAuth2.0 的四种模式登录、支持用户名、密码加图形验证码登录、支持手机号加密码登录、支持第三方系统单点登录。

(3)统一网关。

API 网关的流行得益于近几年微服务架构的兴起,原本一个庞大的业务系统被拆分成许多粒度更小的系统进行独立部署和维护，这种模式势必会带来更多的跨系统交互，企业或事业单位的业务 API 的规模也会成倍增加，API 网关（或者微服务网关）就逐渐成为微服务架构的标配组件。

（4）数据库技术采取了以下应用举措。

一是数据库查询索引。在系统中使用的搜索尽量能命中索引，我们对平台中的大量的条件数据查询进行索引处理，而组合索引的原则是偏左原则。

二是数据库读写分离。平台中的数据读与写进行不同的库的处理，系统的访问都是20%是写入，80%是读取。我们对数据库进行了集群后，可以实现数据库的读写分离，实现一台数据库服务写入操作，4 台应用服务器实现查询操作，可大大减少数据库的响应时间。

三是数据归档。流程与单据的数据运行一段时间后，数据将越来越多，单表的数据会比较大，这时对数据的写入与查询都会造成很大的性能瓶颈。系统支持手工与自动的数据归档功能，允许隔一段时间进行手工的数据归档处理，以实现历史数据的转移。当需要查询历史数据关联时，可回历史库中查询，正在运行的单据与流程不会影响。

四是大数据 ES 辅助搜索。随着企业的数据越来越大，关系数据库的查询性能就会慢慢凸显出来，这时我们需要对历史的数据进行归档处理。平台实现了对数据定时迁移处理，可以把数据定时同步与归档至 ElasticScarch 服务器，该应用服务可以满足 PB 级别的数据快速查询。系统同时支持在线配置实现对 ES 服务进行查询配置，生成搜索管理界面的列表，以最终满足对大数据的搜索查询性能需求。

（5）应用拓展技术。

财务中台可以通过不断增加应用服务器来实现应用的性能横向扩展，以满足应用上的功能的性能要求；同时也可以进行组件划分，把财务中台系统的功能模块进行划分，如门户、单据、流程、组织架构均由不同的微应用构建；每个微应用可进行独立与集群部署，支持独立的应用数据库部署管理，以支持更强的性能要求。

财务中台是符合 JEE 技术规范，整合大部分流行的开源成熟的技术，并且经过开源社区的不断验证，以支持企业不断变化的业务需求。系统采用了多层的代码结构，每层次的代码都有自己的规范，因此可以保证开发系统的质量，同样可以应付不断变化的业务需求。

（6）后端开发平台。

后端开发平台是基于核心框架（Framework）与开发框架 SpringBoot 构建的。后台用来定义整个开发框架的标准、插件、基础功能库，该框架核心采用 Maven 模块项目构建与管理，主要包括五部分内容，分别为服务端、接口层、业务层、持久层和基础组件。服务端分为接口层、业务层、持久层以及基础组件。接口层：提供 RESTful 风格接口服务供前调用；业务层：具体的业务逻辑处理，对业务服务、核心业务进行封装；持久层：提供数据查询和存储操作；基础组件：提供一系列基础能力和业务组件。

平台的核心模块有：数据表单、主数据管理、流程审批、报表管理、权限管理、集成模块。基于以上模块,结合平台提供的基础组件功能,可实现企业的大部分业务的管理,构建具体的业务流程中心、报表中心、数据维护中心、门户展示、处理,同时结合线下的快速开发包,可扩展企业的所有的应用管理功能。

(7)表单功能设计。

表单引擎分为在线表单与外部表单,在线表单主要是实现以表单的所见即所得的方式进行设计,并且配合使用。平台支持在线进行表单设计,支持使用不同的模板进行表单设计。

经过科学规划,雅居乐财务中台由“业务中台、数据中台及智能中台”三个层面共同构成并互相协作运行。业务中台是各项财务业务的处理层,同时也负责与前端诸多业务系统的数据无缝集成。数据中台是大量业务数据、财税数据的承接层,不仅负责主数据管理,并负责按预设好的系统规则对杂乱的数据进行结构化梳理、清洗、萃取及业务处理等工作,同时也为大数据分析打好基础,支持高效构建全域数据资产、敏捷赋能多类业务、智能服务全流程人员的新型数据智能系统,沉淀、管理企业业财数据,构建业财数据分析模型,提供财务智能化分析和决策支撑。智能中台主要应用各项先进的智能 IT 技术,以“无人会计”为出发点,将智能技术与财务业务深度融合,用于支撑业务中台和数据中台业务的无人化处理。

财务数据中台,对企业经营信息进行提炼分析,实现企业财务数据能力和数据资产的沉淀、共享。它将采集到的企业内外部财务相关数据进行存储、筛选、加工、分析,通过数据服务实现数据的封装和开放,建立企业级数据仓库和数据资产目录。数据中台把经营数据通过模型转化为信息、转化为知识,沉淀下来,根据业务需求可视化地呈现给企业各级经营管理者和利益相关者,实现真正的“数据资产化”管理,助力雅居乐集团融入数字创新时代。

财务共享服务作为组织结构、管理职能的创新变革,已为越来越多的企业所推行采用。虽然共享服务中心不叫“中台”,却与中台在职能整合和 IT 架构方面不谋而合,是实实在在的中台理念先行者,其中财务共享服务中心就是企业集团的财务服务平台,是各成员单位的会计业务运作中心、财务数据中心和服务中心。随着“中台”概念逐渐明晰,在一定程度上,财务共享服务中心实际上就是财务中台。

2. 雅居乐财务中台建设原则

对于财务中台的设计原则,我们归纳总结为安全性、成熟性、规范化、易用性、开放性、可维护性、高性能、先进性、技术可持续性、可靠性、拓展性和独立性等类型的要求,并以此作为本平台设计原则。

(1)安全性原则。

安全保密是企业信息化建设的关键。财务中台涉及企业重要或机密信息,因此,安全性需要放在首位进行考虑。系统要有完善、周密的安全体系和信息安全支撑平台紧密配合,采用多层次的安全保障措施。本次项目从分析到设计,安全性的原则贯穿始终。系统的安全性主要应该考虑以下因素。

系统具备严格的等级访问及授权机制。对于认定的关键及敏感数据，只有经过授权的合法用户才能使用、访问及修改，并具有完备的日志及审核功能。系统应该有一套完整的安全机制，保证系统抵抗内部和外部的黑客性质的攻击。

完整的身份认证与授权。对关键用户、领导的身份确认进行数字签名，并支持对敏感数据的加密传输。

确保数据的安全性。系统中存在大量的数据，要确保用户不能够直接存取关键数据，只能通过相关的功能模块对数据进行操作，建立完备的数据备份与灾难恢复机制及策略。

保证数据不被非法入侵者破坏和盗用，并保证数据的一致性。对欺诈行为采取多种检查和处理手段；提供对系统各模块的监控手段；防 SQL 注入；提供防病毒、数据加密手段，对敏感数据进行加密存储、掩码展示。系统在设计上充分考虑冗余和备份，保证系统数据的安全性、可靠性和数据传输的服务质量。应具有完善的数据备份及恢复机制，能支持 https 访问。

财务中台系统将提供有效的、严格的分级管理模式。把系统管理员和各级单位的应用管理员的权限分开，按照各自的职责范围划定管理权限；除了系统管理员以外，分别设置平台的管理员、部门负责人以及其他功能模块的专门管理人员。在保证各司其职的基础上，保证数据的安全性。

(2)成熟性原则。

作为一套庞大而复杂的财务中台系统项目，如何降低项目开发实施风险，避免出现项目失败，是在项目分析阶段所必须关注的重要环节。而系统平台和使用技术是否成熟，往往会直接影响到项目的结果。实践证明，过分强调采用先进的平台和技术，是系统不稳定的重要因素。因此，应该选用经过市场考验和用户实际应用验证，在系统稳定性、运行效率和可维护性上都达到国际先进水平的成熟操作系统平台和应用系统平台。本次项目采用的技术路线、操作系统平台、数据库系统、应用服务器等都遵循这一原则。

(3)规范性原则。

在进行系统平台、技术等选型时，应符合国际标准、工业标准、行业标准，特别是国家、行业发布的标准和规范。一方面，要使系统的通信环境、软件环境相互间依赖减至最小，使其各自发挥自身优势；另一方面也要强调各种系统之间的通信和信息交换，以信息资源共享为有效的基本出发点。

(4)易用性原则。

企业信息化是为了帮助企业提高管理水平，因此，在财务中台系统的操作上，需要尽量直观、简洁，操作步骤不能太复杂，让广大用户可以通过主流的 Internet 浏览器访问财务中台系统。

在本解决方案中，根据自身信息化实施的多年经验，我们将吸取以往用户所提出的意见，秉承“把复杂的事情简单化、简单的事情规范化”的设计原则，从用户的实际工作出发设计整个系统。财务中台要彻底改变传统软件单调、烦琐的计算机操作方式，功能要清晰、简洁、友好、易用和一致,注重整体风格布局,精心设计界面中诸如按钮位置、数据表现方式等细节,使操作者能够方便地操作和比较容易地理解界面所表达的信息和内容,便于用户快速掌握系统的使用技巧。各功能模块本身要最大限度地简化操作,用户应无须长时间的训练和磨合,在相当短的周期内就可以熟悉操作,迅速为广大工作人员接受和乐于使用。

同时,系统采取"事务联动"的设计模式,把一个事务中的多个任务有机组织在一起,用统一的界面反映给用户,以符合用户的日常事务处理习惯。

(5)开放性原则。

系统开放程度直接影响到系统的生命周期。系统真正符合三层浏览器/服务器(B/S)体系结构,随着应用水平的提高、规模的扩大和需求的增加,无须对系统的体系结构做较大的改变就可以实现系统的功能扩展。

为保证系统稳定性,本实践采用优秀的框架结构设计本系统,以成熟的软件管理平台为主框架,基于"平台+应用"的架构,采用"平台+应用"来安装各种流程功能模块,所有模块的用户都由应用支撑平台来管理,个别模块的添加删除不影响其他模块的运行。这与电脑的"主板-功能卡"原理类似。

(6)可维护性原则。

对于财务中台这样一个涉及范围广、用户数量大的系统,对其可维护性具有很高要求。因此,系统在设计时就充分考虑了部署与配置、业务管理、性能管理等多方面的要求,提供灵活易用的流程设计、格式设计、配置管理、实时监控和详细的日志、审计功能。财务中台产品采用的安全技术符合国家相关政策法规要求。所有访问、配置等操作均有完整的可供审计。对于管理和维护人员具有可管理和易于维护的特点,能够实现各子公司、各部门的分级管理,力求以最少的人力资源和技术要求就能够很好地维护和管理,并能正常运行。

(7)高性能原则。

财务中台系统建设的基本意义是提高工作效率,因此系统自身的性能与效率必须非常高与稳定。应用支撑平台系统的强大适应能力和简便实现能力使高性能得以体现。第一,支撑平台系统利用了强大的工作流引擎(BPMN2.0标准),并将其处理放在安全可靠的服务器上,系统可以充分利用服务器的先进特性使得系统能够高效运作;第二,平台的软件应用利用了先进可靠的三层次开发模式,所有的信息都由中间层来处理,而且信息的处理也都在服务器上;第三,系统具有强大的自定义功能,包括多个自定义的工具和功能,这使得系统的使用、实施和推广具有高效性。

(8)先进性原则。

当前的信息技术日新月异,如果只着眼于当前需求而忽视系统技术和体系的前瞻性,系统将不能满足企业日益增长的需求,这会导致系统的生命周期缩短,从而增加企业在信息化建设上的投资。本方案采用业界公认的先进和标准的软件技术,符合信息技术发展的趋势,保证系统在可预见的阶段内有相当强大的生命力。

（三）雅居乐智能财务中台应用场景

1. 智能财务应用场景案例一：RPA 智能付款

以 RPA 智能付款为例，通过 RPA 技术的应用，从单据审核、付款排程、付款、支付结果检查反馈到支付失败的单据重新支付已实现支付全程的 7×24 小时自动化处理。同等单量情况下出纳人数从 5 人缩减为 1 人，极大提高了支付效率、节约了人工。

2. 智能财务应用场景案例二：费用报销业务

以费用报销业务为例，智能财务中台共应用了 13 项数字化和智能化技术让报销全过程如行云流水，使得风险可控，人力得到了释放。例如，智能客服可以提供语音交互咨询，自动生成差旅平台订单。通过 AI 功能可以识别发票真伪、重复、连号等问题，并自动核对报销标准，自动计算差旅发票可抵扣税额、税率。同时该场景可以提供智能审单、智能付款、智能核算、自动化分析及自动化电子存档等功能。

3. 智能财务应用场景案例三：售楼业务

售楼业务除了在明源 ERP 系统（前端业务系统）需人工录入售楼数据，后续流程已全面实现智能化处理，单据处理时效提升 80%以上。在应用智能化技术之前，应收核销流程需要经过“售楼系统录入收款数据”“核对应收与实收数据”“审核收款单”“审核收款凭证”“应收核销”等环节，并且相关的核对工作都由人工完成。而通过嵌入结算规则、账户规则、流量项目规则以及核销规则，雅居乐应收流程已实现 RPA 智能核对、自动审单、自动生成及审核凭证以及自动核销。

（四）智能技术及其产品的选择

在“大智移云物区”等新技术风起云涌的数字经济时代，智能化技术将会对所有行业、所有企业及人类生活带来深远影响，智能财务技术也成为众多企业及财务共享服务中心的优先选择。

智能财务是指将以人工智能为代表的“大智移云物区”等新技术运用于财务工作，对传统财务工作进行模拟、延伸和拓展，以改善会计信息质量、提高会计工作效率、降低会计工作成本、提升会计合规能力和价值创造能力，促进企业财务在管理控制和决策支持方面的作用发挥，通过财务的数字化转型推动企业的数字化转型进程。

三、示范意义

（一）财务管理模式的创新

雅居乐财务共享服务中心以“基于财务中台的智能共享新财务”为核心，以“数字化、模块化、智能化、国际化”为关键能力的财务管理新模式，对于多元化、全球发展的大型综合性企业集团具有良好的示范作用。

（二）智能技术的创新应用

有效运作的财务中台提供了使各项业务快速、轻量构建和创新的能力，先进的智能财务技术则提供了低成本、高质量、高效率的财务服务能力。

（三）前瞻性的科学规划及高效执行

雅居乐在 2018 年年中启动财务共享服务中心的建设，在两年多的时间内快速完成财务中台及智能技术的开发应用。集团的执行力极强，执行速度之快有目共睹。雅居乐的执行力可归功于管理层和实施团队的上下一心。一方面，雅居乐的高层在项目初期时就决定要规划建设业内一流的财务共享服务中心，显示了管理高层们非常大的决心和前瞻性的规划指导；另一方面，财务共享服务中心管理团队也能迅速把高层的愿景一步一步地实现。

雅居乐集团“基于财务中台的智能共享新财务”的领先技术及卓越效果不仅促使雅居乐财务共享服务中心成功服务于雅居乐8大产业集团，而且其优质的服务也得到了雅居乐关联公司及合作公司股东方的认可。同时，其在业界也取得了较好的声誉，2019—2020年，雅居乐集团连续获得中国CFO协会中国企业财务管理共享中心创新卓越实践奖、FSSC中心颁发的中国智能财务最佳实践奖、赛迪网颁发的2020年智慧财务卓越领军企业奖、CGMA颁发的最佳机器人流程自动化（RPA）实践奖及ACCA最佳雇主、澳洲会计师公会认可最佳雇主等荣誉，并成功入选上海国家会计学院编撰的“财务数字化案例精选”书籍。

第七章

智能时代财务信息化管理规划

第一节 财务管理初始信息化的概念

一、财务管理中初期数据信息化

(一)数字化车间

1. 利用 DNC 技术提升车间网络化能力

信息化时代制造环境的变化需要建立一种面向市场需求具有快速响应机制的网络化制造模式。数控机床作为现代加工车间普遍使用的设备,构建网络化数控车间生产现场的信息数据交换平台尤为重要。DNC 作为一种实现数控车间信息集成和设备集成的管理系统,实现车间制造设备的集中控制管理以及制造设备之间与上层计算机之间的信息交换,彻底改变以前数控设备的单机通信方式,帮助企业进行设备资源优化配置和重组,大幅提高设备的利用率。

2. 利用 MDC 技术提高车间透明化能力

在数字化车间的方案设计中,SFC 底层数据管理对企业车间信息化平台的支撑是必不可少的。对于已经具备上层管理系统的企业来说,迫切需要实时了解车间底层详细的设备状态信息,而 MDC 是绝佳的选择。MDC 实时监控车间的设备和生产状况。管理人员不用离开办公桌,就能查看整个部门或指定设备的状态,便于对车间生产及时做出可靠、准确的决策。

3. 利用 PDM 技术提升车间无纸化能力

当制造业与 PDM 有机结合在一起时,就能通过计算机网络和数据库技术,把车间生产过程中所有与生产相关的信息和过程集成起来统一管理,为工程技术人员提供一个协同工作的环境,将生产数据文档电子化管理,避免或减少基于纸质文档的人工传递及流转,保障工艺文档的准确性和安全性,达到标准化作业。

4. 利用 MES 技术提升车间精细化能力

精细化管理时代细节决定成败。MES 系统越来越受到企业的重视是因为企业越来越趋于精细化管理,越来越重视细节、科学量化。MES 系统通过条码技术跟踪车间从物料投产到成品入库的整个生产流程,实时记录并监控生产工序和加工任务完成情况,人员工作效率、劳动生产率情况,设备利用情况,产品合格率、废品率情况,等等。通过生产数据的集成和分析,及时发现执行过程中的问题并进行生产改善。

(二)价值优势

1. 实现信息有效流通

消除了企业内部信息流通不畅的问题,促进企业内部人员的有效沟通,提高了员工的合作意识,增强了企业的凝聚力。

2. 实现资源和知识共享

将员工的经验与技术转化成企业内部资源,既提高了员工的学习和创新能力,也避免了人员的流动而导致的工作延误。

3. 提高工作效率

通过公文流转的自动化,避免了传统公文流转时由于手工递送而带来的工作延误以及人员、时间的浪费,保证了工作快捷、准确地被处理。

4. 实现有效管理

有效监管工作人员的工作情况,实现实时工作任务的监督与催办。

5. 职责分明

明确工作岗位与工作职责,增强人员的责任感,减少工作中的推托、扯皮等现象。

6. 降低成本

大大减少办公开支,降低管理成本。节约时间、节约纸张、节约电话费和传真费用等,减少了差错率,提高了整体的工作效率。

7. 浏览器使用方式

无须安装专用程序,实现远程办公和移动办公,使办公不再受地域的影响,可以通过网络连接随时随地办公。

8. 集中管理

信息集中管理,支持企业内部用户信息共享。

9. 支持流程

支持流程单自定义、工作流程自定义,迎合不同企业的内部流程。

10. 加密

采取对敏感数据的加密手段,通过 SSL 的方式保障数据传送过程的安全。

(三)实施条件

1. 期初数据信息化的内容

对企业信息化内容的认识,许多人认为购买一些硬件设备、连上网、开发一个应用系统并给以一定的维护就是实现了企业信息化,这是片面的理解。企业信息化虽然是要应用现代信息技术并贯穿其始终,但信息化的目的是要使企业充分开发和有效利用信息资源,把握机会,做出正确决策,最终提高企业的竞争力水平。企业信息化的目的决定了企业信息化是为管理服务的,所以,企业信息化不仅仅是一个技术问题,而是与企业的发展规划、业务流程、组织结构、管理制度等密不可分的。

因此,根据建设企业的发展要求和信息技术的特点,建设企业信息化内容如下。

(1)建立适应信息技术要求的企业生产经营活动模式。

包括企业的业务流程和管理流程,完善企业组织结构、管理制度等。

(2)以管理模式为依据,建立起企业的总体数据库。

该总体数据库分为两个基本部分:一个基本部分是用来描述企业日常生产经营活动和管理活动中的实际数据及其关系;另一个基本部分则是用来描述企业高层决策者的决策信息。

(3)根据不同类型的企业情况,建立起相关的各种自动化及管理系统。

建立各种各样的信息技术及管理系统,构成企业信息技术的核心内容,实现企业生产经营活动及管理活动中各项信息的收集、存储、加工、传输、分析和利用,为企业高层提供决策依据。

(4)建立 Internet。

建立 Internet,提供企业内部信息查询的通用平台,并利用这一网络结构,将企业的各个自动化与管理系统及数据库以网络的方式进行重新整合,从而达到企业内部信息的最佳配置。

(5)联通 Internet。

联通 Internet,企业可以通过 Internet 获取大量与企业生产经营活动有关的信息,充实自己的信息资源,同时,还可以向外部发布企业生产经营等公开的信息。

2. 开展期初数据信息化需注意的问题

(1)提高认识,增强紧迫感。

事实上,在新的形势下,企业不开展信息化就没有出路。

(2)统筹规划,分步实施。

企业信息化工作是一个复杂的系统工程,不可能一蹴而就,必须在总体规划下,本着急用先上的原则,分步实施。

(3)处理好引进、消化、吸收、创新的关系。

引进先进技术产品是手段,消化、吸收是关键,自主创新才是目的。信息化建设本身就是创新的过程,在技术创新的同时注重体制创新和管理创新。注重实效,切勿为了信息化而信息化。

(4)制订企业信息化方案必须考虑的原则。

效益原则,包括社会效益、管理和经济效益;实用性和先进性原则;循序渐进持续发展的原则;开放性原则;弹性适应原则;安全可靠性原则。

(四)发展对策

1. 对企业信息化进行总体规划

企业信息化是城市信息化的重要组成部分,是电子政务和社会信息化的纽带。做好企业信息化总体规划很重要。要有明确的部门负责,通过集思广益,做好具有战略眼光又有可操作性的符合当地实际的总体规划。

企业信息化总体规划在战略层面上应当与城市发展战略相吻合,与城市的产业结构相适应。在战术层面应考虑整个城市企业运作的结构特点,考虑如何建立高效、低耗的企业信息交换平台,考虑企业信息化在城市信息化中的纽带作用。在实施层面,要考虑科学合理地构建为企业服务的公用基础信息资源库。

2. 分类分级,以典型带动企业信息化建设的全面发展

在调研中发现,不同行业、不同规模的企业信息化具有很多不同的特点,同时信息化水平发展也不平衡。一个可学习的榜样的力量是无穷的。因此,在推进企业信息化过程中,有必要分类树立信息化示范企业,以典型带动全局发展。

3. 建立企业信息化建设培训体系

企业信息化过程就是企业自身管理水平提高的过程。没有一支具有良好素养的劳动大军,企业信息化建设是难以顺利实现的。因此,有必要建立企业信息化建设培训体系。借助社会力量,政府鼓励支持构建企业信息化培训体系,使每个劳动者都能学习和掌握信息技术。

4. 建立良好的法制、政策环境,促进企业信息化

企业信息化意味着信息资源的整合与充分利用,在这些前所未有的变革中需要配套出台一些法制和政策作为保证。

5. 以资源库建设促进企业信息化建设

信息资源建设是企业信息化建设是否成功的关键,也是企业信息化建设可持续发展的保证。在企业信息化建设中必须足够重视资源建设,在资源建设的基础上才能保证企业信息化建设的健康发展。政府应积极鼓励和引导研究企业资源规划方法,以及对信息资源建设中标准化问题的研究。

6. 以企业信息化建设带动软件业发展

企业信息化与信息产业的发展,特别是软件业的发展密切相关。信息社会是继工业化之后人类社会发展的一个新阶段,也是社会发展的必然趋势。在企业信息化建设过程中,一方面,用信息化带动工业化进程;另一方面,企业信息化的需求也将促进信息产业的发展,同时,在软件业得到发展的情况下,企业信息化建设可以方便地得到可靠坚实的技术支持。处理好这个关系,有利于企业信息化建设的顺利发展。

7. 开展企业信息化咨询和监理服务

企业有信息化的需求,软件业期待良好的软件市场,供需双方需要桥梁。推进企业信息化建设健康有序发展,有必要管理和规范企业与软件供应商之间的行为,使企业在开展信息化建设之初,可以得到良好的信息化咨询服务。这项工作先期可由政府组织人力免费向企业提供,一旦咨询服务走上轨道,就应交由市场机制进行运作。企业进行信息化建设时要有良好的监理服务,以确保实施信息化系统建设的企业和软件开发企业间的良好合作,确保实施过程的顺利进行,达到企业和软件业共赢的目的。

二、财务管理中系统数据初始化

(一)账套设置

1. 账套的概念

所谓账套是指在会计软件系统中为每一个独立核算的单位所建立的一套完整的账务体系,其作用相当于手工操作条件下明确会计核算的主体。

2. 账套的建立

建立账套的实质是在会计软件环境里创建一系列的数据库,用以存放各种凭证账簿资料。

(1)系统操作员设置。

①系统管理员注册。系统管理员也称作账套主管或超级用户,不同的会计软件对系统管理员的定位和授予的权限有所区别。通用会计软件中一般都预设了默认的系统管理员,并为其设置了密码。

②设置操作员。一般通用软件中,操作员的增删以及权限设置的权力通常由系统管理员控制。新增加的操作员必须被授权才拥有对系统的操作权力。设置操作员需要录入操作员编号、操作员姓名、操作员所在部门、操作员密码。

(2)账套管理。

①建立账套。建立账套是所有会计处理的前提。通常,账套的建立、备份和恢复等工作由系统管理员完成。

建立账套需要输入或设置的项目包括以下内容。设置账套基本信息——包括账套编号、账套名称、账套数据存储路径、账套启用会计期间等。账套编号是一个账套在软件系统内部的识别代码。账套名称是指供用户识别的账套名。账套数据路径指账套数据的存放位置。账套启用会计期间表示新建账套开始使用的会计核算日期,账套被正式启用后,账套启用期间就不能再被修改。录入单位基本数据——包括单位全称或简称、办公地址、邮政编码、银行账号、法人代表、通信方式等。选择会计核算类型——核算类型是指用户单位所属的行业性质。以便系统按照所指定行业的特点为该账套预置一套标准的会计科目,设置本位币。基础信息分类选择——指确认对供应商、客户、存货、部门等要素是否分类、如何分类的设置。确立代码设置规则——这是指对科目、客户、部门等关键核算内容确定分类级次以及确定各级编码的长度。需要确定设置规则的代码项目一般包括会计科目编码、存货编码、部门编码、客户编码等。设置结算方式——主要包括结算方式编码、结算方式名称以及是否进行支票管理等项目。确定数据核算精度——对金额、存货数量等保留的小数位数进行定义。

②修改账套参数。通常只有设置账套的操作员本人才有权修改账套数据。系统已经确认或已经处理的关键信息是无法修改的。

③引出引入账套数据。引入账套是指将当前系统环境以外的某一账套数据复制到当前系统中,通常用来完成同一软件环境里的一个账套数据在不同计算机之间的转移。

引出账套是指将所选的账套数据从当前软件系统中卸出,以便实现账套数据的转移。引出功能与通常的备份功能在执行原理和操作方式上非常相似,但属于两个不同的概念。只有系统管理员才拥有引入和恢复账套数据的权力。

(3)操作权限分配。

操作员权限设置是按照会计内部控制制度中不相容职务分工牵制的原理,对已设置的操作员所进行的权力分配。在权限分配时,应特别注意授权、执行、审核、记录等不同性质工作的分工要求,把具有相互牵制作用的操作权限授予不同的操作员。

(4)基础信息确认。

在得到用户的确认后,软件系统将按照内部规则建立一系列的数据库,产生账套系列数据。

3. 系统环境参数设置

初始化设置通常包括三个方面的工作:一是系统环境参数设置;二是系统运行要素设置;三是账务系统初始数据录入。

初始化设置可分为两部分:一部分是针对整个会计软件系统的设置,称之为基础信息设置;另一部分是针对某一应用功能模块的设置,通常可称之为系统环境参数或系统运行要素。

(1)凭证参数设置。

通常有以下一些项目。

①凭证编号控制。

②出现赤字提示控制。

③系统受控科目控制。由用户确认某一项内容交由哪一功能模块控制的问题,即进行系统受控科目设置。往来业务核算是系统受控科目控制中最典型的应用。

④凭证修改权限控制。是对是否允许操作员修改他人录入的凭证的确认。

⑤支票登记控制。是否启用系统的支票管理功能,需要做适当选择。

⑥科目权限控制。这是对操作使用的会计科目是否作限制的一项设置。

⑦凭证审核控制。通常表现为“凭证经审核后才能记账”或“审核与录入不能为同一操作员”等复选项。

⑧出纳签字控制。根据单位对出纳业务的管理惯例来选择收付凭证是否需要经出纳签字才能入账。

(2)外币及汇率设置。

外币及汇率设置的内容有以下几方面。

①汇率方式选择:即选择使用固定汇率还是浮动汇率。

②折算方式设置:外币汇率的标价方法有直接标价法和间接标价法两种。

③币别设置:用于定义所使用外币的符号与名称。

④汇率小数位数设置:用来定义各种外币汇率的小数位数。

⑤最大折算误差设置:即确定系统折算误差警示功能的误差极限。

⑥记账汇率设置:记账汇率是指操作员在平时填制凭证和记账时所使用的汇率。

⑦调整汇率设置:即月末时以该汇率对外币进行折算,并将折算额与外币账户的期末余额进行比较,从而计算出该期汇兑损益额的汇率。

(3)凭证类型设置。

常见凭证分类方式有以下几种。

①按凭证所反映的业务类型,将凭证划分为收、付、转三类。可进一步将收、付款凭证区分为现收、银收、现付、银付四种类型。

②按凭证是否涉及现金或银行存款的内容来划分,将记账凭证划分为现金凭证、银行凭证和转账凭证。也可把由系统根据用户定义自动生成的凭证专门设置成一类,通常称为机制凭证。

(4)账簿参数设置。

账簿参数设置有以下几项。

①明细账查询权限控制,对操作员的查询和打印权限做进一步细化。

②打印位数设置。对摘要、金额、外币、数量、汇率、单价等栏目宽度进行设置。

③每页打印行数设置。

(5)其他参数的设置。

①会计日历。用于设置各个会计期间的开始日期与结束日期。账套启用后,会计期间与启用日期就不能再被修改。

②小数位数设置。用于设置系统中所涉及的数量、单价等内容的小数位数。多数软件的默认小数位数都是2位,个别软件提供了2至6位小数供用户选择。

③排序方式设置。显示或者打印部门、客户、员工等项目内容的排列规则。

4.系统运行要素设置

所谓系统运行要素,是指与用户单位的业务核算和日常业务管理相关的各类项目内容。如单位内的部门分类与目录、职员档案信息、往来单位的分类与目录、会计科目表、货款结算方式、银行账号等。设置系统运行要素的关键是对各项内容的编码的设置。编码设置经常采用群码与顺序码相结合的方式。商品编码的前7位采用群码设计,分别是商品大类、商品中类和商品小类编码,后3位采用顺序码。商品编码的级别为4级,总长度为10位。

(1)部门编码及其设置。

部门是指用户单位下辖的需要区别核算方法或具有相应管理要求的单元。部门是一个逻辑概念,其与单位内部实际的职能部门不一定一一对应,甚至可以完全不同。部门档案的内容包括部门编码、部门名称、部门类别、部门负责人等内容。

(2)职员编码及其设置。

职员是指参与用户单位的业务活动,且需要对其进行核算和业绩考核的人员。职员档案中包含的基本信息有职员编码、职员姓名、所属部门、职员属性、职员类别等。

(3)客户编码及其设置。

客户管理的主要内容包括客户分类、客户属性定义、新增或修改客户信息、编辑客户联系人等功能。表现为设置客户编码、客户名称、所在城市、所属行业、所属区域、联系地址、联系人、联系电话、邮政编码、银行账号、纳税号等详细信息。客户代码也可采用分级管理的方法。通常代码的前段为地区编码,中段可结合客户属性编码,末段为客户的顺序码。

(4)商品编码及其设置。

商品管理需要考虑的内容包括:商品编码规则、商品属性和规格定义、商品和劳务分类以及新增或修改商品信息的方便性等。设置时包含的项目有商品编码、商品名称、计量单位、规格型号、批号、条形码、存货计价方法、保质期限等信息。

(5)项目及其设置。

通用会计软件中的项目是指独立于会计科目体系之外的,由软件的辅助核算功能对其实施系统的、灵活的核算和管理的特定内容。项目设置包括项目类别的设置与项目目录的录入。项目类别是指所设置项目的名称。

5. 账务系统初始数据录入

(1)会计科目编码原则。

设置科目编码时需要遵循的几项原则如下。

①系统性原则。对总账科目和规范的二级科目编码的设置必须符合会计制度的有关规定。全部科目编码形成一个系列。

②单一性原则。保证每一个代码对应于唯一的一个会计科目。

③简洁性原则。在满足管理要求和适合计算机处理的前提下,力求使编码简单明了。

④可扩展性原则。在设计编码时一定要充分考虑各方面的要求。明细科目的代码长度通常是以这一级次科目最大可能达到的个数来确定。

(2)会计科目表的建立。

①增加会计科目。录入会计科目时需要考虑顺序并输入以下内容。一是会计科目代码:会计科目代码是指在软件系统中为会计科目确定的统一编码。科目编码通常只用数字来表示。二是会计科目名称:多数会计软件对会计科目名称有长度限制。三是会计科目类型:会计软件也将科目类型设置成资产类、负债类、所有者权益类、成本类和损益类五大类。科目类型一般只在一级科目设置,下级科目的类型与其上一级科目的类型相同。四是会计科目性质:科目性质指的是正常业务情况下科目余额所在的方向。资产类科目的科目性质为借方,负债和所有者权益类科目的科目性质为贷方。五是助记码:助记码是帮助用户快速地记忆科目的代码。作用:加快录入速度,减少汉字的录入量。六是账户格式:指以此会计科目开设的账户的明细账目输出格式。通常有三栏式、多栏式、数量金额式等。七是科目特定核算要求。外币核算:为“外币核算”科目,并且要指定外币名称。数量核算:标记会计科目是否有数量核算,并设置数量的计量

单位。

②删除会计科目。被删除的科目需要符合以下条件：科目未被其他设置项使用；没有任何一张记账凭证用到该科目；该科目没有建立明细科目。

③修改会计科目。科目编码是不能被修改的。第一，科目已被其他设置项使用时不能被修改；第二，凡已建有下级科目的科目不能被直接修改。

④查找会计科目。有两层含义：一是在科目表中查寻指定特征的会计科目；二是查询某一科目的各项设置参数。

⑤指定会计科目。由用户指定适用某一特殊功能的会计科目，这项操作称为指定科目。

(3)期初余额录入。

如果是在年初时建账，则期初余额就是年初余额，可直接录入各账户的年初余额。如果是年中启用账务处理系统，则应先将各账户的年初余额和年初到启用期前的借贷方累计发生额一并整理出来。多数通用软件都将根据年初余额和累计发生额自动计算出启用期期初余额。

录入期初余额时，一般只需要输入最末级科目的发生额和余额即可，各非最末级科目的发生额和余额可由计算机自动进行计算生成。

(二)账务处理系统

1. 账务处理系统概述

账务处理系统是电算化会计系统的一个核心子系统，在个别会计软件中也称作总账系统。账务处理主要完成初始数据录入、凭证处理、账簿登记、辅助项目管理和各类账簿输出等任务。

(1)账务处理系统的工作特点。

①账务处理具有很强的综合性。账务处理系统是整个电算化会计系统数据交换的桥梁和纽带，经过账务系统处理的会计数据一般具有很强的综合性和概括性。

②账务处理必须符合公认的会计准则。账务处理系统必须按照财政部规定的会计准则、会计科目、会计报表编制要求等去组织和管理会计信息处理的内容与程序。

(2)账务处理程序。

电算化处理方式下的账务处理程序如下。

账务处理从输入会计凭证开始，经过计算机对会计数据的处理，生成各类凭证、账簿文件，最后产生科目余额文件并完成整个处理过程。

电算化账务处理的操作步骤如下。

①将有关会计凭证输入或转入到账务处理系统，并存入临时凭证数据库。

②对记账凭证进行审核，自动记账，形成记账凭证文件和账簿文件，同时按会计科目汇总数据更新科目汇总文件。

③按照设置的输出条件，生成各种正式的总分类账、日记账、明细分类账账簿和科目汇总表。

2. 记账凭证处理

凭证处理是日常账务处理中最频繁的工作。

通用电算化会计系统中,记账凭证通常作为各项数据进入系统环境的唯一入口,其正确性控制成为保障系统输出的各类账簿和报表结果正确的关键。记账凭证处理的主要功能包括凭证录入、凭证修改、凭证查询、凭证审核和凭证过账等。记账凭证录入有两种。

一是先由手工方式填制记账凭证,审核后再录入到计算机系统内,即所谓的后台处理方式;二是直接在计算机上根据审核无误的原始凭证编制录入记账凭证,即所谓的前台处理方式。

(1)凭证录入的基本内容。

①凭证日期。若账套业务时间与系统时间不一致,可将系统时间调整为账套业务时间。

②凭证种类。按照初始设定选择凭证类型。可直接录入凭证类型代码,也可使用引导功能录入。

③凭证号。不同软件对记账凭证编号的规则各不相同。更多软件将凭证类别与凭证编号作为两个项目,按“收”“付”“转”等分设,每一类型再按顺序编号。若凭证作废但并未物理删除,那么仍然占用着凭证编号。只有物理删除时其编号才被释放。

④摘要。手工处理中,一张凭证要编制一个完整的摘要。

电算化系统中,摘要是以行为单位编制的,凭证的每一行都要有一个相对独立的摘要。系统在执行自动记账时,要将凭证中的摘要内容复制到相应账簿作为账簿中的摘要内容,如果凭证中的某一行摘要内容为空,则相应账簿中这一记录的摘要内容也为空,由此将影响账簿的可读性。可通过定义摘要库的方法录入摘要内容。

⑤会计科目。允许输入科目编码、助记码或科目名称,也可引导输入。

必须输入最末级科目。软件将完成一些自动检查。如遇到明细科目不存在的情况,可运用软件提供的增加明细科目的功能增补。

⑥金额。有直接输入和计算产生两种情况。对于有数量外币核算要求的科目,根据输入的数量、单价或外币、汇率等自动计算产生金额。

⑦合计。系统自动产生。

⑧附件张数。凭证输入是会计软件应用中使用最频繁的一项功能,每一张凭证均须在输入上述各项内容后才准予保存。凭证录入完毕存盘时,账务处理系统将对存入的凭证作相应的检查,这些检查包括借贷平衡校验、科目与凭证类型匹配检验、非法对应科目检查等。

(2)辅助核算数据的输入。

①往来核算,输入往来单位、经手人、票号等信息。

②部门核算,输入部门代码或部门名称。

③职员核算,输入职员代码或姓名。

④通用项目核算,输入项目代码或项目名称。

⑤数量核算,需要输入数量和单价,由系统根据数量乘以单价的结果自动计算出金额。

⑥外币核算,需要输入外币原币金额和折算汇率,软件将外币折算为本位币。

⑦“银行科目”或“银行类”属性,输入结算方式和结算票据号,有的还要求输入业务发生日期。

(3)记账凭证查询与修改。

查询记账凭证时,软件中有简单查询和综合查询两种基本形式。简单查询是输入凭证月份和凭证号等少量要素来查询相应凭证;综合查询是由系统提供给用户的可对多个输入条件进行任意组合的查询方式。

凭证简单查询时,一般允许输入如下几个查询条件:

①日期,填入内容包括开始年月日和截止年月日;

②凭证字号,指需要查询的凭证的类型与范围;

③科目代码,一般允许用户输入一个会计科目或某一科目范围;

④金额,可以输入一个金额或一个金额范围。

(4)记账凭证审核与过账。

①凭证审核。凭证审核是指审核人员依照会计制度和会计软件的要求,对记账凭证所进行的检查和核对。审核的主要内容是记账凭证是否与原始凭证相符,经济业务是否正确,记账凭证相关项目是否填写齐全,会计分录是否正确等。审核中如发现有错误或有异议时,应交予凭证填制人员进行修改或做其他处理。根据会计内部控制的要求,凭证制单员和审核员不能为同一人,即任何用户都不能审核自己编制的凭证。对于涉及现金、银行存款的收入与支出的凭证,还可通过系统参数设置后强制由出纳签字。

②凭证过账。凭证过账又称作记账,是指以会计凭证为依据,将经济业务全面、系统、连续地记录到具有账户基本结构的账簿中去的一种会计核算方法。记账工作由系统根据用户录入并经审核确认的记账凭证自动完成。从记账原理上看,记账实际上是会计数据在不同数据库文件之间的传递与汇总。在数据传递过程中,还伴随有对数据的各种运算。只有经过记账处理后的凭证才是真正合法有效的凭证。记账实际上成了形成系统正式有效数据的一个关口。

(5)账务输出。

日常账务输出包括屏幕显示输出、打印输出、磁盘复制输出和利用网络线路传输输出等几种形式。磁盘输出多用于数据备份或数据上报的输出,利用网络线路传输输出一般多用于单位分支机构向上级报账或报表,屏幕显示和打印则是会计数据输出中最常用的输出形式。显示或打印的内容基本上分为两类:一类是基本会计核算数据,包括各类凭证和账簿;另一类是各种辅助核算数据。

①凭证输出。记账凭证的输出可采用查询和打印两种方式。如果用户先由手工编制记账凭证,然后采用输入计算机的方法来处理凭证,则没有必要再打印凭证,如果用户

是根据原始凭证直接在计算机上输入记账凭证的,则应将全部凭证打印出来。凭证打印时可只打印一张凭证,也可通过输入凭证号区间的方式连续打印一组凭证。凭证打印操作时一般有以下选择项目:凭证类别;凭证范围;时间范围;凭证格式;凭证状态。

②总账输出。总账的账簿格式通常有两种:一种是传统的借、贷、余三栏式总账,另一种是用以代替总账的包含全部发生额与余额数据的发生额及余额对照表。三栏式总账不但可以查询各个总账科目的年初余额、各月发生额合计数和月末余额,而且还可查询各级明细科目的年初余额、各月发生额合计数和月末余额。而科目发生额及余额对照表用于查询统计各级会计科目的本期发生额、累计发生额和期初期末余额资料。

③明细账与日记账输出。账务系统中不仅可输出任一科目的三栏式明细账,而且可根据对科目属性的定义,按特殊要求输出多种格式的明细账。通常可输出的明细账包含三栏式、数量金额式、复币式、数量复币式等格式种类。理论上说,系统能够提供的明细账并不仅仅局限于明细科目,任何级别的会计科目都可以输出明细账。电算化处理方式下,可为用户提供每一个科目的日记账。一些软件需要用户对提供日记账的科目先行设置,即要求在系统初始化时,在会计科目设置模块中定义科目的日记账属性。

④多栏账输出。多栏账是指在账户的借方或贷方分设若干专栏进行明细分类核算的账簿格式。在软件系统中,多栏账是在账簿输出环节由用户根据需要进行设置和定义的。凡是设有下级明细科目的科目,均可将其下级明细科目设置为栏口,以多栏式账簿形式输出。一般软件均提供方便的多栏账设置功能。在初始设置窗口,用户可将某一科目的所有下级科目确定为多栏账的栏目,并结合多栏账科目的性质,定义这些栏目所在的方向。

⑤账证联查。所谓账证联查是指在查询账簿的时候,通过联动操作直接查询与当前显示内容相关的记账凭证或其他账簿,或者在输出记账凭证时通过联动操作直接查询与当前凭证相关的总账或明细账的一种便捷操作形式。这是电算化系统提供给用户的一种方便快捷的关联查询功能,利用账证联查功能将大大提高账簿凭证查询的效率。

(6)期末对账与结账。

①期末对账。在会计期末,除了对收入、费用类账户余额进行结转,计算出本期的利润或亏损外,还要进行总账与明细账、总账与各类辅助账的对账工作,并对最终结果进行试算平衡。对账是对账簿数据进行核对,以检验记账是否正确以及账目是否平衡的方法。在实际应用中,主要通过核对总账与明细账、总账与辅助账来完成账账核对的工作。由于非法操作或计算机病毒等有可能会造成账簿数据库中数据信息的紊乱,因此不能完全排除账账不符现象的出现。

②期末结账。账务处理系统提供了较为规范的结账功能。在运行这一功能时,系统主要完成如下几项工作:检查并停止本期各科目的各项数据处理工作;计算各科目的本期发生额和累计发生额;计算本期各科目的期末余额并将余额结转至下期期初。

期末结账应注意的问题:结账前应将本期所有记账凭证登记入账,否则系统将拒绝执行结账动作;某一会计期间结账后,表示该期业务全部处理完毕,将不能再输入这一会计期间的记账凭证或其他数据资料，也不能再进行记账；结账必须按月连续进行，且每月只能结账一次；年终结账时，必须先进行数据备份或打印输出，以备操作出错时恢复至结账前的状态；年终结账后，计算机会自动将年末余额结转到下年作为下年年初余额。

（7）数据维护。

①数据备份。数据备份是指将计算机硬盘上的数据复制到各类磁盘、可写光盘或其他存储介质上，以便需要时利用这些数据恢复系统原来的工作状态。电算化会计系统的每一个子系统都设有备份功能。数据备份能使系统的初始设置数据、日常业务处理数据、有关自动上机登记记录等重要数据获得安全保障。数据备份具有以下基本作用：保留有关会计档案；保护系统数据安全；保留重要操作内容。

备份时需要注意的问题：日常数据备份应该在每天关机前进行，一般宜采用 AB 备份法制作双备份，并将两份备份资料保存在不同的地点；对于作为会计档案保存的备份资料，要在备份盘标签上写明备份的时间和责任人，以免恢复机内数据时发生错误；对于单机系统，凡是具有数据输入或系统设置权限的人员都应该有数据备份权；对于网络或多终端系统来讲，数据备份应由专人负责。

②数据恢复。数据恢复是指将磁盘或其他存储介质上保存的备份数据复制到计算机的硬盘上，使软件恢复到上次备份时的运行状态。通常在以下情况下需要进行相应的恢复操作：硬盘上的数据被非法破坏时；需要查询已从机内系统中删除的往年数据时。

恢复功能的运用应非常谨慎，因为万一操作不当，很容易使硬盘中的最新数据被之前的备份数据所覆盖。许多软件将数据恢复操作权限只赋予系统管理员或超级用户，并将数据恢复操作看作是导致违规现象的少数关键操作项目之一。会计软件必须设置专门的数据备份和数据恢复的功能。

第二节　财务的信息化管理

一、财务的信息化管理是新形势下的发展趋势

信息技术是指能够扩展人类信息器官功能的一类技术的总称。它自诞生以来，就以非常快的速度渗透社会生活的各个领域，对财务工作的影响更是如此。

（一）信息技术：高科技产业的支柱

信息技术是指开发、利用、采集、传输、控制和处理信息的技术手段，包括电子计算机技术、微电子技术、软件技术、通信技术、传感技术等。它集微电子学、光学、材料学以及数学、逻辑学等现代科技之大成，使人类社会中各级信息系统大大加强，并对社会生活发挥了重要作用。

当今现代科学技术中，信息技术已成为最活跃的领域之一，其发展的深度与广度都一直以最快的速度推进，并逐渐渗透日常生活和工作中。信息技术同其他技术相比，有

以下几个特点。

1. 广泛的适应性和极强的渗透性

由于信息是一切生产活动、经济与社会生活都离不开的要素，因而现代信息技术具有极为广阔的用武之地。可以并且已经应用在生产制造、产品设计、办公业务、家庭生活、教育、交通通信、商业、科研、娱乐、保安、金融、气象、资源勘测、军事、大众传播等领域。历史上还没有任何一项技术像现代信息技术这样，对人类社会有如此广泛深刻的影响。

2. 高度的知识密集，有利于节省能源和其他原材料，减少污染

信息技术增强了人类开发与利用信息的能力，使人类能够更有效地利用物质资源和能源，从而使社会一般商品和劳务中所消耗的物质资源和能源的比重相对降低，信息劳动的比重相对增加。

3. 高增值性、大幅度提高生产率，经济效益和社会效益显著

人类利用信息技术更好地开发信息资源，而信息作为生产力系统中的附着性要素，通过劳动工具、生产者、劳动对象和管理，又对经济增长发挥作用。现代信息技术的普及应用会大大改进劳动工具的技术性能，提高劳动者的技术素质，提高人们对生产和劳动过程的调控能力和实际管理水平，有利于生产要素的优化配置和合理流动，密切了生产与市场、供给与需求的联系，这些都会带来显著的经济效益和社会效益。

4. 投资大、风险大

现代信息技术的发展、更新和普及应用，都需要大量投入，在信息技术领域，技术和制造越来越复杂精密，难度日益加大，网络覆盖的范围也越来越广，因而对研究与开发费用和基本建设投资，特别是初始投资的需要量是很大的。由于信息技术的时效性，巨额投资在有巨额回报的同时，往往又意味着巨大的风险。

(二)信息技术对财务工作的主要影响

今天财务行业所面临的真正挑战在于：日益增长的信息需求的多样性已经完全超出了传统财务界定的范围，也远远超出了传统财务系统的容量。必须寻求新的方法，以便使人们用比以往更加经济、更具效率的方式完成财务工作。信息技术对财务工作的重大影响存在两种可能性：一种可能性是当人们充分结合信息技术的特征来改造或重组财务工作过程时，信息技术将改变过去的一切；而另一种可能性则表现在当人们受制于传统的财务工作时，信息技术对财务工作所能实施的影响只是一种“改良”，即借助信息技术改变传统财务工作过程中的低效率、易出错的环节。

(三)财务管理信息化存在的问题

1. 管理人员对财务管理信息化的认识不足

企业管理人员对企业财务管理信息化的认识能提高财务人员的工作效率，减轻他们的工作量压力，但是很多工作人员对财务管理信息化的认识较浅显，没有深入地了解掌握。

2. 不重视财务管理信息化的使用、维护与开发

部分企业投入了较多的资金建立财务管理的信息化制度，却忽略了网络系统的作用，财务、生产、采购、销售等部门各司其职，没有及时地进行信息交流与整体的内部信息整理，却投入大量的人力和物力进行其他部门的网络建设；一些企业依然利用传统的工作方式进行手工数据的统计和运算，纸张的利用是只增不减，对现代化的财务管理信息的使用率降低；还有的企业对财务管理信息的使用虽然是重视了，但是忽略了对财务管理信息的系统维护工作。

3. 自身基础管理能力弱，不能提供正确的决策方针

我国有较多的中小型企业，这些企业自身的管理能力就较薄弱，财务管理的制度很不完善，资金的预算管理制度就更不能得到充分利用；还有部分企业，财务部门好像是为政府的监督部门以及金融机构所建立的，人为地制作假账，导致财务的信息不准确；还有一些企业，部门之间没有及时地进行信息交流，造成信息单一。以上这些问题导致财务工作往往不能给决策者提供正确的决策方针。

4. 财务管理发展落后，满足不了企业财务工作的需求

要想实现财务管理信息系统的有效性，就需要一套与企业文化及管理模式统一的财务管理信息的软件，目前我国能开发、制作适合企业财务管理需求的软件的专门技能人才是相当稀缺的。国外的软件不仅昂贵，还不适合我国企业，加强我国企业的发展与合作，开发出适合我国企业特色的软件，是我国软件行业努力的目标，也是企业财务管理信息化亟待解决的问题。

5. 财务管理人员的业务素质低

随着企业财务管理的现代化，财务部门的作用也越来越大，财务工作的整体水平是由财务管理人员的水平、能力与素质决定的，企业要想实现财务管理的信息化，财务人员的主动性是必不可少的。部分企业的财务人员对网络不了解，对财务办公软件不熟悉，甚至不会操控，导致财务管理信息化工作无法顺利进行。

(四) 促进财务管理信息化的对策

企业可持续发展的前提是财务管理信息化的规范性与有序性，其是企业加快发展的基础，是企业提高经济效益的首要问题。

第一，管理人员要转变观念，建立以信息化管理为核心的企业财务管理模式，以创新企业财务管理为目标，以完善企业管理信息化制度为手段，实现企业的可持续发展。确保企业能在规模扩大和业务迅速发展的同时具有良好的管理体制，促进企业的可持续发展。企业管理者应该具备运用信息化技术的能力，能够真正了解为经营服务的管理模式。这是一个观念、体制以及机制创新的过程。

第二，企业进行正确的自身定位，做好整体的规划，建立适宜的信息化系统，以企业的需求确定软件开发的方向，促进财务管理信息化的建设。所以，企业应根据管理的实际要求，将软件的开发和使用结合起来。该软件的管理人员不论在何处都可以查到所需的财务信息，管理人员可依据需要进行大致的结算，迅速做出决策。对管理模式进行适

当的改变，持续优化，最终实现企业利润的最大化。

第三，加强企业财务信息化的管理，培养高素质专业人才，实现财务管理人员不仅懂财务，而且懂业务。财务管理信息化的特点决定了财务人员必须具备财会和经济理论、良好的职业素质，还要不断学习新的知识，提高财务管理信息化的水平。

二、财务信息化管理的概念

从业务流程上分，财务信息化管理系统可分为电算化会计信息系统、财务管理计算机系统和电子商务三部分，其中电算化会计信息系统是运用电子计算机技术对会计信息进行管理的人机结合的控制系统，简称会计电算化，它为计算机财务管理提供了精确的理论基础，使财务管理向信息化发展，进而提高了工作效率和成功率。电子商务是利用电子手段进行的商务活动，它以网络为基础，不受时间限制，是财务信息化管理的升华，是财务信息化管理成功的体现。三者关系是密不可分的。

（一）会计电算化信息系统

1. 会计电算化信息系统是财务信息化管理的基础

（1）财务管理计算机系统与会计电算化信息系统的关系。

财务管理计算机系统和会计电算化系统有着密切的联系。

财务管理计算机系统中的财务管理信息系统与会计电算化系统一样，是一种典型的MIS（管理信息系统），二者的设计思想、设计方法和在设计过程中所采用的技术是基本一致的。因此，财务管理信息系统的设计可参照会计电算化系统进行，在具体设计过程中可吸取会计电算化系统设计过程中的经验和教训。

会计电算化信息系统是财务管理计算机系统的基础。财务管理计算机系统中使用的大部分数据都来源于会计电算化系统，因此这些数据可以和会计电算化系统共享，也可以直接通过转化程序获得，而不需再经过人工数据采集过程。

财务管理计算机系统的建立使会计电算化信息系统进一步完善。财务管理计算机系统将为企业的生产和经营管理提供更有用的管理数据，特别是财务管理计算机系统在充分利用会计电算化系统数据的基础上，对企业的资金运动情况进行的财务预测、监督、控制与分析，提高了会计电算化系统数据的使用效率。

（2）会计电算化信息系统的组成。

一个会计信息系统通常由多个不同功能的子系统组成。每个子系统完成特定的会计数据处理，提供特定部分的会计信息。会计的三项基本职能是反映、监督和参与决策，也分别称之为会计的核算职能、管理职能和决策职能。通过会计核算来反映企业的经营活动情况，通过会计管理来监督企业的经营活动情况，通过会计决策来参与企业的经营管理。因此，会计电算化信息系统按职能通常分为电算化会计核算信息子系统、电算化会计管理信息子系统和电算化会计决策支持子系统。

2. 会计电算化信息系统在企业管理信息系统中的位置

从对管理信息系统的分析可知，企业管理信息系统是由众多的子系统组成的生产经营系统,各子系统有着各自不同的作用和任务。会计电算化信息系统是企业管理信息系统中的一个子系统,具有十分重要的地位。由于会计是以货币的价值形式反映企业再生产过程中的资金形成、使用和分配过程,因此,会计电算化信息系统与其他管理信息子系统相比具有如下特征。

(1)定量化。

会计作为重要的企业管理活动之一,是通过货币计量以达到管理目标。因而,与其他子系统不同,会计信息系统更侧重于定量化的管理,并且要精确。会计电算化信息系统所产生的产品必须符合国家统一的会计制度的规范要求。

(2)全面化。

会计信息是系统反映和控制企业产、供、销、人、财、物的各个环节、各个方面,并全面参与企业管理的综合信息。企业的设备管理子系统只是对本单位生产资料使用价值的管理,而会计对在企业生产经营过程中只要能够用货币计量的经济业务事项都可以进行管理。会计信息系统是保证企业以最小的投入获得最大的经济效益的子系统。可以说,企业各部门的管理人员都在某种范围内利用会计信息。

(3)复杂化。

正是由于会计电算化信息系统全面地反映和控制企业生产经营活动,使它不仅内部结构十分复杂,由若干子系统构成,而且,它跟其他管理子系统以及企业外部的联系也十分密切和复杂。会计信息系统从其他子系统中获得有关信息,使得系统内部和外部接口比较复杂。

(4)信息量大。

基于以上特征,又决定了会计信息系统要收集、处理、存储和提供大量的经济信息。据测算,会计信息量约占企业全部信息量的70%。

会计电算化信息系统在管理信息系统中占有十分重要的地位,与其他子系统相比,电算化会计信息系统处于整个系统的中心位置,如果把管理信息系统比作大脑,那么会计信息子系统就好比神经中枢系统,控制着整个系统的运行。因此,在建立企业管理信息系统时,必须综合考虑各子系统的要求和特点,使其结构合理,最大限度地实现数据共享,提高系统整体效率。

(二)财务管理计算机系统

1.财务管理计算机系统是财务信息化管理的核心

财务管理计算机系统是一种新型的人机财务管理系统。它以现代化计算机技术和信息处理技术为手段,以财务管理和管理会计提供的模型为基本方法,对企业财务管理中的结构化问题进行自动或半自动的实时处理;而对那些半结构化和非结构化的问题,则通过提供背景材料、协助分析问题、列举可能方案、估计各种不确定方案的结果、预测未来状况等方式,为企业决策者制订正确科学的经营决策提供帮助。

从财务管理的具体内容来看,财务管理中的一部分问题属于结构化的问题,它们具有固定的处理模式,具有一定的规范性;而财务管理中的大部分问题则属于半结构化或非结构化的问题,都是难以事前准确预测的,这就决定了财务管理的不规范性。但是,从另一角度看,企业财务管理中的各种问题又以企业的内部环境为其基本环境条件,这又决定了企业财务管理以企业管理各子系统的信息数据为基础。通过对这些数据的分析,可以对企业财务管理中的各种问题进行预测和判断。可见,财务管理计算机系统实际上是一种综合了计算机管理信息系统和计算机决策支持系统的综合系统。

2. 财务管理计算机系统与会计电算化系统的区别

财务管理是在会计核算的基础上对资金运动的组织与管理。实际上,从信息运用和信息处理的角度来看,财务管理是对会计核算信息的进一步运用。因此,财务管理计算机系统是在会计电算化系统的基础上,运用会计电算化系统信息辅助财务管理的信息处理系统。

财务管理计算机系统作为会计电算化系统的二级系统,无论是系统的总体结构还是系统的功能,与会计电算化系统都是有区别的。

这主要表现在以下几方面。

第一,财务管理计算机系统的主要功能在于为财务管理者提供管理辅助和决策支持,以实现对企业资金运动的有效组织与管理。而会计电算化系统则主要关心对企业资金运动的现时状态与过去状况的正确和全面反映。

第二,财务管理计算机系统能够为决策人员提供决策支持,但它并不能取代人的逻辑思维和辩证思维。在财务管理计算机系统中,是将人的主观判断与计算机系统的输出高度综合,以引导和帮助决策人员做出恰当决策;而在会计电算化系统中,决策者往往仅根据其中之一做出决策。

第三,在财务管理计算机系统中,预测和决策结果的产生是人与计算机共同配合的产物。计算机系统的运行过程实际上是一个人机对话的过程,通过人机对话使系统能够更适宜地运用反映客观现实的数学和统计学模型,从而更好地为决策者提供良好的服务。而在会计电算化系统中,系统的运行只是按照程序的固定处理模式,一般情况下是不宜改变的,系统提供给管理者的只能是一些定期报告。

第四,从系统结构上看,会计电算化系统是一个典型的 MIS。而财务管理计算机系统中,财务管理信息系统是一个 MIS,财务决策支持系统则是一个典型的 DSS(决策支持系统)。

三、财务信息化管理的含义

企业财务信息化管理是企业财务管理史上的一次革命,它不仅仅是财务管理发展的需要,而且是经济和科技发展对财务工作提出的要求,是时代发展的要求。同时,财务信息化管理已成为一门融电子计算机科学、信息科学和会计科学为一体的边缘学科,起到带动经济管理诸领域逐步走向现代化的作用。具体来讲,财务信息化管理的意义主要体现在以下六个方面。

(一)促进会计工作效率的提升

通过财务信息化管理,提高了会计工作效率。实现财务信息化管理后,只要将记账凭证输入电子计算机,计算机就可以自动、高速、准确地完成大量的数据计算、分类、存储、传输等工作。这不仅可以把广大财会人员从繁杂的记账、算账、报账工作中解脱出来,而且也大大提高了会计工作效率。

(二)提高财会工作质量

财务信息化管理的实现,促进了财务工作规范化,提高了财会工作质量。财务信息系统对财务数据来源提出了一系列规范化的要求,这在很大程度上解决了手工操作中的不规范、易出错、易疏漏等问题,使财务工作更加标准化、制度化、规范化,财务工作的质量得到了进一步的保证。

(三)促进了财会人员素质的提高

财务信息化管理的开展,一方面,由于许多工作是由计算机完成的,财会人员有了更多的时间,可以学习会计和管理方面的新知识;另一方面,要求广大会计人员学习掌握有关财务信息化管理的新知识,从而使广大财会人员的知识结构得以更新、素质得以提高。

(四)促进了财会工作职能的转变

在手工条件下,财会人员整天忙于记账、算账、报账,财会工作只能实现事后核算的职能。采用电子计算机进行会计数据处理后,不仅提高了财会人员的工作效率,使财会人员可以腾出更多的时间和精力参与经营管理,更好地发挥财会人员应有的作用,而且由于电子计算机能够存储并迅速处理大量的数据,实现会计的事中控制、事先预测的职能,从而使财务管理能在加强经营管理、提高经济效益中发挥更大的作用。

(五)推进了财会制度的改革

财务信息化管理不仅是财务核算手段和财务信息处理技术的变革,而且必将对财务核算的内容、方式、程序、对象等会计理论和实务产生影响,内部控制和审计线索的变化会导致审计程序的变更等,为了适应这些变化,财务管理制度也要进行相应的改革。

(六)奠定了企业管理现代化的基础

现代企业不仅需要提高生产技术水平,而且还需要提高企业管理水平,只有实现企业管理现代化,才能提高企业经济效益,使企业在激烈的竞争中立于不败之地。会计信息是企业管理信息的重要组成部分,而且多是综合性的指标。实现了财务信息化管理,就为企业管理现代化奠定了基础,并且可以带动或加速企业管理现代化的实现。

第三节 智能时代财务信息化整体规划

一、智能时代财务信息化概念框架

(一)软件架构

对于财务来说,软件架构这件事情听起来还是有点儿复杂的,通俗来说,就是要搞清楚一个系统中有哪些构成部分,这些构成部分是怎样相互发生作用的。那么对于智能时代的财务信息化架构,就是要搞明白和传统财务信息化架构相比,多了哪些构成部分,以及各部件之间相互作用的方式发生了怎样的变化。"有什么功能"可以称之为功能架构,功能加上交互关系后形成的架构可以称之为逻辑架构。而在实际的软件架构设计中,还有多个视角的架构理解。如开发架构、运行架构、物理架构、数据架构等,如图 7-1 所示。

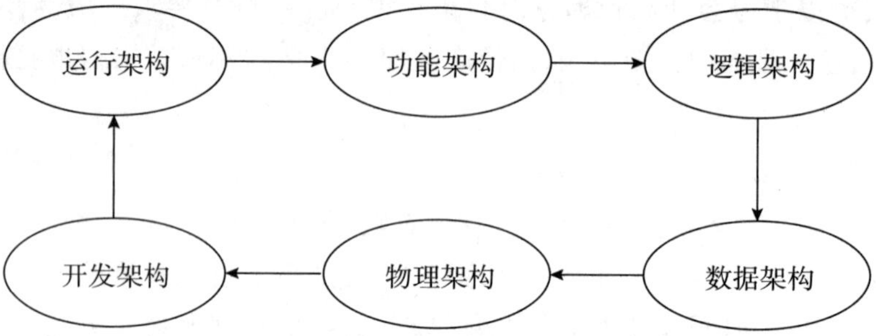

图 7-1 多视角的软件架构

(二)财务智能化功能架构蓝图解析

1. 功能架构中的数据层

首先要说的是智能财务信息化架构下的数据层。和传统财务信息化架构相比,最重要的是数据的内涵发生了变化。在传统架构下,处理的主要是结构化数据;而在功能架构下,结构化数据已经无法满足财务信息系统对数据的需求,非结构化数据被引入,并且成为非常重要的构成部分。

因此,在功能架构下的数据层中,系统对结构化数据和非结构化数据同时提供相应的管理功能支持,从数据的采集管理、对接管理、存储管理等方面进行相应的功能支持。

2. 功能架构中的智能引擎层

智能引擎层是架构中的另一个重要层次。之所以叫作智能引擎层,是因为想要在搭建智能时代的财务信息系统架构时,能够对关键的支持技术进行组件化,并以引擎的形式来支持不同业务场景的应用。引擎层是一个公用的技术平台,在不同的应用场景中,能够灵活地调用相关引擎来实现配套的业务应用,从而实现整个财务信息化架构底层技术工具的共享。在智能时代的财务信息化架构中,可抽象出的引擎主要包括以下几个方面。

(1)图像智能识别引擎。

图像智能识别引擎主要用于广泛地进行图片信息的识别,既能够支持对结构化数据的采集,又能够支持对非结构化数据的信息提取。同时,图像智能识别引擎可以利用机器学习来提升自身的识别能力,从而扩大可应用场景。

(2)规则引擎。

规则引擎作为初级人工智能应用,在整个财务信息化中发挥着重要作用。规则引擎通过灵活、可配置的规则定义,支持在财务流程中基于规则进行的大量的判断、审核、分类等应用。规则引擎的完善,一方面,依赖于经验分析;另一方面,也将基于机器学习引擎来辅助。

(3)流程引擎。

流程引擎无论在哪个时代都十分重要,好的流程引擎能够全面提升财务信息系统的水平。而在智能时代,流程引擎的驱动仍然是规则引擎,而规则引擎又基于机器学习得以完善优化,并最终带来流程引擎能力的提升。

(4)大数据计算引擎。

大数据计算引擎是相对独立的,基于大数据的技术架构能够处理海量的包括结构化数据和非结构化数据的计算。大数据计算引擎的实现使财务在大数据方面的应用场景得到真正的技术支持,而不是传统计算模式下的伪大数据。

(5)机器学习引擎。

机器学习引擎应当实现监督学习和非监督学习,通过大量的不同业务场景下的数据学习训练,形成相应的优化规则,并依托规则引擎作用于各种业务场景中。从这个意义上来讲,机器学习引擎有些像规则引擎的后台引擎。

(6)分布式账簿引擎。

对于区块链的应用,需要在底层搭建各类分布式账簿,而人们可以考虑通过引擎化的方式,使这种分布式账簿的搭建变得更为标准和可配置。当然,这需要区块链技术实现进一步的抽象——从技术概念走向业务简易应用的概念。有了分布式账簿引擎,基于区块链的应用可以进一步加速落地。

3. 功能架构中的业务应用层

业务应用层是最重要的一个层次。在业务应用层中,从财务业务模块和技术两个角度实现了场景功能的匹配,从而形成了相对清晰的智能时代财务信息化应用的功能场景蓝图。它可以成为有意致力于智能时代技术深度应用的企业的思维导图,企业可据此展开规划和实践。

(1)共享运营。

对于共享运营来说,在智能化方面的应用场景是相对较多的,这也是由其作业运营的特点所决定的。信息技术本身的进步对运营效率的提升是最直接的。

(2)资金/司库管理。

在资金管理中,与共享流程密切相关的部分已经被归入共享运营中,而针对资金管理和司库管理来说，其主要的应用在于提升基于大数据的对资金和司库管理的分析、决策能力。此外，物联网技术对于账户 Ukey、用印安全管理也将发挥重要作用。

（3）会计报告。

会计报告对新技术的应用集中在区块链对关联交易及业财一致性的支持上。同时，智能编辑等可以应用于会计报告的智能化。而在这个领域，也会引发人们对未来套装软件是否能够支持智能化应用的思考。

（4）税务管理。

税务管理在税务风险控制方面可以应用人工智能技术来进行支持，在税费分析、税费预测等领域也可以考虑引入大数据，充分利用企业内外部数据来提升分析质量。此外，税务管理中所涉及的不少应用场景也会前置到其他业务或财务系统中。

（5）成本费用管理。

成本费用管理在费用分析方面可以考虑与大数据相结合，而在移动互联网方面，可以进行服务及商品采购的前置和线上管理，从而获得更好的管控效果。

（6）预算管理。

预算管理的技术应用集中在大数据方面，通过大数据加强对预算预测和资源配置的管理能力。

（7）管理会计。

管理会计本身在技术层面的起步就比较晚，因此它的实现仍然基于传统技术方式。但在管理会计报告的编制中，可以考虑采用智能编辑模式，盈利分析可以考虑引入广义数据，增强分析的实用性。

（8）经营分析。

在经营分析这个领域，大数据有较大的应用空间。通过数据范围的扩大、相关性分析的引入，经营分析能力能够得到提升。

二、智能时代财务与科技的信息化协同

智能时代财务信息化的架构发生了很大改变。在数据层面，从结构化数据转变为非结构化数据；在技术层面，大数据技术、机器学习、分布式账簿等新技术引擎将被广泛地应用到财务信息化中。

在应用场景中，一方面，传统的财务信息化应用场景会被优化，形成更为高效或有用的升级场景；另一方面，基于新技术的新应用场景也将大量涌现。在这样的背景下，财务部门内部、科技部门内部、财务部门和科技部门之间的协同不仅变得更加复杂，也变得尤为重要。而不得不正视的是，在智能时代来临伊始，很多财务部分和科技部门都没有做好这样的准备，面对快速来临的技术革新，往往措手不及。因此，在这里有必要共同来认真研究一下智能时代可能给传统的财务、科技协同关系带来怎样的挑战，以及要构建怎样的新机制来积极面对。

（一）智能时代财务信息化协同体系

在智能时代，人们将面对比在传统财务信息化模式下更加复杂的协同关系和协同挑战。对于人们来说，更加重要的是如何积极应对困难和挑战，并有效地构建一套更加完善的财务信息化协同体系。在这里，人们从四个方面对智能时代财务信息化协同体系提出设想。

1. 构建统一的信息化中枢

对于财务组织内部来说，要打破信息化的建设边界。打破边界的方法可以考虑在财务体系中构建统一的信息化中枢，这个信息化中枢可以是实体组织，也可以是虚拟组织。实体组织可以是财务信息化团队或部门的形态，如某领先的互联网企业内部设有财经 IT 部、某大型国有商业银行有会计信息部这样的组织，这些实体化的专有组织能够在财务体系内部起到统筹协调的作用。而对于没有条件设立统一财务信息化团队的企业来说，可以考虑设立虚拟机构，如设置财务信息化管理委员会之类的跨部门统筹组织。虽然它在力度上弱于实体组织，但也能起到一定的统筹协调作用，并且能在财务信息化架构搭建和重大项目的推进过程中发挥重要作用。

2. 面向财务的团队和架构的私人订制

对于科技部门来说，要实现与财务部门的紧密协同，应当考虑构建面向财务部门提供服务的专属团队。在这样的专属团队中，应当从组织架构上打破传统按业务模块独立设置团队的模式，构建能够更好地匹配未来的平台化架构，包括专属需求分析团队、架构师团队、公用平台研发团队和场景实现团队，面向财务部门进行私人订制。需求分析团队应当有效支撑智能技术与财务需求团队的对接；架构师团队能够站在产品化和平台化角度，科学构建财务信息化架构；公用平台研发团队应当打通财务各底层业务模块，对可公用的技术功能进行组件化研发，并实现在不同业务场景中的应用；而场景实现团队则在公用平台的基础上，针对不同的业务场景需求通过技术来进行实现。通过这样一个平台与定制化相结合的科技团队组织来提供对财务智能化的有力支持。

3. 科技内部市场化，实现新技术引入

对于科技内部各类"黑科技实验室"之间的协同，不妨考虑引入市场化机制。由于各类"黑科技实验室"主要的服务对象是企业的业务场景，而对于作为后台的财务场景来说，要想获得大力度的支持并不容易。在这种情况下，引入市场化机制，通过内部交易的形式向"黑科技实验室"付费购买相关技术，能够充分调动"黑科技实验室"协同的积极性，也能够更好地从机制上让财务和业务站在同一条起跑线上。当然，并不是所有企业都有条件去建立内部市场化机制，必要的时候，寻求行政命令和行政资源的支持也是可行之路。

4. 集团推行产品平台并定义自由度

对于集团企业来说，要达到标准化与个性化的平衡，不妨考虑将集团自身视为财务智能化产品的提供商，在集团层面基于产品化理念，设计信息化平台。在产品的设计过程中，集团应当充分引入业务单元来对产品化需求进行论证和设计，通过大量调研形成需求报告,并最终搭建平台。各个业务单元在实际进行信息化建设时,集团将其当作一个产品客户,通过进一步的需求调研,引入实施方法,在产品化平台的基础上进行配置实施和少量且可控的定制化开发。

通过这种模式,集团财务能够搭建一个开放式的财务智能化产品平台,并借助平台实现管理的标准化和自由度。

在财务智能化进程中,财务与科技的协同是一个技术与艺术并存的话题,找到合适的平衡点、实现双赢是财务智能化之路成功的关键。

三、智能时代的财务产品经理

智能时代财务管理的基础是信息技术,对于财务来说,好的技术平台的支撑,能够帮助人们在智能化道路上走得更远,也能够让人们有更多的机会去实践财务创新。而在这个过程中,传统的财务信息化支持人员已经难以满足要求,人们需要智能时代的财务产品经理来陪伴他们走上财务智能管理之路。

(一)财务产品经理

1. 产品经理的概念

产品就是用来解决某个问题的东西,而产品经理就是把这个东西设计出来并不断完善的人。从这个概念上理解,产品经理是随着产品形态的发展而发展的。早期的时候,产品大多数是实体化的,产品经理则是管理这些实体产品从概念提出到设计、生产、营销、销售、配送、服务等全过程的角色。而随着社会的发展,产品的形态也在改变,能够解决问题的东西不仅仅是实体,一个好的创意、管理方法也可以称为产品,产品经理不再局限于"理工男"。而当信息技术、互联网快速发展后,软件产品、互联网产品快速风靡,面向软件和互联网的产品经理成为其中的重要人群。但无论哪一种产品、哪一种产品经理,其本质都是一样的。

优秀的产品经理的价值就在于要做出能解决问题、让客户满意的好产品。产品经理可能面对下面这些工作。

第一,从各种各样的需求和想法中找到要解决的问题,以及相匹配的产品方向。

第二,为产品做一个长期的布局和规划,知道什么时候该走到哪里。

第三,进行产品设计,参与产品的开发、测试和上线。

第四,参与产品推广方案的设计,用营销思维让客户接受这个产品。

第五,积极进行产品培训,获得用户支持,得到更多改善产品的反馈。

第六,关注市场动态和竞争对手,随时进行产品规划的调整。

如果能够做到以上这些,就是一个符合时代要求的合格的产品经理。

2. 产品经理和工程师的区别

产品经理和工程师是两个容易混淆的概念,理解二者的差别有助于人们更好地认识产品经理的角色和定位。

产品经理的定位是从架构、功能和逻辑层面去设计一个系统,并关注这个系统能够为用户解决怎样的问题，高度关注用户的体验，力求作出让用户用起来舒服、能解决问题的好产品。而对工程师虽然也有类似的要求，但更侧重于技术研发，而较少关注这些技术可能带来怎样的应用场景。这两种定位在企业内的不同甚至可以影响组织的文化。

对于产品团队来说，产品经理和工程师都是这个团队的构成部分，团队中还会包括设计人员、测试人员、营销人员、项目经理等角色。产品经理往往在大的产品团队中还承担着补位的身份，在正常情况下，产品经理和这些角色各司其职，形成良好的协作关系，而在某些角色出现缺失的时候，产品经理就是这个团队中最合适的补位者。

3. 财务产品经理的定位

首先，财务产品经理应当是财务组织中的一部分，其核心职能是设计财务信息系统来解决在财务工作各类业务场景中所遇到的问题。因此，将财务产品经理设置于财务团队内部能够更好地发现用户的问题，并设计出更有针对性的产品解决方案。

其次，财务产品经理应当将主要精力放在搞明白需求、设计出用户体验卓越的好产品上。同时，充分利用工程师们的“黑技术”，把好的技术应用到财务场景中。财务产品经理既不应当取代工程师的角色，又不应当任意由工程师团队替代。

最后，财务业务人员并不适合在没有经过充分训练的情况下直接成为财务产品经理。财务产品经理是一种复合型人才，必须将财务知识与技术能力有机融合。如果由纯粹的业务人员来设计产品会缺少全局观，难以把握架构和流程，并在与工程师的对接过程中出现理解的偏差。

(二)智能财务产品经理的特质

1. 新技术的敏感性

作为应用技术来解决财务问题的财务产品经理，对技术的敏感性是不可或缺的。特别是在智能时代，技术快速迭代，对这种能力的要求更为突出。实际上，在传统的财务信息化时代，技术的发展在相当长的一段时间内，还是相对平稳的，能以比较平缓的节奏来面对技术变化对财务的影响。

在信息化时代向智能时代转变的边缘期间，技术的多变和创新的层出不穷成为常态。如果还是以先前的节奏来面对，则很可能错失大量提升财务效能的机会。在不可多得的时代跨越期，每一个财务产品经理都应当具备高度的技术敏感性，把握时代赋予的机会。

2. 新技术的财务场景化能力

对于财务产品经理来说，一旦敏锐地捕捉到新技术的出现，最重要的事情就是能否将这些新技术用于解决实际问题，也就是这里要说到的新技术的财务场景化能力。

实际上，业务问题出现的载体是业务场景，空谈一项技术是没有任何意义的。作为一个财务产品经理，如果能够识别出业务部门的痛点，抽象出业务场景，分析出什么样的技术能够解决怎样的场景问题，那么他就是一个高水平的财务产品经理。

3. 产品化和平台化架构能力

在传统的财务信息化模式下，由于技术变化相对缓慢，高度定制化的信息系统也能够满足不少的用户需求,并且保持稳定性。但随着智能时代的到来,技术加速革新,缺乏扩展性的定制系统将难以满足业务需求,产品化和平台化成为发展趋势。

对于财务产品经理来说,产品化和平台化架构能力的形成并不是那么容易的。在传统模式下,只需要针对性解决问题,用西医的方法就足够了;而在产品化和平台化架构下,需要用中医思维来解决问题,能够站在一定的高度上对财务信息化产品中各个功能组件和关联关系进行具有前瞻性的规划,并能够在技术实现时充分考虑其可配置性和扩展性。这种能力的形成无论在专业上还是在思维上,都对现有的财务产品经理提出了更高的要求。

4. 产品价值挖掘能力

在智能时代,好的产品经理不仅要技术过硬,还需要会讲故事。对于所负责的产品,能够充分挖掘产品的价值,并与产品的相关方达成共识;能够更好地获得资源保障,获取用户的信任并形成更可靠的需求关系;更好地获得管理层的支持,保障产品设计最终落地。

在通常情况下,智能时代的财务产品经理应当讲清楚产品实现在成本、效率、风险或管控、决策支持、客户体验等方面的价值。通过一系列的价值共识,把产品推入高速发展的轨道。

(三)成长为智能财务产品经理

传统的财务信息化团队成员在向智能财务产品经理迈进时已经具备了一定的基础,但是仍要在专业深度、广度和认知创新三个维度上进一步提升,以成长为一个合格的智能财务产品经理。

1. 专业深度的成长

专业深度尤为重要。在智能时代,如果要成为合格的产品经理,就需要进一步加强技术知识的储备。当然,这种加强并不是要求达到工程师的水平,而是要在现有的运维、需求分析能力的基础上,补充新技术领域的相关知识。智能产品经理需要对大数据、云计算、机器学习、区块链、物联网等新的技术概念有所认识,能够理解这些概念的本质逻辑,知道工程师会如何应用这些技术,在应用这些技术时需要有哪些准备或基础能力。这将帮助智能产品经理更好地把控产品方向,更合理地向工程师提出产品要求。

同时,专业深度还体现在对产品化、平台化架构方面的知识体系的完善上。当然,相关的具体工作将由科技部门的架构师团队来完成,但作为产品经理,需要有能力判断和评价架构师的设计,并参与相关架构设计工作。

在专业深度方面,还需要关注 IT 治理的相关内容,这对于管理产品从规划到实现,以及后续的稳定运营有很好的帮助。在 IT 治理方面需要关注的内容包括 IT 规划管理、IT 获取与实现管理、IT 服务管理、IT 治理管理、IT 风险管理、信息安全管理、IT 绩效评价,以及灾难恢复和业务持续性管理等内容。

2. 专业广度的成长

对于财务产品经理来说,要打造出智能时代的财务好产品,就必须承担起业务场景与信息技术相结合的中间角色。这个中间角色在业务层面要求财务产品经理具有更加广阔的专业视野。

财务产品经理应对财务的各业务领域有广泛的了解。具备这些财务专业范围内的广博知识,能够帮助产品经理实现第一个层次——财务各职能团队与科技之间的对接。

然而,财务产品经理不能仅仅满足于这个层次的专业广度,还需要进一步拓宽视野,了解各种前台业务,知识面应覆盖公司经营的各类业务,并能够掌握业务与财务端到端的全流程数据流转和系统架构。在这种情况下,才能更好地通过信息技术实现业务与财务的一体化。构建多层次、立体、具备专业广度的知识体系,对财务产品经理从初级向高级成长至关重要。

3. 认知创新的成长

财务产品经理的养成之路还需要认知创新能力的提升。对于产品经理来说,需要更多地去研究和学习创新的工具和方法。对于财务产品经理来说,如果想培养创新能力,就需要积累大量的跨领域知识,而不仅仅是财务和科技类的知识。很多时候,创新的灵感来自貌似不相干的领域的突发刺激,当积累了足够广度的素材后,各种所谓的创新工具和方法才有可能发挥作用。

实践是创新的根源,作为智能时代的财务产品经理,需要积极地将想法付诸行动。如果暂时无法将其付诸实践,那么即使是推演也能帮助他们加深思考,并在深度思考的过程中获得认知和创新能力的提升。

财务产品经理的形成是一个迭代进化的过程,当明确了智能财务产品经理是什么、需要怎样的能力和如何培养后,剩下的就是财务产品经理在工作中不断地积跬步,以至千里。

第八章 智能化财务内部控制

第一节 智能财务内部控制的特点

一、内部控制的概念

企业的内部控制结构包括为合理保证企业特定目标的实现而建立的各种政策和程序。内部控制结构包括控制环境、会计制度和控制程序。

内部控制结构与内部控制制度相比有两点差异:首先,内部控制结构将内部控制环境纳入了内部控制的范畴;其次,它不再区分内部会计控制和内部管理控制,而是用控制环境、会计制度和控制程序三要素来代替了。这一概念仍由审计职业界提出,强调了管理者对内部控制的态度、认识和行为等控制环境的重要作用,有助于企业完成既定目标。虽然审计职业界也考虑到了企业内部控制的实际需要,但审计色彩仍然过于浓厚,无法满足企业应对日益复杂的环境风险的需要。

自20世纪90年代至今,内部控制研究开始着眼于企业整体及利益相关者,而非完全出于审计便利的需要,由此逐渐形成了内部控制和风险管理的整体框架,并且逐渐强调内部控制和风险管理框架在实务中的应用。在这一阶段,内部控制逐渐走向成熟和相对稳定。

二、COSO报告对智能财务内部控制的影响

与以往的内部控制理论研究成果相比,COSO报告对于智能财务内部控制具有更为重要的指导意义。

尽管COSO报告只是站在企业整体角度提出了内部控制建设整体框架,但其方法论意义比较明显,它为企业各个职能部门内部控制建设提供了方法论指导。按照五要素观点构建智能财务内部控制的理论体系和实施方案,可以保证智能财务内部控制的建设更加全面、有效。依托COSO报告的五要素剖析智能财务内部控制面临的机遇和挑战,并重视从理论上分析智能财务内部控制架构,指出智能财务内部控制建设的目标和主要内容也是非常有意义的。

我国著名会计学者朱荣恩教授指出,COSO报告提出的内部控制整体框架性,只有在内部控制整体框架基础上,以内部控制方法推行内部控制,效果才会更好。他的核心思

想是企业建设内部控制不能仅仅停留在整体框架上,而应该在内部控制整体框架的基础上采用具体可行的控制方法建设内部控制制度,只有这样方能取得较好的成效。但是由于 COSO 报告在智能财务内部控制建设理论分析方面的意义不能忽视,故在实际中,可首先运用 COSO 报告的结论分析智能财务内部控制理论框架,然后针对网络财务面临的挑战提出具体实施方案。更为重要的是,为了使智能财务的内部控制方案真正切实有效地发挥作用,需要依托一些最新的信息技术和 IT 设备,并将其和智能财务系统结合起来,只有这样,智能财务内部控制才能不仅仅停留在理论层面,同时也具有应用价值。

三、智能财务内部控制基本要素的变化

前面提到,COSO 报告提出内部控制整体架构由五要素组成。在网络环境下,企业内部控制系统仍由上述五个要素构成,框架体系并未发生实质性的改变。但是每项基本要素的内部构成都具有新的内容,表现出新的特征,并带来了新的问题。

(一)控制环境要素的变化

控制环境是指对企业内部控制系统的建立和实施有重大影响的各种因素的总称。根据相关的规定,影响控制环境的因素有管理哲学、组织结构、董事会或审计委员会、人力资源政策与实务、权责分派方式、品行与价值观、胜任能力等。控制环境提供企业架构,塑造企业文化,并影响着组织成员的控制意识,是其他控制要素的基础。在信息技术条件下,企业内部控制环境将发生以下主要变化,这要求管理层树立信息意识,更新控制观念。

1. 在管理结构扁平化时代,内部控制的组织结构发生改变

随着企业的扩张,其管理层次和机构也在发展,结果是组织结构越来越臃肿,管理流程越来越复杂,管理效率越来越低下,企业难以在第一时间对市场做出反应,满足顾客的要求。信息技术的广泛应用使企业组织结构的扁平化成为可能,企业内部控制层次明显地减少,但责任更加明确、效率更高。

2. 内部控制的方式与管理观念将发生改变

信息技术的应用产生了强大的竞争力,增强了企业的灵活性。在企业的这种新型扁平式结构中,信息的对等性使得无论信息处于何处,企业内外部人员都能够轻易获得,领导也不再是组织等级的上层,而成为行动的中心。信息经济要求并导引着企业组织从机械式向虚拟组织发展演变,这就要求企业的领导层必须学会在一个动态环境中构造组织,既要有利于创造、革新,又能在不断磨合中加强内部控制和向心力。

(二)风险评估要素的变化

每个企业都面临来自内部和外部的不同风险,风险评估的目的就是分析和辨认实现企业所定目标时可能发生的风险并适时加以处理。信息技术手段的不断应用,在给企业带来风险的同时也带来了控制风险的机会和工具。

1. 风险控制体系的变革,使内部控制的范围扩大

在信息技术环境下,虽然企业的整体目标没有改变,但是经济、产业及管理的外部环境与内部因素都发生了变化,伴随业务流程的改变产生了系统的开放性、信息的分散性、数据的共享性。这极大地改变了以往封闭集中状态下的运行环境,从而改变了传统的风险控制内容和方法。这些新的风险构成了内部控制的新内容。由于新的技术带来了新的风险,所以我们应辨认已发生的改变,并采取必要的行动,扩大控制的范围。

2. 有效利用信息技术,作为控制风险的工具

应该明确这样一种认识:风险的存在不是把信息技术拒之门外的理由,应该树立信息意识,更新控制观念,改变思维定式,有效利用信息技术为企业服务。如果把信息技术作为防范风险的工具,并与业务活动有效结合起来,则一个控制良好的电子数据处理系统就能发挥更大的潜力,从而可以减少错误和舞弊行为的发生,保证企业业务处理活动严格按商业规则进行。因此,我们应该也有可能把信息技术作为强化内部控制的一个有效工具。

(三)控制活动要素的变化

控制活动是指企业为了保证指令得到实施而制定并执行的控制政策和程序,是针对实现组织目标所涉及的风险而采取的必要防范或减小损失的措施。控制活动包括绩效评估、信息处理、实物控制和职责分工等。信息技术的广泛应用对控制手段也有一定的影响。

1. 信息技术增强了控制手段的功能

信息技术的引入增强了控制手段的多样性、灵活性、高效性,加强了内部控制的预防、检查与纠正的功能。控制的重点由对人的控制转变为以对人、机共同控制为主,控制程序也应当与计算机处理相适应。

2. 信息技术的恰当应用

信息技术的恰当应用,可以使企业摆脱人员与资源的限制,经济有效地实现内部控制的目标。在新的环境下形成新的控制理念,好的内部控制不应该仅是依赖过多的审核人员或复杂的控制程序,也应该依赖信息时代的控制理论和恰当适用的信息技术。

3. 内部控制复杂性

同时应该看到,随着计算机使用范围的扩大,利用计算机进行的贪污、舞弊、诈骗等犯罪活动有所增加。如储存在计算机磁性媒介上的数据容易被篡改;数据库技术的提高使数据高度集中,未经授权的人员有可能通过计算机和网络浏览全部数据文件,并复制、伪造、销毁企业重要的数据,使得计算机犯罪具有很大的隐蔽性和危害性等。这些活动增加了信息技术环境下内部控制的难度与复杂性。

(四)信息与沟通要素的变化

企业在其经营与控制的过程中,需要按某种形式辨识并取得来自企业内部及外部的信息,并在组织内部进行沟通,以使员工清楚地获取有关其控制责任的信息,履行其责任。与现代信息技术结合的信息系统具有开放化、实时化、电子化的技术特点,在内部控

制系统中展现出了新的特点,并发挥出了新的作用。

在新经济时代,网络连接了企业的各种职能部门,实现了会计和业务的一体化处理,并使会计核算从事后的静态核算转变为事中的动态核算;信息需求者可以获取实时信息,这使得工作在空间和时间上的接近不再是至关重要的问题,这样内部控制可以由顺序化向并行化发展。通过这种方式,可以使企业的设计、制造、销售、工业工程等人员并肩工作,共同控制企业的物流和信息流。

开放的信息系统为内部员工、管理者,以及顾客、供应商等外部团体提供了开放的沟通渠道,有利于内部沟通与外部沟通的进行,使得组织内的员工清楚了解内部控制制度的规定及各自的职责;管理者可以随时掌握内部控制制度的执行与生效情况,并可以从外部信息中获悉关于本企业内部控制功能的重要信息。

由于网络开放的环境很难避免非法侵扰,故会计信息系统很有可能遭受非法访问甚至黑客或病毒的侵扰。同时,我们还应注意新环境下信息系统的信息质量问题。在网络环境下,财务信息的传递借助网络完成,电子符号代替了会计数据,磁性介质代替了纸张,财务数据流动过程中的签字盖章等传统交易授权手段不再存在,从而使网络信息的真实性受到质疑。以上这些都给内部控制提出了新的问题。

(五)监控要素的变化

内部控制的程序化使得内部控制具有一定的依赖性,并增加了差错反复发生的可能性。信息技术的应用,使得内部控制具有人工控制与程序控制相结合的特点。这些程序化的内部控制的有效性取决于应用程序,如果程序发生差错或不起作用,由于对计算机系统的依赖性、麻痹大意及程序运行的重复性,会使得失效控制长期不被发现,从而使系统在特定方面发生错误或违规行为的可能性较大。因此,在网络环境下更应注意对内部控制的监控,应由适当的人员适时评估控制的设计和运行情况。

信息技术的应用使得内部控制框架的内部构成产生了新的变化,为提高企业内部控制效率、增强内部控制效果带来了新的机会,也产生了潜在的风险。与手工会计系统的内部控制制度相比较,信息系统下的内部控制制度是范围更大、控制程序更灵活多样的综合性控制,是控制的重点为职能部门和计算数据处理部门并重的全面控制,是人工控制和计算机自动控制相结合的多方位控制。

四、智能财务信息系统与内部控制的辩证关系

(一)智能财务信息系统是内部控制的环境

现代网络企业都拥有较为完善的管理信息系统,智能财务信息系统是其中的一个重要子系统,其最基本的职能是反映企业一定时点的财务状况和一定时期的经营成果及现金流量,保证企业各项资产的安全完整。智能财务信息系统提供的会计信息是企业高层管理人员把握企业整体经营风险和财务风险的主要途径。没有智能财务信息系统提供的信息,企业的整体内部控制就将无从下手。

(二)智能财务信息系统必须嵌入内部控制

现代网络企业经营规模日益庞大,社会影响力不断增强,为了准确反映企业财务状况、经营成果和现金流量情况,企业的智能财务信息系统本身已经成为一个非常复杂的系统,故该系统需要完善的控制程序,同时在其内部应设置相应的控制准则和控制标准。在财务信息系统建设的过程中嵌入内部控制体系是非常重要的,特别是对事项驱动型的智能财务而言。建设流程管理系统,设计实时控制模式和方法,是实现智能财务内部控制的重要途径。如果不能在智能财务信息系统中嵌入内部控制的程序和方法,那么智能财务的内部控制将无法有效实施。

五、智能财务内部控制的突出特点

(一)智能财务的特点

智能财务本身既是一个网络化的会计信息系统,又是一个事项驱动型的会计信息系统。它具有如下特点。

1. 工作环境网络化

智能财务的突出特点是网络工作环境。通常来说,因特网是智能财务有效运行的平台,网络机房和服务是智能财务系统运行的发动机,而数据库则成为信息存储和数据处理的核心。智能财务是对"事项"进行记录、描述和管理的会计信息系统,离不开数据库技术的支持,这是因为数据库是全部事项的信息仓库,是所有操作的数据平台。

2. 计算机设备成为主要的操作工具

智能财务信息系统的操作工具不再是传统的凭证、账簿、笔墨、算盘、计算器,取而代之的是计算机、读卡器、POS 机、网络设备及各类办公自动化软件、专业财务软件等。

3. 工作流程网络化

在智能财务信息系统中,所有人员的工作都在一个开放的网络中进行,基本账务处理的流程发生了变化。许多工作均通过网络来完成。

4. 工作效率大大提高

智能财务信息系统借助计算机信息技术将过去烦琐、重复的人工劳动转变为利用计算机自动处理,大大提高了工作效率。随着信息技术的发展,系统软件越来越完善,越来越向智能化发展。减少人工干预,将更多工作程序化,由核算型向管理型、决策型转化是智能财务信息系统发展的方向。

5. 会计信息提供个性化

智能财务信息系统改变了传统会计信息系统"会计部门—信息使用者"单向系统提供模式,使得信息使用者拥有更多的自主选择权。与传统会计信息系统不同的是,网络财务信息系统强调在不完全了解信息使用者的需求和决策模型的情况下,会计部门应立足于提供与各种可能的决策模型相关的经济事项,由信息使用者自己根据决策需要对数据进行剪裁,这样更能提高会计信息的决策有用性。由于直接面向使用者,故使用者可以依据自己的需要从企业最原始数据出发进行数据加工并获取信息,同时信息使用者不再仅限于管理人员,还包括众多个人信息用户。显然,这种双向模式使智能财务信息系统赋予了使用者更多自主选择会计信息的权利,极大地提高了会计信息的使用效率,会计信息的公开性提高,信息提供更具个性化。

6. 信息共享性大大提高

智能财务面向业务事项本身,改变了传统会计信息系统各个职能部门信息相互隔绝的状态,并将所有信息存储在共同的数据库中,使得会计信息集合程度更高,而且由于财务数据与业务数据具有共同来源,所以各级职能部门均可使用同一数据库的原始数据。除了财务部门的信息共享外,财会部门和单位其他部门也可以通过开发集成数据接口开放和共享一些公共信息,来提高这些公共信息的同一性和准确性。

7. 信息处理及时性提高

在网络环境下,对企业来说,生产、销售、人事、仓储等各个分支部门可借助网络将各自的信息实时传输到企业的统一资源数据库中,再由财务部门实时处理后将相关信息反馈回去,从而可使财务部门和其他职能部门随时保持沟通;在对外公布方面,企业可以通过网络技术在保证自身数据安全的基础上将企业自身动态数据信息实时传送给各相关部门的信息使用者。各种信息使用者通过网络便能实时了解目标企业运营状况,这使得信息处理速度明显提高,智能财务信息系统信息处理的及时性也大大提高。

(二)智能财务内部控制的变化

智能财务信息系统的上述特点使得智能财务内部控制和传统会计内部控制相比发生了很大变化,主要表现在如下几个方面。

1. 内部控制环境

对于智能财务信息系统而言,由于其完全依靠计算机、网络等进行工作,所以传统的控制环境在智能财务信息系统中已不存在。它的内部控制环境更多是以网络、数据库、信息和数据的传递等虚拟环境为主。

2. 内部控制的范围和内容

对于智能财务信息系统而言,内部控制的范围在扩大,其内容也发生了很大的变化。控制范围主要增加了网络控制和系统控制,其中网络控制包括网络的安全、病毒防护等,系统控制包括系统的设计、开发、软硬件的运行维护等。新的控制范围带来了新的控制内容,主要包括:网络安全控制、数据库安全控制、病毒防护,系统的设计、开发,软硬件的运行维护,使用权限和口令的控制,计算机数据处理的程序和控制等。

3. 内部控制的重点

网络信息系统自身的特点,决定了内部控制的重点和传统会计内部控制有很大的不同。传统会计主要是对人的控制,其重点是凭证和账簿、报表的核对、签字盖章等。智能财务信息系统建立后,很多原来需要人工完成的工作转为由计算机程序自动完成,因此内部控制的重点由对人的控制转变为对人、机进行控制,其内容包括网络、系统的安全,数据的备份,会计原始数据的输入,会计信息的输出,人机交互处理控制,会计信息访问权限控制及不同系统间的连接控制等。也就是说,在智能财务信息系统中,除了会计核算和业务管理的控制外,信息系统本身的控制将是重中之重。

4. 内部控制的手段

由于控制环境的变化、内部控制范围的扩大,智能财务信息系统拥有了全新的内部控制内容,内部控制的重点也转向网络和系统方面,所以内部控制手段也有了很大的变化。传统的会计主要采用的是严格的凭证控制制度。而在智能财务信息系统中,对于网络、系统等方面的控制往往是看不见、摸不清的,这主要靠一些计算机设备和信息技术来实现。同时,业务处理方面的控制主要依靠交易授权、人员权限控制、相关业务的程序化控制来实现。

(三)智能财务内部控制的优势

1. 交易授权自动完成

在企业管理中,交易授权可确保会计信息系统处理的所有重大交易都是真实有效的,业务都是实际发生而且符合管理当局目标的。交易授权是企业内部控制手段。在传统企业管理中,交易授权通过人为设定控制程序由经办人员执行;在网络环境下,由于企业信息处理高度集成,特别是原来许多通过手工完成的工作内化于计算机软件中,故通过设定软件和数据使用权限可自动完成交易授权活动。在网络环境下,多数交易授权都可以通过计算机程序自动实现,而无须外力介入。

2. 监控与操作的分离实现系统的有效牵制

在网络环境下,部门工作人员大大减少,多数工作由计算机自动统一执行,不再需要以多人重复劳动为代价的"多方牵制"内部控制手段。在智能财务信息系统中可以设置操作与监控两个岗位,通过对每笔业务同时进行多方备份,把会计人员处理账务时的操作和结果数据同步记录在监控人员的机器上,有利于监控人员即时审查。通过岗位划分、设定系统权限、使用信息技术便可实现有效牵制。

3. 数据处理由系统自动完成,提高了工作效率及准确性

智能财务信息系统的一个优势就是把原来手工进行的数据处理工作变为系统自动完成。会计人员录入记账凭证后,总账、明细账、日记账等各类账簿都根据凭证内容由计算机自动登记完成,同时,各类报表也由计算机根据设计好的报表格式及计算公式自动计算填入,这使得工作效率大大提高,数据的准确性也能得到保证。这样,传统会计中账簿、报表的正确性检查在信息系统中就完全没有必要了。当然,这也带来了内部控制方面的一个难点,即数据的无痕迹修改问题。

4. 通过程序控制相关业务流程,实现核算要求,减少人为错误

在智能财务信息系统中,大多数的核算要求、业务流程可以通过系统进行控制。网络技术对会计信息系统内部控制的促进和完善远不止以上几个方面。如它在提高会计工作效率、减少人力劳动的同时,可使企业内部控制更加有效。其突出表现是提高了系统内部信息传递的及时性,从而使系统错误可在短时间内被发现,减少了由错误带来的累计损失;使控制措施程序化,减少了人为因素的影响和执行的偏差,提高了效率和会计

信息的质量。另外,网络技术使单位各个职能部门之间的资源实现了共享,便于同一笔经济业务的相互核对和稽核。

第二节　智能财务内部控制体系的设计原则

简单地说,智能财务信息系统内部控制设计的指导思想就是以内部控制理论,尤其是 COSO 报告的内部控制整体框架为依据,发挥智能财务信息系统在内部控制方面的优势,利用信息技术和 IT 设备解决其面临的难题。

一、智能财务内部控制的设计原则

(一)合法规范原则

智能财务内部控制的设计应当遵循国家有关财经法规及单位有关管理制度的要求,以保证每一项经济活动在合法、合规的状态下开展。

(二)成本与效益原则

由于智能财务信息系统自身的特点,内部控制不可能做到尽善尽美,而且相对于传统会计内部控制来说,智能财务信息系统的内部控制在软件和硬件的投入方面也要大得多,因此,需要讲究成本与效益原则。一般来说,控制程序的执行成本不能超过可能由风险或错误造成的损失或浪费,基本标准是实行控制的收益应大于其成本,否则再好的控制措施和方法也将失去存在的意义。

(三)针对性强原则

智能财务的内部控制应该有很强的针对性,依据智能财务内部控制的优势和所面临的难题,针对内部控制的薄弱环节,找出关键控制点,制定具体内部控制程序和相应实施手段。

(四)内控严疏和效率高低协调的原则

单纯从会计工作上来讲,需要最为严格的内部控制。但是如果内部控制实施后使得原本简洁的工作流程变得复杂,工作效率大幅降低,则该内部控制制度并没有可操作性,故应该在这两者之间找到一个最佳结合点。

(五)重要性原则

智能财务的内部控制应该突出重点、照顾一般。在把握事项的重要性方面,应该考虑该事项对系统的影响力、业务性质、金额大小等。

(六)安全性原则

和传统会计内部控制不同,智能财务首要的内部控制就是安全性问题,其中最核心的就是系统和数据库的安全。系统不安全就无法正常运转,就不能提供可靠的会计信息。数据库一旦被破坏,其损失将是无法弥补的。

(七)实用性原则

智能财务内部控制的建设是以理论为依据的,但绝非为了研究理论而建设,因此,实用性是非常重要的原则。内部控制的建设不是仅仅制定一个原则并把它挂在墙上,而是能够将其切实地贯彻执行。要特别注重将内部控制嵌入到系统中去,并利用各种信息技术、IT 设备等有效的手段来实施它。

(八)一般性原则

一般性原则也就是传统会计内部控制所说的相互制约、职责分离、审批监督等原则,这些原则在智能财务内部控制中依然有效,所不同的是要将它们嵌入到系统中去,并将人工控制转换为程序控制。

(九)发展性原则

随着单位情况的发展变化,以及系统的完善和发展,智能财务的内部控制环境也将发生变化,控制的关键点和内容也会有所变化。内控建设应该始终关注上述因素变化,定期评估并适时做出调整,以适应企业财务管理的发展需要。

二、智能财务内部控制的整体框架和主要内容

(一)智能财务内部控制的整体框架

对于智能财务而言,其内部控制整体框架同样可以依据 COSO 报告的要求来设计,其具体内容如下。

1. 控制环境

COSO 报告指出,控制环境包括以下方面:管理哲学、组织结构、董事会或审计委员会、人力资源与实务、权责分派方式、品行与价值观、胜任能力等。对于智能财务内部控制而言,最主要的是建立健全组织结构,并根据工作和内部控制的需要设置不同的人员角色,赋予不同的操作权限。一般来说,操作人员可以分为以下几类:财务主管、系统管理员、一般核算人员、管理人员、稽核人员等。权限的分配既要考虑工作的顺畅,又要考虑到相互制约。同时,加强人员的职业道德教育,提高各类人员的专业技术水平,也是非常必要的。

2. 风险评估

控制环境和风险评估是提高企业内部控制效率和效果的关键。智能财务内部控制的研究不可能脱离其赖以生存的环境和单位内外部的各种风险因素,且应分析智能财务内部控制发生了哪些质的变化,以及这些质的变化对智能财务的潜在影响。对于智能财务而言,其重要风险点和传统会计相比,发生了很大的变化,主要包括网络的风险、系统和数据库的风险、会计数据修改的风险、由数据存储形式变化带来的风险、由交易授权形式变化带来的风险等。因此,必须从环境因素及其风险成因入手,对智能财务可能存在的各种风险进行全面分析和评估。必要时可设置风险评估部门或岗位,专门负责有关风

险的识别、规避和控制。

3. 控制活动

企业应首先根据风险分析,结合业务流程,找出关键控制点,然后对这些控制点设立良好的控制活动。控制活动应该涵盖核准、授权、验证、调节、复核、保障资金安全及权限控制等各项活动。对于智能财务而言,控制活动大致可分为网络控制、系统控制、数据库控制、各种具体业务活动控制。还可将控制活动分成事前预防、事中控制、事后审计来具体加以实施。

4. 信息与沟通

智能财务的信息与沟通一般包括会计内部的信息与沟通、会计部门与其他职能部门之间的信息与沟通,以及会计部门和单位外部的信息与沟通。在会计部门内部,信息是通过财务内部局域网来传递的,这些传递和沟通根据具体业务控制等需要,可以是单向的,也可以是双向的甚至是多向的,而且这些信息与沟通是嵌入到系统中,由程序来完成的。对于会计部门与单位其他职能部门之间的信息与沟通,其主要目的是实现各部门之间的信息共享,提高工作效率,提高信息传递和处理的及时性,这一部分主要依靠在各部门之间开发数据接口来完成。至于会计部门和单位外部的信息与沟通,主要是指一些基于因特网的网上应用业务。对智能财务而言,内部控制中的信息与沟通主要是通过网络,借助信息系统来完成的。

5. 监控

传统的监控一般包括日常内部稽核和审计、自我工作评估等。由于控制环境的变化、风险点的不同、控制活动实现方式的改变,以及信息与沟通的网络化、程序化,网络财务监控的内容发生了很大的变化,主要包括对网络平台的监控、对系统整体运行情况的监控、对信息传递过程的监控和对具体业务的监控。除了借助传统的会计稽核和审计手段外,还可以借助防火墙、安全审计系统、信息系统的实时监控模块等设备和技术来完成监控。

(二)智能财务内部控制的主要内容

基于以上对智能财务内部控制整体框架的分析,可以认为智能财务的内部控制主要包括以下内容。

1. 网络控制

网络是会计信息系统运行的平台,网络控制的主要内容是网络安全控制。网络安全方面的威胁主要包括外部网络的安全威胁、内部网络的安全威胁、网络病毒的威胁等。

2. 系统控制

系统控制包括信息系统的开发控制、维护控制,对服务器、客户端的运行控制,系统身份认证和权限控制等。

3. 数据库控制

智能财务最重要的就是数据库的安全。这部分的控制内容主要包括数据库安全防护、数据库操作权限的控制、数据库使用变动情况的实时监控和事后审计、数据库的备份和恢复机制等。

4. 具体业务控制

具体业务控制主要是涉及财务管理中业务流程的具体工作控制。它包括岗位设置、职责分工、授权批准,信息输入控制、信息流程控制、数据处理控制、数据输出控制,重要业务的实时监控等。每个单位根据自身信息系统的具体情况和要求,会有不同的控制内容。

(三)智能财务内部控制的目标

智能财务内部控制的目标,是指通过控制所要解决的问题和所要达到的目的,可概括为以下几个方面。

1. 确保系统的合规合法

信息系统与手工业务操作一样,其本身及其所处理的经济业务必须符合国家的有关法律、法令、方针、政策,以及有关部门颁布的各种规章制度、条例。因此,在设计系统的过程及系统运行阶段中,必须建立适当的内部控制机制,确保系统及其所处理的经济业务合规合法。

2. 保证系统处理数据的正确无误

保证系统处理数据的正确性是智能财务内部控制的基本目标。为了保证系统处理数据的正确性,在系统设计过程中,要注意设计程序化的控制。在系统运行过程中,要对数据输入环节进行严格的控制,确保输入数据的正确性。

3. 提高系统的安全性

保证计算机系统的安全可靠是系统正常运行的前提和基础。因此,在系统正式投入运行之前,就应考虑系统的安全性。应通过建立严密完善的硬件、软件和数据安全措施来保证系统安全、可靠。

4. 提高系统运行的效率

信息系统的运行效率在很大程度上取决于输入数据的速度。因此,在系统输入设计中,可采用适当的控制设计技术,提高系统输入的效率。

5. 提高系统的可维护性

系统维护的工作不仅量大而且复杂。可维护性是指系统易理解、易修改和扩充。为了达到这一控制目标,从系统开发工作开始,就应该考虑到今后的维护工作。在系统开发过程中,必须对系统开发的每一个环节进行严格的管理和控制。

6. 增强系统的可审计性

所谓可审计性,是指有能力、有资格的审计人员能够在一个合理的时间和人力限度内,对系统的正确性和可靠性等做出公正的评价。影响计算机信息系统的审计线索既容易被销毁,也容易被篡改,若设计时考虑不周,则很难进行事后审计。因此,只有在计算机信息系统的输入、处理和输出等设计环节采取适当的控制措施,如在智能财务信息系统中设立总账、明细账、记账凭证等各种数据库,才能保留各种审计线索,才便于对会计数据进行追踪审查。

第三节　智能财务内部控制的实现

一、网络控制

对于网络控制而言，网络安全是其最主要的控制内容。

(一)网络安全面临的主要威胁

①网络机房的安全。

②各种病毒的破坏。

③由内部用户的恶意攻击、误操作等造成的系统破坏。

④来自外部网络的攻击。

⑤缺乏有效的手段监视、评估网络系统和操作系统的安全性。

(二)网络控制方法

网络控制方法主要有以下两种。

1. 配置硬件设备

主要是指加强控制中心的安全建设，配置硬件防火墙、入侵检测设备、防病毒网关等网络安全防护设备和网络版防毒软件。

2. 加强制度建设

对于网络控制，除了部署安全防护设备外，还应加强制度建设。

二、系统控制

系统控制主要包括对操作系统和各类应用系统的控制。对系统进行控制时，除了应利用信息技术设备外，还应加强安全管理制度的建设。

(一)操作系统控制

操作系统是整个智能财务运行的平台，其安全性至关重要，因此系统控制首先应做好操作系统的内部控制。由于操作系统面向所有的用户，再加上自身的缺陷，所以它时刻面临着来自各方面的潜在威胁，包括系统内部人员的滥用职权、越权操作和系统外部人员的非法访问甚至破坏，还包括各类针对操作系统的网络攻击，以及各种各样通过操作系统破坏整个智能财务信息系统的计算机病毒等。要提高操作系统的可靠性，除了要尽可能地选用安全等级较高的操作系统产品，并经常进行版本升级外，还应在日常管理控制上采取以下措施。

①指定专人对系统进行管理，删除或者禁用不使用的系统默认账户。

②制定系统安全管理制度，对系统安全配置、系统账户及审计日志等方面做出规定。

③对能够使用系统工具的人员及数量进行限制和控制。

④定期安装系统最新的补丁程序,对可能危害计算机的漏洞进行及时修补,并在安装系统补丁前对现有的重要文件进行备份。

⑤根据业务需要和系统安全分析确定系统的访问控制策略。系统访问控制策略拥有控制分配信息系统、文件及服务的访问权限。

⑥对系统账户进行分类管理,权限设定应当遵循最小授权要求。

⑦对系统的安全策略、授权访问、最小服务、升级与打补丁、维护记录、日志及配置文件的生成、备份、变更审批、符合性检查等方面提出具体要求。

⑧规定系统审计日志的保存时间,为可能的安全事件调查提供支持。

⑨进行系统漏洞扫描,对发现的系统安全漏洞及时修补。

⑩明确各类用户的责任、义务和风险,对系统账户的登记造册、用户名分配、初始分配、用户权限及其审批程序、系统资源分配、注销等做出规定。

⑪对于账户安全管理的执行情况进行检查和监督,定期审计和分析用户账户的使用情况,对发现的问题和异常情况进行相关处理。

(二)应用系统控制

应用系统控制包括系统开发控制和系统运用维护控制。

1. 系统开发控制

(1)系统方法控制。

由信息化管理部门具体负责系统方案的制定。他们首先要到相关部门进行充分调研,做出详细的需求分析。在方案设计出来后,由相关领导、信息管理部门、系统使用人员等对功能实现情况进行讨论,研究和分析项目可行性和实用性后再确定开发方案。

(2)开发过程控制。

如果是自主开发,首先要明确各个阶段的任务、人员分工、文档编制等内容;其次,要求开发工具、开发文档编制标准化和规范化,这样有利于系统开发的分工合作和今后的运行维护;每一个阶段的工作结束后,要形成阶段开发报告,经论证审定后才能进入下一阶段,并作为下一阶段的依据。如果是委托软件商开发,应与软件商签订开发协议,明确知识产权的归属和安全方面的要求,提出详细的要求报告。

(3)系统测试和验收控制。

在网络环境下,应利用网络在线测试功能,检验整个系统的完整性、可靠性,并对非法数据的容错能力、系统抗干扰能力和对突发事件的应变能力及系统遭遇破坏后的恢复能力进行重点测试,以及核实既定控制功能能否在系统中得以有效实现。一旦发现网络系统中的各类软件存在漏洞,应立即进行在线修补与升级,并将所有与软件修改有关的记录报告即时存储归档。

在系统正式使用前,应组织专家、软件商、使用单位进行系统验收,并形成验收报告。验收内容主要包括:系统是否安全,是否达到设计方案和合同规定的功能要求,系统技术文档是否交付完整,软件包是否经过检测且不含有恶意代码。

2. 系统运行维护控制

系统的运行维护由系统管理员负责，除此之外不得再有其他登录系统的账户和密码。系统工具职能由系统管理员进行控制，并由他负责系统安全配置、系统账户及审计日志等的管理。应定期安装系统的最新补丁程序，对可能危害计算机的漏洞及时进行修补，并在安装系统补丁前对现有的重要文件进行备份。其他控制内容与操作系统控制类似。

3. 设计 USB-Key 的数字认证体系，实施系统内部控制

该系统主要用于数据库的身份认证、权限管理。通过 USB-Key 能实现多种控制模式，这对建设统一的数字认证门户、控制数据库的访问、保证数据安全、监督系统管理员的工作有着重要的作用。

（1）USB-Key。

简单来说，USB-Key 就是具有 USB 接口的硬件数字证书，它是与 PKI 技术相结合开发的符合 PKI 标准的安全中间件。利用 USB-Key 来保存数字证书和用户私钥，并对应用程序开发商提供符合 PKI 标准的编程接口，有利于开发基于 PKI 的应用程序。作为密钥存储器，USB-Key 自身的硬件结构决定了用户只能通过厂商编程接口访问数据，这就保证了保存在 USB-Key 中的数字证书无法被复制，并且每一个 USB-Key 都带有 PIN 码保护，这样 USB-Key 的硬件和 PIN 码便构成了可以使用证书的两个必要因子。如果用户的 USB-Key 丢失，获得者由于不知道该硬件的 PIN 码，便无法盗用用户存在 USB-Key 中的证书。与 PIN 技术的结合使得 USB-Key 的应用领域从仅确认用户身份，扩展到了可以使用数字证书的所有领域。

（2）基于 USB-Key 的数字认证系统的实现手段。

①制作 USB 接口的硬件数字证书。

②将“原用户号+密码”的认证方式改为“数字证书+用户号+密码”。

③建立一个信息系统数字认证软件对所有应用系统和数据库进行集成认证。

④该硬件证书应包括使用人基本资料、财务软件的进入权限、财务软件的具体操作权限。

⑤可以修改该硬件证书的使用人资料，但权限仅由所在工作组确定。

（3）智能财务信息系统的数字认证设计。

①智能财务信息系统的内部控制依托硬件数字技术实现。

②一般的操作使用单证书认证，重要的操作使用双证书或三证书同时认证。

③将工作组分为财务负责人、系统管理员、单一软件主管、复核、审核、查询。

④系统管理员、单一软件主管工作组的成员由财务负责人进行认证和调整，复核、审核、查询等工作组的成员由单一软件主管进行认证和调整，财务负责人不具有具体业务操作权限。

⑤系统管理员负责整个信息系统的维护，但不具有具体业务操作权限。

⑥数据库操作、数据初始化等由系统管理员具体执行，但需要财务负责人、单一软件

主管和系统管理员的数字证书共同认证后才可进行，并在系统日志中予以记载。

⑦重要的业务操作需由业务操作人员和软件主管双证书共同认证后才能执行，或者先由业务操作人员预执行，再由软件主管或者财务负责人复核认可后转为正式数据。

三、信息控制

对于智能财务而言，保证数据安全和实行正确的信息控制是最为重要的。信息控制主要包括以下两个方面的内容。

（一）数据库的内部控制

在智能财务中，数据库的安全是重中之重，因此，对于数据库的控制应该十分严格。

①对数据库的操作只允许通过客户端软件进行，没有特殊原因，任何人不得进入后台数据库。

②建立数字认证系统，将数据库的访问模式设计为"USB-Key+用户名+密码"，以加强数据库访问的权限控制。

③对于特殊原因需要直接进入后台数据库的操作，需由财务主管审批，并持财务主管的硬件证书和系统管理员证书共同进行身份认证后才能进入。

④禁止数据库的远程访问，软件商的维护人员不得自行进入后台数据库。

⑤配置数据库审计系统，对重要的数据库操作进行实时监控，设置异常操作报警机制，同时记录日志作为日后审计的凭据。

⑥每周整理数据库审计记录，对进入后台数据库、未经客户端的数据修改进行重点审查。

（二）数据的备份和恢复

由于智能财务的信息都是采用电子数据进行存储的，故必须建立一套备份与恢复机制，以确保出现自然灾害、系统崩溃、网络攻击或硬件故障时数据能够得到恢复。备份和恢复系统应具备以下条件。

①支持大容量存储。

②支持异地备份和恢复。

③具有跨平台的备份能力。

④支持多种存储介质和备份模式。

⑤支持自动恢复机制。

⑥对数据库服务器建立双机热备系统。

在完善数据库备份与恢复的硬件和软件系统的同时，建立严格的数据库备份与恢复管理制度是非常必要的。管理制度应该包括以下几个方面的内容。

①应识别需要定期备份的重要业务信息、系统数据库及软件系统等。

②应规定备份信息的备份方式、备份频度、存储介质、保存期等。

③应根据数据的重要性和数据对系统运行的影响，制定数据的备份策略和恢复策

略。备份策略应指明备份数据的放置场所、文件命名规则、介质替换频率和数据离站运输方法。

④应指定相应的负责人定期维护和检查备份及冗余设备的状况,确保需要接入系统时能够正常运行。

⑤根据设备备份方式,规定备份及冗余设备的安装、配置和启动的流程。

⑥应建立控制数据备份和恢复过程的程序,记录备份过程,并妥善保存所有文件和记录。

⑦应根据系统及备份所采用的方式和产品,建立备份设备的安装、配置、启动、操作及维护过程控制的程序,记录设备运行过程中发生的状况,并妥善保存所有文件和记录。

⑧应定期执行恢复程序,检查和测试备份介质的有效性,确保在恢复程序规定的时间内完成备份的恢复。

四、业务流程的实时控制

(一)实时控制理论模型

由于事项驱动型的智能财务是业务流程和信息处理流程的集成,加之在网络环境下,业务活动的自动化处理代替了人工处理,存储介质也由磁介质代替了纸张,所以在对待如何完成对交易数据的正确获取这一目标上,就不能采取事后进行一致性检查等传统控制手段。又由于业务是通过网络实时发生的,人员干预的成分较少,故必须实施事中控制,即实时控制。由于已识别了事项驱动型智能财务的有关风险,所以就应该在风险发生时尽可能地控制它,并对业务的合法性和合理性进行充分检查,使之符合既定的业务规则。这不仅需要在业务或信息处理发生时检查和管理与事项相关的规则、政策,还需要将控制程序化,即在系统的设计和开发阶段把控制规则编写成源程序代码并嵌入到业务事件的执行过程中,使各项控制由计算机自动完成,从而降低错误和舞弊发生的可能性。当然,在网络环境下,要使人们正确树立会计实时控制观念,还必须深入研究智能财务的流程再造、实时控制方法、实时控制模式等理论问题,不断丰富和完善智能财务实时控制系统,使其高效、安全、正常运转,最终保证智能财务实时控制目标实现。

(二)会计流程再造

1. 会计流程再造的意义

在智能财务中,传统的会计业务流程已无法适应,因此,“流程再造”是必要也是必需的。所谓“流程再造”,就是指利用技术改变传统会计中的管理流程、业务流程及会计流程,并将这三种业务流程集成,以实现会计的实时控制。它的实质就是采用所谓的基于“事项驱动”方式,再造传统会计和信息系统的业务流程。在智能财务中,这种基于“事项驱动”方式的会计业务流程有以下几个特点。

①实现了源数据库的共享。这种系统结构将物理上分散的企业的多个数据库在逻辑上集中,并支持不同层次、综合性的信息需求。经过标准编码的源数据信息,可以满足

企业外部所有信息使用者的需求,使数据库真正做到同出一源、实现共享。

②业务流程、会计流程、管理流程之间能够紧密合作,各部门之间信息协调的状态可以得到缓解。

③提供实时财务报告。由于信息处理与业务活动的执行过程是同步的,能够实施会计的事中控制,且系统能就违反规则的活动实时地向负责人发送异常情况报告,或者阻止舞弊活动的执行,故可使系统预防风险的能力大大提高。

2. 建立财务业务一体化流程

不管是传统会计,还是目前普遍使用的会计信息系统,其会计流程的起点主要还是依据经营活动发生时的各类原始凭证编制录入记账凭证,实际上仍然是事后算账。实现智能财务的实时控制,打破传统会计流程,充分发挥网络信息技术的优势,建立起财务业务一体化流程是非常必要的。

3. 财务业务一体化平台的实现

①充分利用网络平台和信息技术。网络平台是信息共享的基石,数据库、电子商务等信息技术的发展和完善是财务业务一体化流程得以实现的强有力的支撑工具。充分利用网络平台和信息技术,可以为实现实时获取信息、实时控制业务事项、实时生成信息、实时报告信息的全新流程打下坚实的基础。

②数据的存取和管理。财务一体化流程包括三个基本库,即业务事项数据库、模型库和方法库。三库通过中间的信息处理器进行数据的存取和管理,为企业财务运营、控制和决策提供依据。当业务事项发生时,探测器会实时获取事项信息,将所有原始数据适当加工成标准编码的源数据;同时记录业务事项的个体特征和属性,并集成于一个业务事项数据库中,而不是任由数据分散、重复存储于多个低耦合系统中。业务事项数据库不仅记录符合会计事项定义的业务事项,而且记录管理者想要的计划、控制和评价的所有业务事项,还存储业务活动中多方面的细节信息,任何授权用户可以通过它存储的数据来定义和获取所需的有用信息。

方法库是财务决策得以实现的一个基础。系统要求有一个完善的方法库以进行有效支撑。方法库用于存放信息提取规则、业务处理规则和控制规则,以及不同的确认和计量规则。在信息使用者使用会计信息时,系统可以根据不同目的选择不同的确认和计量规则,并将其组合成与信息使用者决策最相关的会计信息内容。此外,方法库中也包括一些基本数学方法、数据统计方法、经济数学方法、预测方法、评价方法、优化方法、仿真方法、决策方法及投入产出方法等。

模型库是分析问题、提供合理决策方案的基础。模型库中存放有用户求解问题所需的各种模型。该模型库可以试想模型的生产、组合、运算,以及模型的增、删、改一体化运作。模型库中的模型主要为分类汇总模型、财务报告模型、财务分析模型、预测模型、决策模型等。采用事项驱动的原理,将模型库与业务事项数据库相连接,在事项驱动的方式下,可以把信息使用者所需要的信息按动机不同划分为若干事项,并可为每一种事项设计相应的过程程序模型,当决策者需要某种信息时,相应驱动不同事项程序,即可得到所需信息。

(三)实时控制方法

完成了会计流程再造后,实现智能财务的实时控制便成为可能。在网络平台和信息技术的支持下,可通过识别结构化控制规则和非结构化规则来设计不同的内部控制方法,并在信息系统开发时将一些规则嵌入到系统中,或者设计一些管理控制模块,并将其和信息系统结合起来以完成实时控制。

1. 结构化控制规则程序化

在会计数据库处理过程中,判断会计数据处理是否正确是根据结构化规则进行的,其基本规则包括以下几种。

规则1:有借必有贷,借贷必相等。

规则2:资产=负债+所有者权益。

规则3:上级科目余额=其下属明细科目余额之和。

规则4:未审核凭证不允许记账。

规则5:审核人与制单人不允许为同一人。

上述规则是会计数据处理中的基本规则,同时也是“不相容职务相互分离控制”“授权批准流程控制”等控制方法的具体体现。事实上,规则远不止这些,人们一直在不断探索、丰富和完善规则,以使会计处理流程更加规范。

2. 设计业务流程管理模块

为了实现智能财务的实时控制,可结合再造后的新业务流程,设计出流程管理模块,并将其与会计信息系统相结合以完成内部控制工作。设计业务流程管理模块的目的在于不因为实施内部控制而影响业务流程的流转,降低工作的效率。该模块内嵌于信息系统中,可以实现信息的单向、双向、多向传递,可在线实时完成业务处理申请、处理结果批复,保证信息系统传递的时效性和授权审批等手段的实现。

业务流程管理模块主要包括如下一些功能模块。

(1)采购管理模块。

采购管理模块主要用于实时获取采购订单、出货、处理采购发票等一系列采购活动中的各种信息,并应用控制标准、控制准则以达到对供应商选择和确定采购订单价格、处理采购发票等一系列活动的实时控制,为企业最大限度地降低采购成本、提高经营效率提供支持。

(2)销售管理模块。

销售管理模块主要用于实时获取从销售合同签订到结束全过程的经营活动信息,并应用控制标准、控制准则对销售订单价格进行严格控制、指导,约束销售行为,动态控制产品的分配量、现存量、不可动用量、在途量等,在提高资金回笼流量和流速的同时,保证企业经营效益目标的实现。

(3)库存与存货管理模块。

库存与存货管理模块主要用于实时获取物料入库、出库、盘点、报废及结存等信息,并应用控制标准、控制准则实时控制存货的流量和流速，最大限度地降低库存资金占用，提高存货周转率。

(4)成本管理模块。

成本管理模块主要用于实时获取成本中心信息、每道作业的信息，并应用控制标准、控制准则在实施标准成本控制和作业成本控制的同时，最大限度地降低作业成本、产品成本，提高企业经营效益。

(5)财务管理模块。

财务管理模块主要用于实时获取企业经营过程中的个人和部门费用、现金流入、现金流出等信息，应用控制标准、控制准则严格按照预算对费用和资金进行实时控制，提高资金周转率，降低各种费用，最大限度地提高企业的经营效益。针对以上各类业务，应制定相应的业务流程，在每个流程中规定各种业务的处理规则，并将其与业务流程管理模块相结合，以达到实时控制的目的。

3. 通过数字认证体系进行权限控制

权限控制法是指企业高层管理者给予企业员工或部门一定的权利和责任，限定其活动范围，防止无权限人员对经营活动进行非法处理的控制方法。权限控制法也是授权批准控制法。在经营过程中，应用权限控制法能够使会计控制系统在有效的控制下正常运行，并能严格执行内部控制制度，保证系统的安全性和保密性。实施权限控制法时，也需应用相应的结构化规则来指导、协调、约束经营活动。其基本规则是当某项经营活动或事件发生时，如果某人有权限，则可以处理该事件，否则不允许处理。权限控制法从控制内容看，既涉及财务事件，也涉及业务事件控制权；从控制范围看，既涉及某个具体事件，也涉及整个流程的控制权。

4. 建立实时监控系统

在智能财务实时控制中，对各类重要业务和事项进行实时监控是非常必要的，因此，建立业务事项的实时监控系统至关重要，其具体内容如下所示。

①通过与各子系统的集成数据接口实时提取数据。

②对于需要监控的数据，根据各子系统通过业务事项的重要程度设置数据提取的条件。

③业务监控系统向不同级别和权限的人员实时提供相应的监控信息。

④在数据到达时进行实时信息提示。

⑤具有权限的人员登录业务监控系统后，未阅读的监控信息会自动提示阅读。

⑥对提取的监控数据存档备查。

在智能财务中，优化和再造业务流程后能够将控制规则嵌入会计控制系统，使计算机能严格按照控制规则进行实时控制。这样不仅减少了人工控制的缺陷，规范了经营活动，而且对发挥财务对经营活动过程的实时控制、实现提高企业经营效率和效益的目标起到了推动作用。

第四节　智能化财务内部控制应用

一、基于财务信息化的高校财务内部控制研究

（一）高校财务信息化及财务内控简述

1. 财务信息化简述

信息化建设是当代高校提升财务管理水平的重要举措，通过财务信息化可以实现高校纵向信息资源的对接和共享，实现资金统一管理，加强高校财务管理和财务监督，促进高校财务管理工作不断进步和完善。高校财务信息化主要是借助计算机技术、大数据分析处理技术、信息化系统等对财务数据进行信息化处理，提升财务管理效率，同时对财务管理流程进行规范，保障财务安全。

2. 财务内部控制简述

高校财务内控主要是采用科学的管理方法对财务活动进行规范、约束以及评价，从而帮助高校达到财务活动预定的目标，财务内控是控制论在高校财务活动中的具体化。高校实施财务内控，可以建立一整套完善的控制制度，对高校各部门的经济活动、财务活动等进行管控和监督，同时健全财务内控机制，可以细化职能部门，明确职责定位，实现部门的相互制约，促使高校财务管理高效化和规范化，为高校开展教研等活动提供保障。

（二）高校加强财务内部控制的重要性

1. 有利于提升财务管理水平

高校通过加强内控机制建设，可以优化财务管理流程，减少冗余环节，提升财务管理效率；同时有利于建立以资金控制为核心，以预算管理为主线的内控管理体系。另外，高校通过加强财务内控管理，可以强化对资金的控制，促进资金的有效运转，提升高校的资金利用率；同时可以实现对高校各项成本支出的合理评估分析，确保支出的合理性，能够降低高校管理成本。高校加强财务管控可以确保财务工作的科学性和合理性，降少违规操作，提升财务管理水平。

2. 有利于规范高校资金周转

资金管理是高校财务管理的重点，保证资金安全、资金规范运转是高校财务活动、业务活动有序开展的基础。高校通过加强财务内控，可以依据财务政策法规，制定全面、科学的财务规章条例，对高校资金的使用方向、使用效果等严格规定，促使资金规范流动，同时可以加强对资金的盘点、控制采购支出等，有效减少不必要开支。

（三）基于财务信息化的高校财务内控的有效策略

1. 加大财务内控监督力度，完善监督架构

高校加强财务内控离不开审计监督，通过加强监督可以增强对各部门的约束力，保证各部门工作的有序推进。首先，高校应重视完善审计监督机制，健全的监督机制是保

证监督效率的前提，高校应设立独立的审计监督部门，实现审计监督岗位与财务部门工作的分离，确保监督的公平性和公正性，另外财务人员不能兼任审计岗位。其次，高校审计监督部门应注重内部控制监督评价、财务审计活动、业务检查活动的有机结合，不断加大审计监督的力度，通过检查常态化、监督日常化、评价客观化和效果显著化来检验学校的内部控制是否健全，是否能够有效执行，对于发现的问题和风险及时进行解决处理，以保证高校内部控制活动的持续有效运行。

2. 加强财务人才建设，重视专业财务内控人才的培养

人才是高校财务信息化建设的保障，也是高校财务内控的主要推力。高校加强财务内控应重视加强财务人才建设，可以将内选与外聘相结合，一方面重视在高校内部选拔相对优秀的财务人员，并定期组织培训学习活动，提升其财务专业化水平和职业素养，另一方面高校应重视选聘外部的优秀财务人才负责财务内控管理工作。通过提升财务人员的专业性可以有效实现财务内控的目的，财务人员在工作中应不断学习，提升自身专业化水平。

3. 加强财务信息化建设，提升财务管理效率

(1)完善内控信息化系统建设。

高校推动财务信息化建设，应重视引进先进财务系统，并积极推动各部门系统间的对接，保证信息的同步性和共享性，这是提升高校财务管理效率的关键。首先，高校应重视加强预算申报系统与财务核算系统的对接，促进预算项目申报模块的构建，实现电子化标准格式填报；同时应积极推动移动支付的普及，实现手机支付全覆盖，还应做好报名系统与手机支付的对接工作。其次，高校应重视科研系统与财务系统的对接，通过二者的有效对接，一方面可以实现科研信息的同步推送与财务立项信息的自动接收，同时还可以实现对科研预算额度的有效控制，另一方面通过系统对接，便于及时对项目进行调整，在此过程中如果科研项目需要临时调整，则可以立即对项目进行冻结，直到项目修改完成再重新推送至中间库，确保科研项目立项的科学性。通过加强财务信息化建设，可以有效促进高校各部门工作的协调统一，提升财务管理效率和水平。

(2)构建云会计体系，重视智能财务管理系统建设。

当今社会是一个智能化时代，高校加强财务信息化建设，应注重建立智能化财务系统，打造全新财务管理模式，为高校财务管理提供全套服务。高校应重视智能财务管理系统的引进，具体包含以下功能。第一，账簿查询功能，录入凭证即可查询账簿，提供多维度账簿查询，支持总账、明细账、多栏账、数量金额账、核算项目类账簿查询。第二，固定资产管理功能，只需录入卡片，结账自动计提折旧，支持折旧汇总表、折旧明细表、类别管理，可以实现高校精细化资产管理。第三，出纳管理功能，提供日记账管理，支持日记账生成凭证，支持银行日记账直接导入，支持与总账对账，规范高校资金管理。第四，凭证管理功能，可以提供凭证附件管理、上传附件整理可直接生成凭证，同时可以实现无缝集成第三方软件，进销存单据、报销、固定资产自动生成凭证。第五，对接云报销，支持费用申请、在线审批、费用分析，合理控制高校费用支出。

(3)构建内控集成管理平台。

高校应充分运用现代科学技术手段加强财务内控,将预算管理、收支管理、政府采购管理、建设项目管理、资产管理、合同管理等主要业务控制流程,通过统一的流程管理引擎将风险控制点嵌入到各业务信息管理系统中,并纳入统一的内控集成管理平台中进行管控。高校构建内控集成管理平台可以包含以下模块,风险指标库管理模块、风险控制策略库管理模块、内控缺点跟踪管理模块、内控绩效评价模块、内控报告管理模块及内控流程集中管理模块等,以实现对高校内控管理的集中集成的控制。该平台还具有内控管理的缺陷跟踪采集与跟踪机制,能够为高校内控管理建立一个闭环的内控流程体系,提升高校财务内控管理的科学性和规范性。

二、基于内部控制的建筑企业财务管理研究

(一)完善建筑企业内部控制的重要作用

企业资金的走向、企业资金的使用信息的真实性都直接影响着一个企业能否健康持续的发展。所以,加强企业财务管理的内部控制,能够有效地保证企业资金的正确使用以及资金使用的效益最大化。现阶段,建筑企业工程项目涉及的资金越来越多,一个项目的顺利进行动辄投资千万,甚至上亿。由于涉及资金数量大,工程施工环节涉及范围广,为了保障资金做到专款专用,必须加强企业财务管理的内部控制。

(二)基于内部控制角度的建筑企业财务管理

1. 建筑企业资金管控的风险

我国的建筑企业工程项目规模较大,具有很强的流动性和分散性。有的大型建筑公司同时进行几个规模较大的项目,且往往由下属的分公司进行承建。资金流量大,流向分散,造成资金管理难以进行有效控制,容易出现挪用公款、虚假报销、资金使用率低等财务问题,间接地影响企业的资金安全,不利于企业的发展。所以,重视财务管理的内部控制制度,提高资金的使用效率,才能使企业不断健康地发展。

2. 加强内控制度建设,提升企业财务管理水平

建筑行业的不断发展,使得建筑企业也得到迅速发展。企业规模不断扩大,占据的市场份额也不断增加。为了建筑企业能够一直茁壮地成长、发展,企业也必须对内部财务控制管理引起相应的重视。应该结合社会经济发展的大环境以及企业自身发展的特点,走可持续发展的道路,遵循企业的成本效益,严格遵守国家相应的法律法规,不断地完善企业内部财务控制管理制度。主要包括资金使用权限批准、资金预算批准、内部审计监督制度等,不断地完善企业内部财务控制管理体制,促进建筑企业的健康、可持续发展。

(1)推行资金集中管理制度,强化资金审批工作。

资金进行合理的使用以及使用的真实性的保障,是加强建筑企业内部财务控制管理的重要前提与基础。建筑企业资金的使用具有资金流量大、走向比较分散的特点,为了保证资金的专款专用,提高资金的使用效率,保障资金的安全性,企业财务管理部门应制

定相应的制度，不断完善资金使用及进行流转的过程，使每个环节相互配合，对建筑企业旗下的分公司账目进行有效监督与管理。至于建筑企业内部资金的使用，可以引进一些便捷的方法，代替传统的资金使用方法。在企业承接大型项目时，资金的使用应该保持合理的筹资结构，避免企业出现工程项目后续资金不足等情况，导致工期延误，给企业造成更多的损失。

(2)健全内部控制制度，促进财务管理标准化。

建筑业财务管理的趋势将从核算业务分散化向标准化、共享化方向发展，需要不断完善和加强企业内部控制管理建设，从根本上推进财务管理的现代化路程，使企业内部控制与财务管理发展相契合，共同促进企业转型升级，保证公司日常工作的系统性、协调性。尤其是在企业财务管理方面应加强内部控制。结合企业财务管理的特点以及社会经济发展的趋势，在符合经济效益的基础上，建立分工明确的财务管理制度。对财务人员进行职责与权力的划分，坚决杜绝个别财务人员权限过大，财务人员之间相互牵制、相互监督。在监督的基础上，建立企业内部完善的审计制度。设立相应的审计机构，聘用具有专业技能的人才，开展审计工作。

(3)加强预算与核算管理工作，打好财务内控工作基础。

会计预算控制是加强企业内部财务控制的有效方法，企业可以聘请专业的公司进行会计预算，也可以聘请专业的技术人才为企业进行会计预算，在核算的过程中，一定要考虑企业自身的财务管理特点，进行科学合理具有实用性的会计预算。建筑企业的工程项目比较分散，参与人员较多，管理模式各不相同，所以，首先应该对企业本身以及企业下属的分公司的情况进行全面了解、分析，要达到预算结果与企业实际资金状况相符，建立统一的预算体系，使企业的分公司能够严格地按照统一的预算体系进行会计预算，加强对资金的控制。在会计预算执行的过程中，要把成本的使用最大化。并且要明确资金审批的流程，将工程项目管理中的费用以及工程成本全部纳入会计核算的范围之内，充分保证会计核算信息的真实性以及实用性。

(4)注重高素质财务管理人才培养，完善绩效考核机制。

人才是一个国家发展的核心力量，更是一个企业不断发展、创新的核心保障。首先，国家可以推出相应的政策，对企业聘用的人才制定合理的标准，防止企业财务部门任人唯亲，造成公司财务管理的混乱。其次，企业在招聘财务人员时，要严格进行标准的把控，不仅要求掌握基本的财务知识，更需要很好地对整个财务流程进行管理和监督；企业还需要对财务人员进行定期、定时的培训，不断加强自身的专业技能，丰富会计专业知识，不断地提升自我。对于在财务工作中做出优秀贡献的员工给予奖励。对于在财务工作中出现过错甚至是造成公司极大经济损失的员工，可以进行相应的惩罚或者予以开除。要重视企业员工绩效的考核和激励。制定合理的升职与绩效考核的机制，不断完善建筑企业内部财务管理制度，提高企业财务管理水平，从而不断促进建筑企业的健康、持续、良好的发展。

三、医院财务电子信息化的内部控制

医院建立财务电子化信息系统,能够有效提高财务数据处理速度,同时也可以明显促使医院核算工作的可靠性及准确性得到大幅度提升。另外,在传统财务核算过程中通常采取人工核算方式,不仅效率低下,而且特别容易出现计算失误的现象,但是建立电子信息化系统后,医院数据处理工作更加准确,同时效率更高,这对于目前的财务工作人员提出了更加严峻的挑战。

(一)电子信息化系统功能

电子信息化控制系统主要包含了几方面功能:第一,电子信息化控制系统具备预防性功能,可以通过防止措施来避免某些错误、舞弊情况或者事故灾害的发生;第二,财务电子信息化控制系统具备监测性功能,可以通过对已经发生的事故、灾害、错误或者舞弊现象进行监测,避免损失扩大;第三,财务电子信息化控制还具备校正性功能,可以通过校正检测到错误,还可以对于财务舞弊的行为进行处置,然后,可以补救进而减少经济损失和减轻危害。财务信息化主要就是医院通过使用计算机硬件、软件以及现代化信息技术加强信息资源建设工作,同时提升财务管理质量和财务管理水平。电子信息化控制主要内容包括财务管理、会计核算、门诊收费管理及住院费管理等等,通过信息化控制系统能够有效提高工作效率,同时保障医院经营完善性,避免由于人工进行操作而出现计算失误或者疏忽大意等情况。

(二)电子信息化系统对医院内部控制的影响

1. 内部控制范围改变

医院通过使用计算机对财务数据进行处理,这样,会计工作由以往手工模式转变成了电子信息化。其中,会计财务部门不仅需要切实做好基本业务,而且目前还需要财务工作人员完成一些之前没有的工作,这些工作比较复杂,提升了财会工作人员的劳动量,同时负担更重。另外,由于计算机具备了高效运算速度,还具备了网络通信技术,这样,以往多个部门共同完成的会计业务在终端上由一个人完成,造成财务部门控制范围扩大。

2. 控制方式改变

在医院建立财务电子化信息系统之后,操作人员应当熟练掌握财务软件使用技巧,将账务处理工作交给计算机系统,能够通过系统软件进行集中化数据处理,因此提升了工作效率以及质量,同时还导致财务控制方式发生了较大的转变,逐步由以往人员互相制约控制转变成为计算机软件程序控制。

3. 控制对象改变

如果是传统手工会计记账,内部控制对象主要就是会计对象、会计工作以及数据处理程序等,但是,在医院建立了财务电子化信息系统之后,原先能够反映会计处理过程以及反映会计工作的各种凭证、汇总表、科目表、工作底稿消失,工作人员仅仅直接将数据输入到计算机,然后通过计算机系统进行自动化记录,这样就导致财务控制对象发生了较大的转变。

4. 控制难度改变

随着计算机技术的快速发展,计算机在各个领域得到了广泛的应用,通过计算机进行诈骗、舞弊及贪污的行为逐渐增加。其中,在计算机上的数据特别容易受到篡改,甚至可以在不留痕迹的情况下进行数据修改。这样,相关人员可能会通过某些非法手段销毁数据、更改数据或者破坏数据,还造成数据丢失等等,这样的情况下,想要对于会计信息进行严格控制的难度上升,计算机犯罪具有较大危害性,相比以往,防范财务控制犯罪、作假行为难度更大。

(三)医院财务电子信息化内部控制对策

1. 优化内部控制环节

控制程序系统主要包括财务电子信息系统以及操作环境系统等等,要求相关工作人员制定严格完整操作规定,同时应当强化系统验证工作,及时发现问题并进行修改,另外,在操作的过程应当明确操作程序以及了解注意事项,只有这样才可以对电子信息化内部控制各大环节进行优化。

2. 提升财务人员素质

为了加强财务控制就需要财务人员具备较高素质,财务工作人员不仅需要充分了解财务知识,而且还应当不断对于新的知识加以学习,只有这样才能够促进自身知识体系符合时代发展要求。另外财务人员还应当加强计算机应用,开展智能财务管理过程当中要充分了解其他相关技术和知识,只有这样才能够在医院财务内部控制过程当中及时发现问题,同时采取有力措施加以解决。

四、智能化时代下社会保险单位内部控制财务体系

社会保险的存在是国家为给予民众一种稳定生活维系的一项专项性的补助项目,民众只需在有能力获取经济收入的年龄段每月上缴一定的固定款项,并缴纳满足规定的年限,便可在特定的年龄段按月获取相应的福利,以此来保障其自身在不能创造经济价值也不能获得经济收入的年龄段依旧可以获得安稳生活的经济保障。而社会保险单位的存在就是对这一部分款项的核算、收缴、支付及运转等项目进行安排及运作。由于我国可缴纳社会保险人口基数较大,以至于社会保险单位所能收缴及支配的社会保险专项款项较大,为了保障专项资金正常、安全、稳定地运行,社会保险单位应对单位内部控制体系进行严格把控,并在财务体系的助力管理下维持在一个安全、正常的运行轨道,从而实现我国社会保险事业的长久稳定运营。

(一)社会保险单位内部控制财务体系存在的重要性

1. 保障社会保险资金安全

由于社会保险单位进行社会保险专项资金管理,其所能支配的款项金额较大,涉及

项目较多,故而为了保障人民专项财产安全,减少或避免擅自挪用公款、私设账户、贪污、盗窃等违规违法行为的发生,社会保险单位管理部门应制定完善的内部管理制度,以此来保障专项资金款项的安全运行。社会保险单位内部控制管理应对专职管理人员进行岗位责任制权责划分,以此来保障各部门间的内部管理及运行安全可靠,同时也应针对专项资金款项进行不定期的审计与审查,确保专项资金使用途径合理合规,专项资金余额储备值与账面相符。

2. 提升财务体系运作质量

财务体系下的内部控制工作是通过对社会保险专项资金运作的各项工作流程进行监督管理规划,并对款项运行中的每一项工作流程进行细致的检测、审批及监督管理,利用岗位责任制职权划分,将工作中所涉及的每一位工作人员的工作内容及工作职能进行任职式分工,使其在工作中能够尽职尽责地进行岗位职权能力输出,以此来保障每一位工作人员的工作皆是符合章程规定的合规操作,其中表现尤为突出的便是财务部门工作人员的工作管理,社会保险单位通过对内部管理制度的加强,从而使财务资金流向、资金运转、账务记录、核算盘点、账目审计等工作项目的准确性有所提升,从而实现社会保险专项资金的精准监控,保障资金整体运行的安全性。

(二)智能化时代下强化社保单位内部管理控制相应措施

1. 规范工作流程,强调操作步骤

社保单位的工作范畴不仅仅是对于资金的运行处理,同时也包括社保涉及各项业务的办理,为了保障后期资金账目的精准核算,首先需要从业务项目的办理入手,从初级入手逐层递增,确保每个环节所涉及的项目均有详细准确的可查依据。相关业务操作人员在进行业务办理时应按照业务办理流程逐步进行业务事项办理,并注意在业务办理过程中所涉及的资料、凭证、单据均应保障其真实、准确、完整,以备资料留存存档,便于后续查找。其次,在办理业务时应注意相关办理流程中所产生的数据资料的公开性,因业务所涉及的利益群体为民众个人自身利益,故为了使民众了解业务所涉及的利益明细,应将涉及民众自身利益的相关资料及数据公示给民众个人,使其了解所办理的业务的具体情况,避免后期民众因不知情与社保单位产生不必要的纠纷与麻烦,造成双方利益受损。最后,当业务事项办理结束后,社保单位应对当日所处理的数据资料及纸质资料进行整理、归档、留存,以便后期资料借调、查找。

2. 明确管理责任制,构建完善管理体系

社保单位在进行管理体系设置时应注重对于管理人员及相关工作人员的岗位责任制的设定,对于每一位社保相关工作的人员应按其工作职位、工作性质来对其进行责任认定,使每一位工作人员均能尽职尽责地认真对待自身工作范畴内的每一项工作业务,以此来保障业务进行的准确性及数据反馈的真实性,同时因权责设定的规划设置,使每一项工作所涉及的相关数据及资料均不少于两人经手,从而起到相互制约、相互牵制的效果,进一步保障了数据的真实性及工作的规范性,避免了违规操作、贪污克扣的现象发生。

3. 完善财务管理制度,强化会计信息质量

社保单位所涉及的社保资金运作均以提高收益,使资金增值为主要工作目的,而财务部门所涉及的工作范畴正是包含这一项目,为了保障资金流向合规合法,资金运作有据可查,社保单位应加强对于财务部门工作的相关管理制度的规划及设定,同时建立完善的资金收支运行管理渠道,以此来保障资金的收入及支取流向均符合国家专项管理资金收支、运作管理条例,实现资金流向操作规范合理。同时为了保障资金的往来数据真实有效,操作合规,社保单位应加强对于审计工作的重视,审计工作的存在是对财务工作的一项检验式把控项目,是保障财务工作运行合法合规的一项重要工作环节,故而社保单位应多注重审计工作,并对财务资金流向及运作进行不定期的审计,以保障资金的安全合规。

4. 引进先进科技设备,助力工作运行

随着人口数量的不断增加,社保缴纳人群的数量增加,国家社保政策的不断改良,使得社保单位的工作量也随之增大,处于当下科技信息时代的发展中,社会保险单位也应积极引进先进的科技设备及相应的应用软件,来进行业务办理及资料处理,以此来提升社会保险整体业务办理的进度,同时利用智能化应用软件及相应设备来进行财务核算,助力实现财务体系监控管理工作的快速进行,通过财务体系的监控管理,使得社保单位的内部控制管理工作进行得更加顺利高效。

第九章 智能时代财务人才的转型培养

第一节 财务人才的培养

一、智能财务人才的重塑

随着人工智能创新技术的发展日新月异,人工智能对社会各领域的渗透日益深入,智能会计呼之欲出。在最有可能被取代的职业中,会计职业赫然在列。因此要培养智能型财务人才,以应对智能会计时代的到来。

(一)人工智能将重塑会计、审计行业

随着大数据等基础人工智能技术的飞速发展,人工智能所需的基本框架已经搭建起来,其对会计、审计等行业的影响会越来越深刻。大数据将重塑财务与审计行业,不仅基层会计人员将大幅减少、业务会计界限逐步消失、专业会计机构高度集中,同时财会部门还将成为大数据处理部门。

1. 可以大幅度提高会计及审计信息的质量

人工智能不仅可以最大限度地降低因人工失误造成会计及审计信息失真的可能性,而且会在很大程度上减少人为篡改或造假财务资料等舞弊行为,从而使会计及审计信息质量大幅提高。

2. 可以使会计及审计行业的工作效率大大地提高,使人力成本大大地降低

企业使用财务软件不仅可以不必花费更多的人力和时间处理机械、单一、重复的财务事项,还会大大地提高会计核算的效率和质量;审计部门使用审计软件不仅可以大大地降低人力资源耗费,还会在对各类报表项目、交易和披露进行即时全面分析后,在更短的时间里对账面数据进行风险评估,找出可能存在问题的风险点,从而提高审计的效率和效果。

3. 可以更好地防范风险,提高企业竞争力

人工智能在挖掘数据的基础上不仅可以处理大量数据并建立数据库,还可以对数据模型进行持续跟踪分析,从而对企业的各类投融资和营利等重大事项进行预测。相对于人类有限的信息存储量和计算能力而言,人工智能具有更加齐备的信息和更为高速的运算。同时,人工智能可以结合专家决策系统识别并消除金融危机给企业财务管理带来的

影响;还可以通过建立风险预警模型来识别财务风险,化解安全隐患,从而大幅度提升企业的竞争力。

4. 促进传统财务、审计工作模式的改进

现行企业财务核算大多按照基本业务流程来划分会计人员的工作职能。人工智能的引进不仅可以解决一些烦琐、程式、高频的工作,而且一定会在很大程度上打破以往对财务及审计工作的分工。手工记账环境下存在的机械、单一、重复财务事项,在实行人工智能后,相关人工岗位可能会被取消或进行大幅度精简。精简的财务人员可能改为程序操作员或从事管理会计岗位,这就打破了以往对财务岗位的分工格局。人工智能对审计工作也同样会产生很大的影响。人工智能会打破原来按照会计业务的类别或性质进行分工审计的格局,这就需要增加精通财务软件和审计软件的技术人员,以适应人工智能下审计工作的需要;同时还要考虑在人工智能下企业财务可能出现的新情况、新问题,以便更有针对性、实效性地开展审计工作

(二)智能会计时代的会计人才特质

未来人工智能将重塑会计行业,会计职能也将随着社会及企业要求的变化而转变:企业需要的是对财会工作具有较高业务水平和胜任能力,而且在一个或多个相关领域出类拔萃的财务人才。会计人才要摆脱低端、纯粹的财务处理工作,进而将信任度、创造力、沟通能力、洞察能力、解释能力,以及对税法与传统簿记掌握能力置于优先考虑的位置。

在智能会计时代全面数据化的大环境下,会计人才必须成为确保数据安全以及软件正常运行方面的专家;在拥有更多的可用数据且历史数据越来越可靠的情况下,必须提高对风险的识别和分析,从而为商界客户提供战略性的预测模型和未来规划。

伴随着智能会计时代会计处理全流程自动化、会计决策分析智能化和会计服务共享化等趋势的到来,一方面会计基础工作将更加专业化,另一方面大量程序性的会计基础工作将被会计信息系统所取代,从而导致会计人才从基础性、程序性、重复性的会计核算工作,转向更有价值、需要更多职业判断、基于大数据的数据分析和挖掘等会计管理工作,会计人才的管理职能和数据分析职能将越发凸显。

在智能会计时代,企业内部经营管理和外部生存发展都将产生重大变革,具体而言有几大趋势:业财深度一体化、处理全程自动化、内外系统集成化、操作终端自动化、信息提供频道化、处理规则国际化、会计信息标准化、会计组织共享化、风险威胁扩大化、处理平台云端化。这些发展趋势要求会计人才必须向复合型人才转型。复合型财会人才应熟练掌握财会理论和实务操作,擅长信息技术;还应精通资本运作、内部控制、管理会计、纳税筹划、金融保险等与财会相关的某一或多个领域的专业知识和实务操作,对本职工作所涉及的方方面面具有很强的应变和处置能力,能够在以财会领域为中心的较大范围内驾驭自如。简而言之,复合型财会人才要能够及时适应以下三个方面的变化和发展。①要及时适应财会专业及相关专业各方面的更新和发展。②要及时适应各种新生事物所带来的新思考、新问题、新变化。③要适应整个社会不断进步带来的各种变化和发展,

要具有很强的适应性和应对能力。

(三)会计行业应对人工智能的冲击

智能会计时代的到来是一场会计生产力的变革,必然引发生产关系的调整。会计行业应该从整体出发,充分认识技术进步给整个行业带来的重大变革。

人工智能技术的提升与应用倒逼会计人才转型升级,对会计人才的能力框架建设提出了新的要求。会计行业需要对会计工作的性质和会计人才的种类进行重新分类,一些传统、简单、重复等依靠手工进行的会计工作应该被采用新技术的新型会计工作取而代之。同时,会计人才的种类也应随着会计工作性质的调整而调整。

人工智能在给会计行业带来变化的同时,对企业内部和外部管理也有重大影响,包括企业信息化对风险、资产、人力资源的管理,以及外部审计监管等都会随之改变。故此,会计行业要未雨绸缪,在培养会计人才时不能只注重某一领域,而应放宽眼界,统筹规划会计人才的职能,使其能够促进优化资源配置、精细测算成本、研判市场趋势、规划投融资方式;能够支持绩效考评、平衡财务和非财务指标,运用价值链分析更加全面、客观地反映企业绩效;还能够助力经营决策,推动资源合理使用,提升价值创造力。

技术一直在改变着会计行业,财务软件已经取代了很多记账的工作,而且毫无疑问,未来科技将继续改变今天的标准流程。智能会计时代的来临虽然是不可阻挡的大趋势,但人工智能缺乏人的思维和创造性,要全面取代会计人才的专业和道德判断还有很长的路要走。会计人才要积极转型升级,了解趋势、驾驭技术,与时俱进,稳立潮头。

二、财务数字化转型

随着数字化浪潮席卷全球,农业经济时代和工业经济时代已经逐步退出历史舞台,取而代之的是数字经济时代。面临市场环境的巨变,数字化转型席卷全球,甚至有人称之为"第四次工业革命"。在宏观层面上,体现为经济结构的转变及经济发展方式的转型升级;在微观层面上,体现为企业组织形式的变革、商业模式的创新与战略重心转移等。我国经过改革开放,经济已经开始由高速发展阶段转入高质量发展阶段,数字经济已然成为我国经济增长的主要驱动力。

(一)财务数字化转型的意义

财务部门作为企业的核心部门,是企业的关键数据中心,囊括所有的交易行为和信息往来,因此,财务部门具有信息和数据汇集的先决优势,以财务作为切入点的财务数字化转型将成为企业数字化转型的起点。财务部门通过对数据的收集、加工、整理、分析,促进企业门管理数字化,提升企业综合管理能力,进一步提升企业整体价值。

财务部门是企业内唯一能够实现与内部各部门和外部所有利益相关者建立关联并进行效益验证的部门。然而,在企业传统财务管理模式中,财务职能侧重于核算和监督,以及在核算的基础上运用会计工具进行分析。财务部门与内部和外部相互割裂,成为数据孤岛,所出具的数据分析报告也较为空洞,这些报告无法成为管理层决策的有效支撑。

而财务数字化转型后，将依托云计算、移动互联、人工智能、物联网区块链、大数据等信息技术，将制度、流程、表单嵌入信息系统中，通过观念再造、人员再造、组织再造、流程再造、系统再造，重构财务组织和业务流程，将企业集团范围内的财务职能集中起来，从而提升财务数据质量和财务运营效率。财务数字化转型后，能够使企业数据相互连接，实现企业内部部门连接数字化，增强了跨部门信息协同互动，使得财务具有向业务前端延伸的内在动力，促进业财融合，使财务走出封闭独立系统，实现财务职能前置，充分发挥了财务服务和管理业务的职能；同时，也将实现外部连接数字化，企业分别与客户、供应商、投资者、银行债权人之间进行数字化连接，实现产业链协同、生态圈共赢。

（二）财务数字化转型的优势

财务数字化转型主要包括预算、核算、资金和财报系统四个方面，并贯穿整个财务管理体系。

1. 预算系统

数字化技术使得预算系统的一些功能得以实现，具体优势包括以下方面。

①建立同时满足企业文化和科学管理的预算组织机构，明确各组织的职能和定位，同时辅以配套的预算管理机制。

②在编制预算时，平衡各部门的关键业绩指标（KPI）和资源状况，减少组织间的博弈和协作不力。

③增强预算分析和控制，监控预算执行状态，进行滚动预测和对比分析，提升预算对业务的指导作用。

④通过撰写预算管理手册，明确预算组织流程、机制和假设等预算规范，定期更新预算管理制度和配套规范，确保其与时俱进，将预算与绩效考核有机结合，提升预算执行力。

⑤建立实时化、场景化的费用管控模式，把控支付场景，费用预算管控由事后转为事前。场景化消费控制体系能够支持企业实现费用全流程监控管理，通过费用申请预算、场景消费实算、费用报表分析及时发现存在的问题，确保预算真正落地。

⑥企业财务部门通过创建集成的预算模板或实施多维度的预算管理系统，有效提高预算管理效率，降低预算编制时间；通过图形或表格的形式展现多维预算分析、专题分析和预算控制效果。

财务数字化转型建立了科学的预算管理制度，明确了预算调整的前提和审批流程，利用滚动预算等方式提高了预算的灵敏度，由此便可搭建成熟、高效、全面的预算管理体系。

2. 核算系统

核算系统在数字化转型后有三大优势环节。

①交易环节：使用交易对账报表和交易平台帮助财务实现更为高效、便捷的对账工作。

②核算环节：通过财务共享平台，大幅降低手工记账比例，单据通过单据流的集成能

够自动生成。

③控制环节：在控制方面做到事前管控和归集，保证了财务数据的及时性和公允性；通过各种各样的分析工具生成财务数据可视化展示表。

以上环节能够做到流程标准化、数字化的处理，并且通过构建多维数据存储技术体系，使得核算结果能够分别满足不同层级法人报表编制要求、不同层级管理报表合并要求、不同报告币种的合并要求、不同会计准则之间的合并要求，从而搭建财务流程数据化的核算体系、提升核算质量。

3. 资金系统

财务数字化转型后，主要结合资金计划和预测，全面优化和提升资金计划管理效果。

①在资金计划方面。资金计划的主要功能有查看、预警和应用。查看功能主要包括多维度、多层级的结果查询、查询预测、偏离度查询等。预警功能主要包括流动性风险、外汇风险、大宗商品风险预警等。应用功能包括结算收付、投融资管理。

②在资金预测方面。资金预测主要包括预测数据、自动汇总分析、预测与实际自动匹配、预测准确性自动分析提示等。

同时，集团型企业应当建立资金池，以满足集团管理需求。加强资金集中管控，发挥规模效益；设计出集团与子公司、各子公司之间的资金借贷利率规则，并设计自动计息和定期清算的原则；实现集团对下级单位当日上存下拨资金量和余额利息的统计，集团能够看到下级单位归集资金的明细。

4. 财报系统

在财务数字化转型后，报表体系将具有规范化、自动化、高效化和透明可追溯性的特点。规范化体现在能够通过梳理会计科目体系和核算要求，规范集团下属公司的会计核算；通过建立全面的合并抵销规则，统一集团合并抵销口径；重新整合披露报表体系，规范披露要求，提升披露报告信息质量等。

自动化体现在通过统一的会计科目体系的实施和前端系统的优化，提升数据自动采集比例；自动进行外币折算，外币报表折算差异自动生成；搭建对账平台，提高关联交易对账效率和便捷性，根据不同差异在合并抵销时自动处理；建立全面的债权债务内部抵销规则，实现自动抵销；优化股权抵销规则，实现股权抵销自动化等。

高效化体现在优化债权债务、内部交易、销售与采购抵销规则，提升合并抵销效率；选择恰当的股权抵销算法，提升股权合并抵销效率；实现系统采集数据化，加强数据校验，提升数据采集效率；实现合并报表自动出具。

透明可追溯性体现在提供完整的数据采集、手工调整准则调整及不同事项合并抵销的审计线索；明细化合并抵销数据；报表层级数据可直接贯穿取自凭证明细项目。

凭借财务数字化转型的各项优势，将财务人员从财务活动的简单、机械、重复性强的工作中释放出来，从逐笔做账到维护记账规则等；财务的日常账务处理职能也将逐步转为分析和决策支持，从而促使财务人员自我提升，逐步转型为分析、管理的角色，把更多的时间投入到更有附加值的工作中去，打破传统财务工作的地域和空间限制，规范化、标准化地提供会计服务,更好地赋能企业,支持企业管理,辅助企业进行经营和经济决策,促使财务管理职能与核算职能相分离。财务数字化转型是一场财务革命,是财务会计向管理会计转型,深化会计职能的第一步。

(三)财务数字化转型的策略与建议

1. 企业员工观念再造

员工是企业的核心资源,企业财务数字化转型变革管理需要员工的配合与支持。员工在刚接触变革时,难免产生焦虑甚至抵触的心理。此时,企业管理者首先应当加深自己对于企业财务数字化转型、业财一体化优势的了解,改变自己对于财务管理的思维模式,从而带动员工对财务数字化转型这一理念进行学习,并营造财务数字化转型的企业文化,增强财务组织的学习能力,培养数字化财务人才和数字技术拓宽管理边界后转型的管理会计人才。企业管理者的重视和持续的宣传培训能逐步提高员工对于变革的适应能力,鼓励员工参与数字化变革转型实践,降低员工的负面情绪,减轻员工对于变革的心理压力,帮助员工更好地认识、应对变革。

2. 制定转型战略

企业在进行财务数字化转型的过程中,应当全面了解财务数字化转型的相关知识,根据企业的特点绘就一个粗略的发展蓝图,以便推测发展中将会面临的问题和挑战。在做好前期准备工作后,企业应结合自身情况,建立一个财务数字化转型团队。该团队可以是财务共享服务中心,其组织定位可以与财务部并行,也可归属于总部财务部。

3. 提升数据安全性

财务数字化转型是由数字驱动的,只有安全的数据治理才能保障财务数字化转型的成功。企业在信息技术实施的开始阶段就应确保数据的安全性,在初始设置中应当增加信息安全监控,注意数据留痕;应当要求操作者不能轻易删除数据,所有用户的操作都必须在系统里留有痕迹,包括数据和系统配置的更改。同时,企业需要对数据进行实时备份,以天为单位或以周为单位对数据进行不断地更新备份,并对信息进行加密。录入的数据经过复核确认无误后,就无法被修改。如果要修改,就需要整个系统中多个层级确认后才能得以实现。以上操作和把控能够有效地防止数据造假和信息欺诈,提升数据安全程度。

财务部门作为企业的数字管理部门,随着数据量的发展,将由小数据中心走向大数据中心,财务的价值将被重新定义,财务人员也将从传统的财务模式中解放出来。将原本数据计量简单烦琐、业务量大、附加值低的业务交由数据机器人处理,财务人员的工作转变为数据的利用和价值创造,更多的工作重心置于业务前端,能够实现业财深度融合,推动业财深度一体化。发挥财务的管理价值,为管理层制定战略提供决策和支持,并且打通企业数据链,为企业整体数字化转型赋能。

数字化是财务工作未来的发展趋势,是财务转型的必然方向。财务人员应当紧跟当前数字经济时代的发展步伐,把握数字化发展的机遇,面对数字化转型的挑战积极转型,向财务专业领域深化,向业务和管理领域延伸,使自己成为财务数字化转型过程中推动企业价值不断提升的中坚力量。

三、数字经济时代的财务人才培养

(一)数字时代对财务人员的影响

1. 财务人员和财务部门的职能改变

会计的职能有核算、监督、参与管理、预测发展等,企业会计主要侧重于核算职能。但是,在数字时代下,传统会计的核算职能将逐步由智能财务机器人和自动化办公软件所取代。随着数字经济的深入发展,会计工作的内容将不仅仅局限于常规核算业务,复杂经济业务将逐渐增多,不可避免地需要用到数据分析和算法设计,会计信息的输出也由生成一般信息转变成特殊信息。企业会计人员将由单纯的会计师转变为管理会计师,甚至是数据分析师和算法工程师等,会计部门将由简单财务部门逐渐转型为大数据处理部门和信息分析部门。

会计学科将会与信息技术等学科有更深入的交叉融合,数学、统计学和计量经济学将逐步成为会计专业教育的基础,数据分析能力将成为财务人员的必备技能。所以,企业财务人员不仅要熟悉会计核算工作,还要注重培养数据分析和解释数据的能力,积极学习新型数字技术。

2. 会计确认的要素范围扩大

在工业经济时代,生产要素主要有土地、劳动力、技术、资本,会计确认与计量的资产主要包括有形资产和无形资产,会计确认与计量的资本主要包括实物资本、金融资本和产权资本等。而在数字经济时代,随着数据资源成为新的生产要素,会计确认与计量的资产和资本范围将进一步扩大,分别包括数据资产和数据资本。

在数字经济时代,数据资产的经济价值规模巨大,预期未来会给企业带来经济利益。数据资产一般来自企业过去的交易行为,目前数据确权问题没有明确规定,尚在研究讨论之中。数据资产一般可以认为由企业拥有或者控制,所以数据资产基本满足资产确认的定义。同时,数据资产也具有资产的一般特征,但对于具体的计量和测度问题需要进一步地探讨和研究。数据资本与实物资本、金融资本一样,能够给企业创造价值,满足资本的一般特征。

3. 智能财务促使财务人员的角色定位发生转变

一直以来,会计的主要功能是核算和监督。随着数字技术爆炸式发展,依靠智能财务技术研发的财务机器人面世。财务机器人主要从事一些技能要求较低,重复性和程序化较高的工作,它执行的会计工作不仅精确度高,工作效率也高,节省了很多时间,降低了人力成本。财务机器人的工作与一些基础财务人员的工作相重合,甚至比人力做得更好,机器人必然会替代一部分基础财务人员。财务人员单纯地对已经发生的经济活动进行确认、计量、记录和报告,已经不能满足人工智能时代的需要。

自20世纪20年代以来,财会行业越来越重视管理会计的作用,强调要对未来从事的经济活动进行预算和计划安排的重要性。财务要走在经济活动之前,为会计主体创造价值、降低成本,从而提高收益。具体来说,财务就是要应用大数据技术收集有用信息并对收集到的信息进行挖掘、分类、汇总、整合,在此基础上,对大量数据进行分析从而为企业管理层制定下一阶段的决策提供坚实的基础。财务人员的工作不只是算账这么简单。财务人员已经开始逐步向管理会计方向转变,承担一些财务机器人不能完成的、需要财务人员主观判断的复杂的任务,逐渐转型为高级的数据分析师和管理会计师。

4. 财务人员现有知识框架不足以有效应用智能财务

在数字时代下,财务人员从以"核算反映型"为主向以"智能决策型"为主的转型已成必然。现有的财务人才培养方案和财务人员的知识结构不能与时俱进,这将会造成财务人才培养与社会需求的矛盾更加突出。

此外,还有部分财务人员凭借现有知识框架不能高效地应用信息化、数字化智能财务工具,导致智能财务的便捷性和高效性无法展现。

5. 人才培养机构课程设置不合理,培养方案未能与时俱进

部分院校课程设置未能与时俱进,基础课程和专业课程开设失衡,过于重视传统财会课程的灌输,存在缺乏对信息技术相关技能的培养,多学科融合课程欠缺,专业课程重核算、轻管理,以及课程体系设置不严密等问题,难以适应数字时代人才培养的新要求。

(二)数字时代下财务人才培养

1. 推动财务人才职能观念转变

在数字经济时代下,传统会计核算职能将逐步被智能财务机器人和自动化办公软件所取代,财务工作的具体内容将转向操作层面的数据分析,具体表现如下:①核算类工作逐渐减少,该层面工作主要是处理企业常规经济业务,这些工作将逐渐由计算机系统、智能机器人代替;②管理会计的作用将日益增大,该层面主要承担非常规业务;③数据分析相关工作将增加;④对于掌握各种算法技能的要求不断提高。

在财务人才培养过程中,需要帮助财务人才从变化的外部环境中找到角色定位,向数据分析师和算法工程师逐步转型,除具备基本的会计专业知识外,财务人才还要掌握数学、统计学、计算机等相关知识,具体包括学习数据挖掘技术;熟练使用各种数据分析软件;学习区块链技术原理、财务云技术、财务机器人等相关知识;学习模型与算法开发等知识和技能。只有具备这些技能,财务人员才能成为数字经济下的跨专业复合型人才,适应时代的发展要求。

财务人才不仅要熟悉财务核算工作,还要培养数据分析和解释数据的能力,实现向数据分析师和算法工程师的逐步转型。

此外,财务人才还要树立互联网思维。互联网思维的树立主要体现在以下四方面。①财务人员要具备用户的思维。在用户思维模式下,财务工作要实现由事后向事前、事中转变,由静态化向动态化转变;数据的产生方式由层层上报向一步到位转变。②财务人员要具备社会化的思维。这要求财务人员胸怀大志,从企业内部的小数据向外部大数据转变,积极从企业业务、行业态势、竞争伙伴、政府相关部门中发掘数据,并进行数据信息分析,为企业决策提供具有价值的信息。③财务人员要坚持共享、开放、共赢的原则,

树立平台思维。财务人员需要善于同外界沟通、实现跨界沟通，集思广益，促进自身发展壮大。实现互惠共赢。④财务人员要树立跨界思维，打破部门隔阂、分工界限。一方面，财务人员可以积极参与企业的日常业务运营和生产活动，了解企业运作流程，实现业财融合，降低企业成本，提高企业绩效；另一方面，财务人员还要与时俱进，积极利用大数据进行分析决策，提升企业的风险管控能力、经营分析能力和预测决策能力，实现企业价值的提升。

2. 引导财务人才重视数字经济要素价值

从经济社会发展来看，我国已经由农业经济、工业经济进入数字经济时代，数字经济已经成为国家经济高质量发展的重要支撑。近年来，数字经济已经上升到国家战略，财务人员要顺应时代的发展要求。在数字经济时代，数据资源成为一项新的生产要素，并日渐成为核心资源。数据能够通过提供服务产生价值，发挥着越来越重要的作用。数据资产和数据资本也将纳入会计确认与计量的范围，这对财务人员提出了新的要求。在人才培养过程中，财务人员必须认识、重视数字经济蕴含的价值和重要地位，积极学习数字技术，摒弃单维数据观念。

3. 引导财务人才找准角色定位，培养具有综合素养的人才

高校财务人才培养应该注重数字技术和数字素养等方面，要引导财务人才积极学习数据挖掘和数据分析技术，从而能够根据目标进行数据的搜索、收集、整理、筛选、分析，为企业信息使用者提供更多的多维和非结构性数据信息。在数字经济时代，数字素养对于财务人员来说是一种基本的工作，也是企业财务部门对财务人员的工作素质要求。

高校还应帮助财务人才构建跨领域的知识体系。现代财务人员已经由过去的“账房先生”发展为现代工业化分工的作业人员，常年围绕财务、税务、预算等某一领域进行大量工作，已经具备很强的专业能力。但是，在智能时代，财务管理的视野极大地打开，智能财务的发展要求财务人员提高知识水平、打破财务边界，能够形成跨领域协同创新的知识体系。在智能时代，财务人员不仅要具备财务专业知识，还要具备金融计算、信息技术等一系列相关知识，适度地纵深理解、横向拓宽，这是智能财务的新要求。

此外，为深入推进会计强国战略，我国已开始大力推进管理会计体系建设，针对我国国情建立的管理会计指引体系建设已经颇具成效。在人才培养过程中，高校要引导财务人才向管理会计转型，加快促进业务与财务融合，提高财会人员专业素质等。

在数字时代，财务软件和财务机器人在会计行业的应用使得一些财务人员面临着失业的危险，传统的会计岗位正在逐渐消失，取而代之的是一些新型的岗位。从表面上看，企业对会计核算人员的需求也越来越少，导致财务人员的工作机会好像越来越少，但是，财务共享和业财融合为其提供了更加广阔的思路。财会人才培养应将工作重点放在财务数据分析以及企业决策和管理工作上，以应对社会对这方面人才需求的增加。

4. 推进财务人才知识框架更新，创造智能财务产学研合作新形势

高校要着眼于推进财务人才知识框架与时俱进；此外，还应推进产学研深度合作、继

续发展。智能财务发展促使对数据的应用力度和效率大大提升。在数字经济时代,财务人才和复合型财务人才是社会所急需的。财务人才的培养研究应从内容、模式和技能方面转变,将教学与研究和企业数据结合是智能财务时代产学研合作的发展趋势。在对财会人才培养的研究中,“共享服务、全球化、专业认证、全球趋同”等都是“人才培养”这一关键词聚类标签中的相关索引,因此,高校应积极转变财务人才培养方案,充分利用会计电算化、ERP 系统等实验教学系统,帮助财务人才建立数字化财务知识体系,发展新型数字化培养理念,落实与高校合作的教改科研模式和学科交叉模式,深入推进财务领域的产学研合作与业财深度融合等。

5. 加快学科创新、人才培养方案改革和师资队伍建设

在数字时代,智能财务对会计学科产生了很大的影响。但是,目前会计学科建设呈现滞后状态,只有少数高校设置了与大数据和人工智能相关的专业,且大多数高校教师缺乏相关的知识储备,这将直接导致向社会输出的会计高端人才匮乏。因此,高校应加速推进学科创新,设置与大数据和人工智能相关的课程,加强师资队伍建设,增强学科交叉融合,在会计信息系统或电算化会计等专业课程中融入财务机器人的原理和方法,结合大数据和人工智能的相关技术,持续改进现有的会计电算化等实践课程,为学生提供更多的大数据和人工智能情境下实践操作的机会。

数字经济、人工智能、大数据、区块链和云计算等现代信息技术日益发展,但这些技术能够取代的只是一些简单、重复的会计工作,无法替代那些主观能动性强的会计工作。现代信息技术的这一特点使得财务会计不得不向管理会计转型,将更多的精力放到决策和管理的工作上。另外,这些现代信息技术在会计行业的应用有效减少了人为误差和会计信息失真的可能性,大幅提升了会计数据的处理效率,减少了财务人员的工作,使他们不必忙于基础性的会计工作,从而有更多的时间观察和分析财务数据,提供可靠的基础财务数据支持,为企业的管理和决策提供依据。财务会计向管理会计转型是数字经济时代下的必然趋势。

高校应及时修改和完善人才培养方案,推进财务人才培养课程体系改革,增加实践教学、案例教学,适当减少一部分拘泥于课本的落后的财会专业课程的设置;要将基础理论、典型案例与学科前沿相结合,在财务人才培养中,让学生第一时间了解行业动态,确保财务人才培养适应经济、社会和科技的发展变化。至于特色模块,高校要根据自身的愿景、规划和培养方案进行设计,最大限度地体现自身人才培养的特色和亮点。现阶段,高校应积极结合“大智移云”、业财一体化、管理集成化开展人才培养交叉融通、复合创新,围绕国家战略、区域发展、学校特色和优势资源设置特色选修课、特色方向班,或针对特定行业和用人单位进行个性化定制培养等。

此外,教师队伍也应与时俱进。高校应鼓励教师走出课堂、走进企业、贴近社会;并开展继续教育,让教师深入企业了解新时代的财会工作现状和财会工作技术,深入社会了解当今的财会人才需求缺口,参与培训和继续教育以更新教师的知识结构。只有教师队伍质量提升了,高校才能更加清晰地向学生传递社会的新需求、未来工作的新发展和

新形势。

第二节　智能财务对人才培养的要求

一、智能财务赋能经济高质量发展

(一)新技术赋能经济高质量发展

要通过现代化的信息化手段,充分实现会计和业务的有机融合,区块链、机器学习、知识图谱、数据挖掘等新技术不断应用于会计领域,助力实体经济高质量发展。因此,新技术在会计领域的应用成为人们持续关注的话题。

1. 新技术与会计的融合

技术革新给会计行业带来改变与融合,数字化变革给会计专业人员带来了就业冲击,会计人才应建立数据分析思维和提升诊断性分析能力,赋能经济高质量发展。在业务与技术驱动方面,创造价值是财务管理的终极目标,平台赋能是云服务化平台的核心能力,并强调持续迭代会让业务和财务更加高效。

2. 区块链带来的会计变革

区块链作为分布式的共享账本和数据库,具有去中心化、不可篡改、全程留痕、可以追溯、集体维护、公开透明等特点。其中,私链可用于会计信息系统技术升级,联盟链能使审计流程更加方便,并可服务于会计信息披露平台。数字经济的分布式账本技术使会计记录内容变得丰富和虚拟化,会计处理流程发生变革,这深刻影响着会计信息本身含义、核算方法和财务呈报方式等会计理论。

3. 区块链电子发票系统构建

已经有学者分析了区块链技术应用于我国增值税发票管理系统的可行性,设计了基于联盟链的区块链电子发票系统工作机制,描绘了区块链电子发票系统的网络关系图谱,并围绕数据安全、共识安全、隐私保护和智能合约安全等构建了区块链电子发票系统安全体系。

4. 机器学习提升企业成本管理

通过建立基于大数据机器学习算法的成本预测机制、项目管理平台,改进成本管理方法和项目控制手段,能够掌握准确的成本及项目信息,为企业管理提供支持,最终实现提质增效的目标。

5. 知识图谱的财务管理应用场景

利用 Python 的 jieba 工具和知识图谱建模工具 Protege,对费用管理数据进行知识抽取和建模,验证了知识检索应用与技术操作的可行性,并就知识图谱这一新兴技术如何在企业的财务管理领域获得应用提出建议。

6. 数据挖掘构建智能财务分析与决策模型

数据挖掘技术可以通过插述性分析、诊断性分析、规范性分析、预测性分析对会计进行动态反映，形成大数据融合的智能财务分析与决策模型。

(二)关于智能财务赋能企业价值创造的研究

工业和信息化部办公厅发布文件，要求推动企业加快数字化、网络化、智能化转型，赋能高质量发展。因此，从智能财务角度赋能企业价值创造，推动企业高质量发展，成为探讨的重点。

1. 智能财务的理论思考

智能会计以会计管理活动论思想体系为理论基础，基于智能化环境而产生。在智能化技术的推动下，智能会计重新定义会计内涵，强化反映和监督职能，推动传统财务会计和管理会计、企业会计与宏观经济的融合。有专家建议将会计管理活动论作为价值网会计的理论基础，凸显会计的反映和管理职能，以 REA 模型构建价值网会计信息系统，让信息系统的使用者能够通过共享的数据对价值网进行管理。

2. 智能财务带来的企业会计信息系统重构

高质量的智能财务信息系统应以传统财务核算为基础，以管理会计为中心，以人工智能辅助决策为目标，从技术后台数据搜集、数据中台加工整理、业务前台智能呈现三个方面，构建大型企业智能财务信息系统建设方法。将业务信息化系统与财务共享服务平台结合，通过预算管控、资金管理与风险控制平台，构建智能财务信息化系统，为企业价值创造提供保障。

3. 智能财务在企业稽核中的实现场景

某国企设计了单据自动稽核、业务自动稽核、凭证自动稽核三类系统自动稽核，以及属地人工初核、属地人工复核、智能财务中心人工抽核的三级人工辅助稽核，构建“同台共库、人机协作”的智能稽核，并从定制化开发、稽核规则标准化设定、业财数据数字化对接、文本书件数字化转换四个方面研究企业智能财务建设过程中智能稽核的实现基础。

4. 智能财务带来新型产学研合作

智能财务发展促使数据、算法、算力的重要性提升，当前企业缺乏大数据专家与复合型人才，大学教学与研究应从内容、模式和技能方面开始转变，将大学教学与研究和企业数据结合是智能财务时代新型产学研合作的发展趋势。

5. 智能财务的“四化”演变

财务发展趋势是信息化、自动化、智能化、数字化，应通过集成一体化、机器人流程自动化(RPA)提升财务流程自动化水平，通过光学字符识别(OCR)技术、自然语言处理(Natural Language Processing, NLP)技术、知识图谱和智能审核的应用实现财务智能化。进而提高企业财务数据采集和信息加工能力，助力企业价值创造。

(三)智能财务赋能政府服务提升

逐步建立科学、规范、统一的政府会计制度体系，可以为政府财务转型的推进提供制度保障。云计算、大数据、人工智能等技术在政府会计领域的应用逐渐增加。因此，智能财务赋能政府服务提升成为专家探讨的热点。

1. 智能财务提升政府服务效能的理论和路径

政府财务管理长期以来面临着组织庞大、运行成本高、管理效率低等问题，在政府部门建立财务共享服务中心成为首要选择。对智能财务进行理论推演和实践总结，能够为智慧政府建设、政府行政管理效能改善等提供理论支持和最佳实践，最终有利于提升政府治理能力，实现国家治理能力现代化。

2. 智能财务助力政府数字化转型的实践

将企业财务管理理念应用于政府财政，从优政、兴业、惠民三方面为国家、企业、大众提供智慧财务服务，利用新技术打造智慧财政、智慧国资和智慧决策平台，能够提升财政资源配置效率和可持续发展能力，促进区域经济稳定发展。

3. 智能财务促进智慧财政建设

智能财务能够推进政府财政信息化发展。政府部门会计信息化应建立预算绩效一体化的“智慧财政”信息系统，借助信息化手段建立对基层单位的预算绩效管理体系，促进财政信息资源共享，从而推动政府财务综合报告体系的建立，提升国家综合治理能力。

4. 智能财务推进高校基建财务优化

结合新政府会计制度和信息化建设管理要求，应建立以“建设项目预算”为主线的基建财务信息共享系统，整合工程建设工作业务流程和财务业务工作流程，强化职能部门对基建项目的协同管理，实现工程建设项目从立项到费用支付、结转固定资产等全过程的信息化共享管理，规避和防范廉政风险，为管理决策提供更为可靠、系统的数据支持。

(四) 财务共享赋能企业价值创造

1. 财务共享的信息功效

新技术推动了组织变革。财务共享服务中心作为数字化时代财务转型的中介，通过共享服务和管理会计，提供财务报表、管理报表等服务于价值管理的信息产品，有助于推进业财融合，促进企业高质量发展。

2. 财务共享的影响因素

技术因素和内生组织因素对上市公司实施财务共享具有显著正影响，而外生组织因素和环境因素具有显著负影响。政府管理部门应加强互联网基础建设，加快发展大数据产业，上市公司应提升自身的创新能力，发挥要素互补协同效应，为企业财务共享提供保障。

3. 财务共享的质量管理模型构建

运用扎根理论的研究方法，从质量计划、质量控制和质量改进三方面可以构建数字化背景下财务共享中心的质量管理模型，并通过财务共享服务中心的质量管理推进业务操作标准化，控制财务共享风险，提升企业价值。

4. 财务共享带来的企业资金管理价值

从财务成本、资金使用效率、资金监控力度、预算及决策准确性四个方面进行分析，可以发现，财务共享服务中心的建立有助于企业资金集中管控，提高资金管理效率，规避企业运营风险。

（五）关于智能审计赋能经济高质量发展的研究

新技术与智能财务的发展影响着审计，使财务舞弊和审计监督都出现了许多新现象。智能财务如何推动审计发展，成为专家关注的新问题。

1. 智能审计的理论研究和应用场景

现有关于智能审计的理论研究在构建大数据审计平台的基础上，进一步向审计模式、具体审计技术方法深入；现有关于智能审计的应用研究开始关注大数据审计实施过程中的非结构化数据问题，应加强审计信息化建设，向智能审计方向发展，建立信息化审计平台。

2. 智能审计的价值

研究发现，人工智能技术的进步，一方面使财务舞弊出现新手法，另一方面通过科技监管使强化会计信息监督职能成为可能。

3. 数据挖掘技术提升审计效果

运用人工神经网络算法等数据挖掘方法，研究发现大数据挖掘能够为审计提供海量数据和数据分析，显著提高了审计效率，控制了审计成本，并减少了主观判断，降低了审计风险。

4. 地理信息技术改进了自然资源资产审计

通过地理信息系统（Geographic Information System，GIS）、遥感（Remote Sensing，RS）、全球导航卫星系统（Global Navigation Satellite System，GNSS）技术等地理信息技术获取海量信息，可以解决审计中自然资源资产覆盖面广、种类过多、审计时间跨度大、审计指标等难以衡量的问题。

5. 可视化技术实现了自然资源资产审计的多维分析

我国已有高校研究人员将可视化技术应用于自然资源资产审计，并参照审计署“五层两翼”设计原则设计林业资源资产可视化审计系统框架，利用可视化多维分析、趋势分析、关联分析、多元分析等众多模型分析地区总体特征信息，制定审计评价指标。

6. 机器人流程自动化技术在审计中的应用

有学者专家基于审计目标、审计风险与机器人流程自动化技术相融合的思路，利用机器人流程自动化可重复操作的技术特点，构建了基于机器人流程自动化的主营业务收入实质性程序审计机器人。

（六）关于智能财务赋能人才培养创新的研究

1. 智能财务转变会计人才培养方案

数智化人才成为中国产业现实刚需，应发展“数智、商业、环境”的数智化培养理念，落实与高校合作的教改科研模式和学科交叉模式，以及云化应用、全面财务共享、业财深度融合等方面的财务数智化应用全景。

2. 智能财务人才培养的实践

某省财务共享服务学会介绍了财务共享服务体验中心的组织架构、岗位设置、知识体系及其与普通实验室的区别,并探讨了在财务共享服务体验中心进行业财税融合、全程可视化、电子发票平台的创新实践。某高校研究者从会计电算化、ERP 系统、财务共享实验教学系统等方面诠释了新技术驱动的管理会计信息化实践教学。

3. 智能财务人才培养模式的创新

会计人才培养应转变模式,要培养学生数据分析能力和无代码编程能力,打造“计算思维”的培养模式,要培养自包型财会人才。我国应从课程创新与人才培养紧密结合、课程建设考核紧紧围绕学生展开、加强校企合作、升级人才培养目标、树立学生会计管理意识五个方面进行高校会计教育人才培养创新。

二、智能财务对财务领域人才培养的转型

在大数据信息化背景下,企业的经营管理模式发生了重大变化,其中较为重要的是财务会计向管理会计的转型,即管理会计工作通过与大数据、信息化、人工智能等技术相融合,借助信息技术为财务管理工作提供高效的工作界面。但在转型过程中,需要注意的是,财务管理工作要建立切合企业实际、顺应当下的优化管理体系,并在实际工作中充分发挥其功能价值,改善企业管理质量。

(一)智能财务领域人才培养转型概述

1. 智能时代

在智能时代,互联网技术和计算机技术得到了广泛应用。计算机技术不再局限于数字统计、计算的初始功能,已经进一步发展成具有独立学习和决策能力,以及接近人类智能并应对人类智能的技术。人工智能技术被广泛应用到医疗、交通、企业管理等其他领域。而随着语音和图像识别技术的发展和应用,人工智能逐渐增强了人们的深度学习能力,可以参与并很好地完成越来越多的工作,涉及的技术也越来越先进。人工智能甚至可以完成一些人工不能保证成功率的精确实验。人工智能技术对人类的工作和生活产生了不可忽视的积极影响,充满了正能量。未来,它还将被继续应用到更深层次的领域,加快人类社会发展的步伐。

2. 智能财务时代

人工智能的信息数据处理和存储功能较强,能够高效地处理信息数据,代替了数据采集、整理、记录和运算等基础性的工作,进而提升了财务的分析处理的质量和效率,缩短了财务工作的时间,在一定程度上减少了财务人员的劳动量。人工智能的普及会淘汰财务行业中具有初级会计证及只会简单操作的财务工作人员。但是,在处理与应变上,智能机器的运转终究是固化和机械的,不可能完全超越人类。而且,财务人员也要经常处理一些人工智能无法处理的问题,这些问题需要财务人员间相互商讨、决议才能完成。财务人员的思考和有意识的工作是加强部门之间交流、沟通的一种方式,是企业文化的一种价值体现,也是人工智能无法替代的。

人工智能的数据信息存储功能是人类无法比拟的。企业经营管理数据以及竞争对手的运营管理数据对维系企业的正常经营是非常重要的,人工智能在处理和存储数据信

息等方面为企业的经营决策提供了精准的数据保障,相较于人工财务工作而言,人工智能在这方面的精准操作具有较大的优势。

(二)智能财务时代对财务领域人才培养的转型策略

1. 增强人员思想意识

现阶段的财务人员要想更好地发展,实现财务转型,首先要转变过去“记账先生”的思维,树立财务转型意识,重新认识会计工作的价值和内容,建立“大财务”思想,确定转型方向。财务人员需要在掌握会计核算知识的基础上,增强参与管理的意识,树立全局意识和战略眼光,将工作重点转向战略管理、预算管理等财务增值方面;将工作节点向前移,在事后监督的基础上更加注重事前预测分析和事中过程管控,让企业的财务信息变成企业管理层的高价值参考资料。

2. 明确智能财务时代的人才要求

只有明确了智能时代对财务人员的培养要求,财务人员的培养目标才能具体化,进而培养出适应力强的财务人员。

财务人员应拥有较强的学习能力。近年来,随着国家增值税改革的快速变化,会计政策特别是税收政策层出不穷,财务软件接连出现,数据处理技术发展迅速。财务人员在入职前,作为学生在接受金融专业培训过程中所学到的知识和技能如果落后于经济和网络信息技术的发展,就很容易成为“过去时”。财务人员要有较强的学习能力,不断更新知识和技能,从而跟上智能时代的发展步伐。

除了金融知识的培训外,还要注重对财务人员数据分析处理能力的培养。在智能金融模式下,互联网信息技术、人工智能等已广泛应用于金融领域。训练有素的财务人员应适应这种工作模式,熟练运用各种智能系统,拥有更高的专业素质,从而做出合理的财务管理决策。

3. 注重复合型人才的培养

随着科技和信息化的飞速发展,计算机应用于企业财务领域的范围越发广泛,计算机学科与经济类学科的交叉已经成为时代发展的必然趋势。新型财务领域的人才不仅需要具备财经类的专业知识,还需要掌握计算机技术方面的专业知识,进而成为更好地服务于当今社会的复合型人才。大数据技术在财务工作中的应用体现了计算机与财务工作之间的深度融合;在将生产资料数字化的过程中,需要借助信息与通信技术。这些生产资料数字化之后,将以数据为中心,展开生产、经营、组织构架、营销管理、商业模式等各个方面的变革。企业对财务大数据分析能力的需求包括数据采集能力、数据清洗能力、数据挖掘建模分析、数据呈现能力、数据分析工具操作、数据应用与决策分析。可以看出,企业对财务人员的数据处理能力提出了更高的要求,新型财务人才应具备大数据采集与清洗工具的操作能力,企业资金运转、费用成本、销售分析和预测能力等,并提出企业经营决策建议,以培养计算机和财经双融合的复合型人才。

会计工作模式的转换可从具体的工作内容入手,在具体管理中通过数据分析进行预测和决策,结合现有的数据分析情况,积极探索行业发展的趋势和规律;结合企业当下的财务情况，对投入成本和回收利润的关系等进行分析，预测经济活动的销售情况和收益情况。另外，会计工作必须追求时效性，在设置绩效考核制度的过程中，结合内部和外部的具体情况，将定性与定量分析相结合；在进行绩效考核时，注意考核结果的公平性和有效性，确保员工的利益，促进企业的发展。

新事物的产生对相关行业的发展起到了极大的促进作用。人工智能为财务行业提供了重要的技术力量，促使财务人员向智能化转型。未来是人工智能的时代，财务从业人员准确定位自己的工作价值、抓好时代发展的先机、努力提升自己的财务业务水平，是帮助企业提高财务管理质量和运作效率，保障财务决策和数据的分析和处理能力的关键。

三、智能财务会计专业教学方法的转变

在智能时代，人工智能技术被逐步推广和应用，其中，多种云智能财务软件、智能财务机器人的出现为会计工作注入了新鲜血液，可以极大地提高财务工作效率，保证财务数据的准确性，同时对财务工作者的素质水平提出了更高的要求。培养适应新技术、新时代、新变化的智能型财务人才迫在眉睫。因此，对智能财务时代会计专业教学方法的转变研究具有重要意义。

（一）智能财务对会计专业教学的影响

1. 财务技术趋向智能化

智能财务，是指主要建立在物联网、云计算、大数据等先进技术基础上的财务技术，完全打破了以往财务业务的工作方式和业务流程等，促使财务工作更加精准、智能、实时化。但从国内一些企业财务工作实际情况来看，部分企业的财务工作依然停留在手工记账、会计电算化阶段，这导致部分高校会计专业教学和实训部分为了迎合企业需求，依然采用手工记账、电算会计等方式，虽然符合实际情况，但对于未来财务则表现出明显的不足。这是因为智能财务时代需求的是智能财务人员，对财务人员应用智能化财务技术水平提出了要求，高校会计专业在实际教学过程中也要向这一目标发展，进而促使高校各方面的教学条件向智能化发展。

2. 工作职能发生巨大变化

在以往的财务核算下，根据核算工作内容划分，财务人员主要分为出纳、成本会计、工资会计、总账会计、税务会计等，这些岗位和职责都有明确的划分。经过不断地工作，财务人员的职业规划可以向着会计员、主管、经理、财务总监的路线发展，在职位上逐步晋升。随着智能财务时代的到来，一些基础性的核算工作将会被取代，而财务人员的实际工作将会更加偏向于管理会计。在智能财务共享平台的作用下，财务人员改变了以往的一人一岗模式，可以通过运用智能系统实现一人多岗，并且促使每个财务人员地位呈现平等化。这就需要高校会计专业教学的教学内容、教学模式、培养目标适时进行调整。

3. 财务人才需求量将会减少

在进入智能财务时代后，财务机器人会通过技术人员提前设定好的程序，实现会计信息化、自动化运作，取代人工核算业务。这种智能财务共享平台的建设将导致企业中

一些较为基础的岗位会被取代,所以对相应的人员需求也会逐渐减少。但国内各大院校会计专业的人数非常多,这对学校专业教学提出了更高的要求。目前,会计专业更加侧重于培养具备基本财务工作能力的人员,但是这些人员在未来的工作并不能适应智能财务人才的需求,再加上以后的财务就业岗位会越来越少,这无疑会增加就业压力,导致一个岗位有无数优秀的人去竞争。因此,高校有必要正确地面对智能财务人才需求,并结合时代背景,不断促进会计专业转型升级。

高校会计专业教学的主要培养目标是保证学生具备必要的财务核算能力。在智能财务时代,财务人员除了具备基本的素质和能力之外,还需要具备财务分析、财务预测、财务管理能力。除此之外,在业务与财务融合下,财务人员还需要具备较好的沟通能力、职业素养,可以快速适应新技术,能够不断提升自身技术水平。未来的智能财务时代需要的是复合型人才,因此,高校会计专业的培养方式和手段需要进行改革。

(二)智能财务时代会计专业教学方法的转变路径

1. 培养目标向管理会计人才转型

传统的财务会计工作主要是会计核算,而财务机器人的工作更多的是会计核算基础业务。因此,会计人员如果想要长久发展,就需要向管理会计转型。这需要会计人员具备一定的管理会计思维,在掌握历史情况的基础上,用发展的眼光看待未来。对此,高校在会计专业教学中要顺应行业需求制定全新的人才培养目标,通过有效教学使学生具备相应的报表编制、成本核算等能力,培养服务型、复合型、实践型的人才,从而更好地为企业生产、管理、服务第一线提供高素质人才。高校会计专业在制定人才培养目标时,需要与教师在了解社会对会计专业人才需求情况的基础上,结合本校情况,分析相关企业的实际经济活动,通过预测、分析等进行有针对性的教学。

2. 调整会计专业课程,实现向综合型转变

从高校会计专业课程设置实际情况来看,课程以会计核算业务为主。此外,高校为了促进就业,开设了管理会计、业绩评价与分析等课程,这些主要是针对某个财务岗位而开展的课程。根据有关数据统计,会计专业基础财务类课程占60%以上,而有关业务财务、战略财务的课程占比还不到40%。但是,在未来智能财务发展下,战略财务将占有更大的比例。因此,高校需要调整课程比例。

高校会计专业课程应当从核算型向管理型转变,在培养基础技能的同时培养学生的综合能力;根据现阶段财务业务流程和实际工作过程,提取其中必要的技能、知识、技术等融合到课程建设中,构建业务与财务相互融合的课程体系。高校可以通过多种方式丰富教学形式,在实际教学中合理利用网络和社会资源,不断创新会计教学。在智能财务中,财务人员需要利用智能财务系统,结合核算、金融、法律等相关的知识和技能,辅助整体业务流程。

(三)积极改革教学模式,实现智能化发展

在智能财务时代,为了有效培养智能型财务人才,高校会计专业教学模式需要顺应

行业发展趋势进行调整，构建出实岗型、全仿真、云端化的智能会计教学模式。

1. 实岗型教学

实岗型教学模式主要是在教学中模拟企业化方式，同时充分融合企业的相关内容，以此来创新教学内容和管理方式。此外，高校可以充分发挥自己的人才、技术优势，成立智能财务共享中心，根据实际情况与企业财务业务进行对接，为学生提供实岗操作的机会，将理论知识与实践有效结合。

2. 全仿真教学

各大高校可以根据自身的情况，对企业实际运行进行全程仿真模拟。可以在第一学期模拟企业刚成立，主要让学生掌握企业的日常工作内容，促使学生在实际学习过程中初步形成相应的财务管理能力；在第二学期和第三学期模拟企业成长为中型企业，不仅要培养学生的基本核算业务处理能力，还要培养学生财务分析、业绩评价、成本管理等业务的处理能力，提高学生在中型企业承担财务工作的能力。以此类推，在后期学习过程中，不断提高学生的财务能力，并通过后期与企业的顶岗实习，帮助学生更快地适应企业的实际工作。

3. 云端化教学

为了进一步适应智能财务时代，高校在培养学生的过程中可以全面实行云教学，在互联互通作用下，构建智慧校园并实行智慧教学；然后学生模拟企业员工，利用智能仿真财务共享云中心进行每天的工作。教师则在云中心给学生布置工作任务，并在此过程中给予学生适当指导，根据学生实际工作成果实施有效的任务评价。此外，教师可利用平台布置作业、审查作业，并给予学生在线解答帮助，有效改善教学方式，激发学生的学习积极性。

（四）建设高质量的师资队伍

智能会计教学主要以业务为中心，这需要融合各学科知识和能力，对会计专业教师的综合能力提出了更高的要求。为了更好地培养智能财务人才，高校需要建立一支全科型师资队伍。

为此，高校需要加强对全科型教师的培养，通过轮岗教学、轮岗实践，提升每位专业教师掌握各学科知识的能力；在此基础上，通过顶岗实践全面提升教师综合实际业务的处理能力和知识运用能力。此外，高校要全面了解各个专业教师的学科短处，为教师提供进修的机会。

智能财务时代在给学校会计专业教学带来发展机遇的同时也使其面临着一定的挑战，希望以上分析可以帮助会计专业教育工作者更加充分地认识智能财务发展思路，从多维度提升教学质量，积极进行改革，从而使培养出来的财务人才更加适应时代。

第三节 智能财务人才培养的创新

一、财会专业人才培养的改革创新

(一)智能财务的内涵与发展

1. 智能财务的基本内涵

智能财务是一种新型的财务管理模式,其基本内涵可初步理解为“人工智能+财务流程处理”,是人工智能技术与财会专业知识深度融合的产物。它基于先进的财务会计管理理论、工具和方法,同时借助人工智能技术构建人机一体化的混合智能系统,借助智能财务技术完成财务分析、预测和决策,从而使业务流程标准化、高效化和智能化。

2. 智能财务发展

智能财务是一种业务活动、财务会计活动和管理会计活动的全功能、全流程智能化的管理模式。大数据、云计算等技术日趋成熟,已基本解决计算智能化问题,计算机视觉、语音识别、智能机器人等技术也正在解决感知智能的问题。智能财务未来需要重点突破认知智能技术问题,让机器能理解、会思考,通过人机协同助力智能决策,推动财务工作的行业性变革。未来的财务机器人应能够进行规划、控制、预测和分析,给企业管理层提供更加精准、及时的决策分析依据。在智能财务蓬勃发展的背景下,财会人才需求正发生巨大改变,低端财会人才将面临淘汰或转型,高校和企业都应做出积极应对。

(二)智能财务人才的需求特点

智能财务的出现将打破现有的金字塔结构,大量低端财务人员将被替代,高端财务人员才是未来财务发展的主要人力资源。

1. 人才需求特点

在智能化模式下,大规模的人工作业将被机器替代,尤其是能够被高度规则化的作业将由财务机器人来完成,规模价值将得到完美展现。很多行业有望实行人机协同办公模式,这意味着未来的工作在结构上会发生根本变化。管理会计应当同时具备商业技能、技术技能、人际技能和领导技能,还必须具备信息和数字素养,能够解决数字难题,具有数据分析能力。市场需要既懂业务又懂技术的复合型人才,即需要具备跨领域复合知识,拥有财会专业、大数据、人工智能、计算机背景的交叉型、复合型人才。

2. 人才培养

在“大智移云”时代,智能财务系统已经在企业中普遍应用,财务人员必须顺应时代潮流向更高层次的复合型人才转变。

(三)产教融合人才培养的必要性与优势

1. 智能财务时代产教融合的内涵

与以高校为主的传统办学模式不同,产教融合是由教育部倡导的一种新型的办学模式,强调高校与企业“双主体”协同培养。产教融合是指教育链与产业链的融合,其本质是教育与产业的一体化。

在智能财务时代,大数据、人工智能、移动互联网等技术的应用,可对产教融合人才培养模式进行全方位的提升。依托大数据技术、远程教育实验室、产教融合服务平台和线下智能财务实验室等对人才需求层次进行精准分析,对企业业务处理进行实时展示,对人才培养效果进行实时交流,对学生实操进行线下指导,从而实现人才需求与供给的无缝对接,这对提高高校财会人才培养质量有着至关重要的作用。

2. 产教融合人才培养的必要性

高校财会人才培养模式普遍比较落后,课程设置仍然偏重于基础核算,管理会计、决策会计等价值创造型财务课程设置较少;同时,实验设备达不到智能化水平,实践培养效果较差,培养的毕业生无法满足已经进入智能财务时代的企业的需求。在智能财务的背景下,财会人才不仅需要具备扎实的财会专业知识,更需要掌握综合性的跨学科知识,懂得如何将新技术运用于财务流程处理。传统的培养模式不能满足智能财务发展的需要,而产教融合可以深化高校与企业之间的联系。高校可以通过与企业的沟通交流了解企业最新的人才需求特点,进而有针对性地培养人才,从根本上解决现有人才培养脱离社会需求的问题;同时,加强产教融合,发挥企业在教育中的重要主体作用,促进人才培养供给侧和需求侧的有效对接,有利于加快建设先进人才队伍,填补人才需求缺口,为企业智能财务发展提供有力支撑。综上所述,产教融合是智能财务时代高端财会人才培养的必然选择。

3. 产教融合人才培养优势

产教融合是指高校与企业在人才培养、技术研究、成果转化等多个方面密切合作,把学校办成集人才培养、科学研究、科技服务于一体的产业性经营实体,产教融合人才培养需要高校发挥主导作用、企业发挥主体作用、政府发挥支撑作用,形成“三位一体”的人才培养体系模式。产教融合培养机制充分融合了供给与需求,强调联合培养、互利共赢,解决人才培养供给侧与需求侧的不平衡问题。高校拥有优秀的师资团队,企业拥有先进的技术和雄厚的资金实力,校企合作可以实现信息共享、人才融合、共享研究成果。

(1)有利于高等院校学科专业的动态调整。

要建立完善的需求引导性人才培养模式,注重企业的人才需求标准、人才评价标准,把市场供求比例、就业质量作为学校设置和调整学科专业、确定培养规模的重要依据。在智能财务背景下,高校应充分把握财会行业发展趋势、企业财会人才需求状况,及时调整人才培养目标与人才培养方案,加强智能财务相关课程设置,完善智能财务学科建设;借助企业前沿信息,将最新的研究成果、实际案例编入教材,建立适应产教融合的课程体系,建立现代化的实训、实践基地,模拟企业真实场景,培养学生实践能力。

(2)有利于扩展学生的实践场所,提高学习质量。

在产教融合的培养环境下,企业与学校可以共同建立实训基地、智能财务实验室等,为学生提供实践场所。与传统教育模式不同,学生可将理论知识与实践相结合,真正做到学以致用。实践基地可以模拟企业场景，使用真实的企业案例培养学生的思考能力和动手能力，全面提升学生的工作能力。

(3)有利于建立“双导师”培养方案。

产教融合有利于高校与企业的人力资源整合。高校教师与企业高级技术人员、管理人员共同建立“双导师”制度，导师之间的相互交流将提升师资团队的专业素养。高校教师传授专业理论知识，企业导师传授实践经验、行业前沿知识，以及企业文化、职业素养、职场礼仪等直接与工作相关的知识，夯实学生的财会专业知识基础，并提升他们的实践能力。

(4)有利于满足区域行业企业人力资源开发的需要。

产教融合人才培养模式实际上是需求导向型人才培养模式，企业参与人才培养，根据自身需求与高校合作培养人才。在复合型高端人才缺乏的情况下，该模式能够以较低的成本获得更多的符合企业要求的人力资源，有助于提升企业的竞争力。

(5)有利于提升企业形象和创新能力。

企业与高校合作有助于企业提升自身品牌形象，提高社会公信力。企业与高校合作，能够实现一线骨干技术人员的技能提升、管理人员的学历提升、普通员工的技能培训，提高企业整体员工的综合素质水平，从而提升企业创新能力。

(四)产教融合人才培养体系建设

产教融合人才培养体系建设要充分发挥企业的主体作用，将企业的人力资源、经济资源充分分配到人才培养上，人才培养的全过程要与企业紧密联系，在人才培养环节、就业指导环节、就业毕业环节深化产教融合，充分利用校企资源。

1. 完善教学基础设施

高校培养学生的基础条件是学习环境的完善。高校要培养具备创造力、思维活跃的现代化高端财会人才，建设具有创新性、灵活性、开放式的新型教室和创建完善的在线学习环境是必不可少的。所以，高校应加强校园硬件设施条件改造，通过校企合作重构智慧教育教学环境。

对于线下学习环境的改造，高校应该借助企业资源完善智能财务教学环境的信息化基础设施，打造信息化教室，改善教学环境。此外，高校要加强基础设施建设，改造教室、实验室等外部环境，通过环境的优化影响学生的思维方式。

对于线上教学平台改造，应强化网络教学的一体化、个性化、数据化、智能化特征。首先是一体化，线上教学可以作为线下教学的有效补充，因为线下教学总是有不完善的地方，应通过线上的正式和非正式的学习进行互补，实现线上与线下一体化教学。其次是个性化，线上教学可以根据学生的兴趣爱好和发展特点打造量身定制的课程体系。再次是数据化，高校通过数据挖掘和大数据分析，可以挖掘出隐藏的教育信息。最后是智能化，高校要充分利用现代科学技术。

2. 重构课程体系

智能财务需要具有学科融合、学科交叉背景的学生。因此，在建设课程体系时，高校要考虑多学科课程的交叉融合。

对于教学课程安排，高校应该在财会专业课程的基础上，增加大数据、云计算、人工智能方面的课程。高校要培养学生数据挖掘、大数据分析与管理的能力，为今后的人机协同工作打下基础。同时，结合云计算、人工智能的技术和方法，高校要充实和完善现行的会计信息系统类课程。

对于教学方式安排，高校应适当减少课堂教学，强化实操环节，实践课程不得少于教学课时的50%；同时，采用“线上+线下”教学模式，充分利用线上和线下教学资源，创造便捷的学习环境。

对于教学模式安排，高校应采用“双向流动”教学模式。企业可以邀请学生进入企业内部参观、学习、实践等。高校可以邀请企业的高级技术人才和管理人员进入校园定期开设职场课程，或者举办实操讲座、求职讲座等。

3. 打造优质师资团队

拥有高端财经人才、高质量的师资团队是高校不可或缺的重要因素。高校应当加强与企业的合作，高效利用产教两侧优秀的教师资源，打造高质量师资团队。在产教融合办学条件下，高校的专业教师团队应与企业的高端技术人才、管理人才深度融合，建立一支高水平的师资队伍。高校教师提供过硬的专业理论知识，企业技术人员传授前沿专业技术知识。企业管理人才的加入可以培养学生的管理能力、组织能力和综合能力，还可以开阔学生的视野，使学生与企业接轨。

4. 加强实践平台建设

在智能财务背景下，高端财会人才必须熟练掌握现代信息技术，还必须熟练运用这些技术，并在工作中实践。现代化智能财务实验室或会计实验室是培养学生能力的重要场所。为培养具备会计数据分析能力的智慧型、创新型的应用复合型人才，高校可与企业合作共建“智能会计实验室”或者“实训基地”，争取使培养的毕业生可以胜任大中型企业、行政事业单位的现代会计分析工作，能够运用智能化工具发挥管理会计的规划、决策、控制、评价职能，为管理决策者提供会计辅助决策信息，更好地满足智能财务人才需求。高校还应结合人工智能和大数据的原理与技术，借助合作企业的支持，持续改进现有实验、实践条件，为学生提供人工智能和大数据情境下实际操作的机会。

5. 建立信息共享机制

校企双方可以利用云计算、大数据、移动互联网等技术手段建立产教融合信息共享机制。信息共享包括高校信息和企业信息两个方面。一方面，企业通过信息共享平台提供线上教学、实践实操演示视频等，也可以在平台上及时发布行业前沿信息、企业内部活动、企业招聘等信息。另一方面，高校可以将学校的教学视频、科研成果分享至共享平台，为企业员工在职教育提供帮助。

信息的内容一般分为五大模块。①在线学习模块。在该模块中，高校将提供校内课程以及其他与财会专业相关的教学视频。在校学生可通过在线学习，丰富自己的专业知识；企业员工可在线完成继续教育课程，弥补自己理论知识不足的问题，同时可获取更高的学历。②在线演练模块。在该模块中,由企业提供实践、实操演示视频,并设计仿真模拟试题。学生可在移动端观看实操演练,完成实操试题,置身于实际场景中,提高自己的实践能力。③在线交流模块。学生、教师、企业导师三方可通过该模块直接联系,进行互动交流,快速帮助学生解决疑问;同时也有助于教师了解行业的实际发展情况,从而实现研究成果的快速转化。④求职招聘模块。企业可通过该模块定期发布暑期实践招聘、毕业生专项招聘等信息,为学生提供实习、求职渠道,实现企业与学生的信息互通,帮助学生完成就业。⑤行业信息模块。该模块主要发布行业前沿动向,推送智能财务相关讲座、会议以及公司实际案例等内容,让学生了解行业前沿知识,开阔学生的视野。

高校要以"优势集聚、资源共享、互惠共赢"为基本原则实施产教融合人才培养模式。在这种模式下,高校可以利用企业资源完成学生的学习环境及实验、实践条件的提升。这对学生的学习、科研、实习、就业等都能够起到很大的帮助作用。同时,企业也可以利用高校人才优势帮助自己解决实际问题。

科技的发展推动了财会行业的变革与创新。财会行业对高端人才的需求巨大,人才需求侧与供给侧严重失衡。现有的高校财会专业人才培养方案与现实要求严重脱节,产教融合成为高等院校培养新型财会人才的必然选择。

二、财会专业人才培养的教学实践

"大智移云物区"等现代信息技术迅猛发展,将掀起新一轮产业变革,财务领域也正在发生翻天覆地的变化。在智能财务时代,会计职业能力要求发生了重大变化,会计工作转型势在必行,企业对会计人才提出了更高的要求,高校会计专业人才培养要能满足企业的需要。会计实践教学是会计人才培养的重要环节,亟待进行改革与创新,以便使学生具备新时代的岗位胜任能力。

(一)智能财务时代高校会计专业实践教学改革的必要性

1. 适应会计转型升级的需要

随着人工智能技术在财务领域的应用,大量基础性、重复性的会计核算工作将由财务机器人来完成。会计人员要向管理会计、分析决策方向转型,工作重心要转移到价值创造上。会计实践教学迫切需要改革原有培养只懂软件操作人才的教学体系,以适应会计转型升级的需要。

2. 适应企业对会计职业能力新要求的需要

在互联网时代,知识加速更新,会计工作不断变化,企业对财务人员能力的要求也在提高,会计人才除了要掌握专业知识和技能外,还要具备很强的学习能力、信息数据处理与分析能力、智能技术的应用能力。会计专业实践教学关乎学生的职业胜任能力。为了适应未来工作的需要,学校应当改革传统会计实践教学体系,帮助学生加深对智能技术的理解,提高学生运用智能财务软件的水平,以适应会计职业能力的新要求。

3. 适应会计工作业财融合的需要

学生使用的各个会计实践教学平台基本上都是独立的。一个实践教学平台只能解决某一方面的问题,没有体现财务转型后的业财融合与财务信息共享。学生缺乏整体分析问题、解决问题的能力。在实际工作中，了解业务是财务核算和管理的基础，财务人员只有基于对业务的深刻理解才能做出正确的财务判断。学校需要对会计实践教学体系进行改革，让学生理解并适应会计工作业财融合的需要。

（二）智能财务时代高校会计专业实践教学改革的建议

1. 重塑智能财务背景下高校会计实践教学目标

在智能财务背景下，为适应会计人才转型的需求，会计实践教学目标要适应智能财务时代会计工作环境和方式的变化，以企业对会计人才的职业能力要求为出发点，把会计实践教学目标定位在职业综合素养和专业综合能力两方面。职业综合素养目标主要包括塑造工匠精神、培养职业素养、拥有良好的战略思维和创新能力，兼具团队合作、沟通交流、环境适应及终身学习等多项综合能力。专业综合能力目标主要包括掌握会计核算、数字化管理会计、会计信息系统、智能会计技术与应用、财务共享服务业务处理、财务大数据分析等知识和技能，专业技能目标与岗位实践技能需求相匹配，形成分年级、分课程、多层次的体系化实践教学目标。

2. 构建智能财务人才培养实践教学课程体系

高校应基于企业视角和行业标准，以会计岗位能力需求为出发点，构建分阶段、分课程、多层次的智能会计人才培养实践教学课程体系。整个教学体系分为职业素养实训、专业基础实训、专业核心实训、专业综合实训四大环节。其中，“职业素养”阶段主要是在一年级融入创新创业通识教育的素质训练，着重完成会计人才自我认知、会计职业与岗位认知目标，了解企业经营运作流程。“专业基础”阶段主要是在一年级和二年级开设基础会计、财务会计、成本会计、税务会计、财务管理等系列课程，以先进的理实一体化平台为依托，全方位地塑造高度仿真的实训环境，完成本专业基础课程的知识和技能积累。“专业核心”阶段主要是在二年级，以智能财务岗位的工作任务和工作流程为课程主线，重点开设会计信息系统、财务共享服务、数字化管理会计、财务大数据分析、智能财务技术与应用等实训课程，加强智能财务和共享服务模式的会计岗位实训，将业务与财务、核算与管理、会计与新技术深度融合，为学生适应企业财务转型打下坚实的基础。“专业综合”阶段主要是在三年级，以跨专业综合实践教学平台为依托，营造虚拟的商业社会环境，让学生学会综合运用管理类相关专业知识进行仿真业务经营，从而训练学生的决策分析能力、团队协作能力，培养学生的战略思维、全局意识和综合职业素养。

3. 更新和创新实践教学课程内容

会计实践课程内容的更新和创新可以通过如下途径实现。①更新现有实训课程内容，现有的理实一体化实训课程不局限于完成实训资料中的任务，而应设计真实的工作场景。让学生去做真实的会计岗位工作，及时了解国家现行的各项财税政策变化。对于会计信息化实训课程，不是教师先演示，学生只是机械地练习，而是可以通过抛出企业诉求或工作任务，引导学生去思考，去尝试满足企业的业务或管理诉求。②增设财务共享服务、数字化管理会计实训、智能财务技术与应用、财务大数据分析等新课程，这些是智能会计中出现频次最高、应用性最强的课程。③实践课程与职业素养相融合，开设会计职业性格认知、会计职业与岗位认知、企业经营管理沙盘、创新创业通识教育等课程。

4. 搭建虚拟仿真的实践教学环境

根据重构的会计专业实践教学体系要求，改造和整合现有的会计专业实验室资源，全新规划建设智能财务实践教学示范基地。下设职业素养培养中心、会计专业能力训练中心、财务共享服务中心、智能财务实训中心、财务大数据分析中心、财务综合能力训练中心，实践教学的软硬件设备主要是匹配实训室课程的需求，适应现代学生的学习特点，采用分组式课桌，计算机设备采用先进、环保的云桌面，配置数据展示大屏、增强现实感知设备、机器人流程自动化设备、财务大数据分析平台、财务共享服务平台、智能财务实践教学平台等仿真训练的软硬件设备，构建仿真的智能财务中心工作环境，实现会计实践教学的虚拟仿真与虚拟现实相结合。

5. 提升会计实践教学师资能力

为提高会计专业实践教学质量，让会计专业学生具备较强的实践能力，高校需要打造一支高素质的“双师型”教师团队。①应定期组织教师参与有关智能会计的培训，掌握最新的智能会计领域知识和智能会计技术的应用。②积极鼓励一线高校会计教师在寒暑假到大型企业的财务部门进行顶岗实践，深入了解智能财务时代的企业会计人才需求，将企业真实的智能会计应用案例引入课堂，丰富教学内容。③聘请智能财务平台建设经验丰富的企业财务部中高层管理人员担任高校实践教学的企业导师，促进校内会计专业教师与企业实战导师的交流，进一步提升高校的会计专业师资水平。

新技术不断推动会计行业的发展。随着智能化时代的到来，会计人才需求、岗位职责等方面发生了变化，会计专业实践教学必须顺应智能化时代发展潮流，构建创新型智能会计人才实践教学课程体系，与时俱进地更新实践教学课程内容，在学生职业综合素养和专业综合能力的培养上下功夫，培养新时代适应经济发展需求的智能财务人才。

第十章 智能时代财务创新实践

第一节 智能时代战略财务创新

一、智能时代战略财务框架详解及智能增强

智能时代战略财务管理的各项工作内容都会受到新技术的影响,包括直接的技术影响,以及智能技术改变整个社会、经济形态后带来的间接影响。

(一)战略与业务

1. 战略与业务框架详解

战略解读能够深度理解公司战略目标,并清晰、准确地解读公司管理层达成的战略共识,预判公司战略将对整个企业带来的影响。财务与战略配合能够将财务管理与公司战略目标的达成路径相匹配,明确公司战略目标对财务资源的需求及对财务管理的要求,实现财务工作对战略的有效配合与支持,深度参与到公司经营计划的制订与管理过程中,能够站在财务视角评价业务部门经营计划设置的合理性,使经营计划与财务能力更加匹配。

财务资源配置管理能够根据战略目标的达成路径与经营计划,有效地进行资源配置管理,对资源的投向和投入产出效率、效果进行管理,与业务单元的沟通能够站在一定的战略高度上展开财务与业务部门的对话,通过充分沟通建立业财的协同能力。

2. 战略与业务智能增强

在智能化变革中,战略财务的积极参与能够让人们赢得主动,更好地体现财务对公司战略和经营决策的支持价值。被动响应将使财务无法与业务站在同一对话层次上,从而导致业务部门自行构建或弥补战略财务能力的不足。这一现象在信息化时代已经有大量的案例。

(二)财会控制机制

1. 财务与会计控制机制详解

(1)财务与会计制度管理。

完善的财务与会计制度体系是企业财会控制机制的基础,企业需要建立多层次的、立体的科学制度体系框架,建立制度发布、修订、废止的完整管理循环和管理机制。

(2)内部控制。

建立内部控制体系,基于内部控制框架展开相关管理工作,关注控制流程的完整性、控制措施的有效性等问题。从财务视角更多地关注财务组织、制度、流程、信息系统相关领域的内控体系建设。

(3)内部审计与稽核。

以财务制度及合规要求为依据,采用多种手段获取审计与稽核线索,展开相关的线索调查,发现风险事件或案件,取证形成结论后,给予相应的纪律处理。

2. 财会控制机制智能增强

首先,智能化对财务的影响是全面的。因此,财务的管理模式、流程体系、系统支持方式都会发生一定的改变。作为财务管理的支持保障,财务制度体系也必然受到影响。在制度体系层面,应当结合智能化对财务系统、流程带来的影响进行必要的完善和调整。

再次,内部控制方式会因智能化发生改变。智能技术能够加强内部控制能力,可以在内部控制体系中引入更多智能化工具,更重要的是因为智能化的到来,内部控制环境会发生重大改变,更多的财务管理工作将基于大数据、人工智能的模式,对这些看不见的流程或财务管理工作如何实施内部控制,将成为新的课题。而对于内部审计与稽核来说,智能化的影响最直接。在智能时代,人工智能将取代大量的财务操作人力,依靠算法的机器处理将取代依靠人的行为的业务处理,审计的范畴将从传统审计向算法审计和IT审计转变。而在审计和稽核的手段上,基于大数据的远程稽核将成为主流模式。同时,企业依靠大数据监控,能够更早地发现风险线索,由传统审计与事后追责向事前预防转变。

(三)价值管理

1. 价值管理详解

产权管理:能够从产权建立、变动、退出的各个环节对产权进行全过程管理,建立清晰的产权地图,通过对产权的优化来实现对财务报告、风险管理、融资能力等各方面的优化。

营运资本管理:能够对企业经营过程中的流动资产与流动负债进行管理,从而合理地确定营运资金量,在满足经营需求的情况下,节约营运资金,提高资金周转率,保障短期偿债能力。

现金流量管理:能够将现金流量作为管理的重心,兼顾收益,围绕企业经营活动、投资活动和筹资活动构建现金管理体系,对当前或未来一定时期内的现金流动,在数量和时间安排方面进行预测与计划、执行与控制、信息传递与报告、分析与评价。

经济附加值管理:能够在清晰计量债务成本和股本成本的基础上计算经济附加值,公司每年创造的经济增加值等于税后净营业利润与全部资本成本之间的差额。在企业绩效评价中引入经济附加值,更加客观地反映企业的价值创造能力。能够驱动管理者关注利润创造过程中的资本投入成本,提升资本使用效率。

新业务价值管理:对于特定行业会高度关注新业务价值,在考核中引入新业务价值管理。能够更好地反映寿险业务的长期性特征,更好地避免管理层短期行为和代理问题,更好地驱动长期资源配置和战略决策。

并购价值管理:能够帮助企业在并购过程中清晰地评估并购企业价值,进行财务和税务尽职调查,通过优化资本资产结构、合理设计股利分配方案等方法,帮助企业实现并购后整体价值的提升,优化被并购企业进行财务管理的能力,提升并购价值。

2. 价值管理智能增强

对于价值管理来说,大数据是智能增强的技术核心。在大数据之上辅以机器学习,能够挖掘出更多的智能增强场景。

对于产权管理来说,基于规则的初级人工智能及大数据技术能够辅助进行产权风险管理,帮助人们在风险出现的早期更加及时地识别和防范。

对于营运资金管理和现金流量管理来说,大数据可以帮助人们发现更多管理线索,而且大数据结合机器学习,能够为企业经营提供更强大的预测能力。经营预测更可靠,将在营运资本和现金流量预测方面带来价值。

在并购价值管理中,借助大数据的相关性分析,能够发现更多提升并购价值的举措线索。这些管理线索有可能在最终的并购价值创造中发挥重要作用。

(四)经营分析与绩效管理

1. 经营分析与绩效管理详解

KPI 体系搭建:能够根据企业的经营目标,结合业务特点,设置有清晰导向作用的 KPI 体系。KPI 体系应当构建由根指标、衍生指标组成的指标树,并定义指标口径,明确指标的维度和计算方法,以及目标值设定逻辑。指标体系应当有可靠的日常管理和维护机制。

经营分析报告:能够提供有决策支持价值的经营分析报告,形成经营分析报告的层次化体系、报告的日常管理和归档体制,针对报告中的问题能够有效地展开深入的专题分析,形成既有广度又有深度的经营分析能力。

绩效考核制度搭建及奖惩执行:构建绩效考核制度,将 KPI 和经营分析报告的运用与绩效考核形成有机整体。绩效考核体系能够与业务目标的达成紧密结合,并切实影响业务部门的经营行为,使其成为企业战略落地的重要驱动工具。绩效考核应与管理者的晋升、奖金等形成紧密联系。

投入产出管理:能够对企业经营过程中的各类日常或项目化投入建立起投入产出的评价机制。将投入产出率作为资源投入的重要财务评价指标,建立清晰的投入产出模型,并予以执行运用。

市场对标管理:能够对企业的核心经营情况展开市场对标,进行与市场同口径平均水平的对比评价,定义和识别关键竞争对手,并与竞争对手就关键经营指标进行对标。对标结果可用于 KPI 的目标值设定。

重大关键项目管理:能够对重大财务投资项目进行全生命周期的专项管理,对项目的四算,以及项目的投产、关键阶段的 KPI 等进行全面的财务评价和财务管理。

2. 经营分析与绩效管理智能增强

智能化技术将对经营分析的视角和工具方法带来影响。从分析视角来说,传统经营分析所受到的数据的局限性将被打破。在大数据的基础上,能够从因果分析向相关性分析增强。

在工具方法方面,大数据和云计算的结合应用将使经营分析获得更加灵活和丰富的分析能力。二者的结合能够为经营分析提供更加强大的数据采集、数据捕获和数据处理能力,使经营分析的边界大大得到延展。此外,人工智能技术的发展,也将使经营分析方法从经验分析向算法分析演变。这使更为复杂的分析得以实现。

(五)全面预算管理

1. 全面预算管理详解

经营计划管理:能够驱动业务部门在预算编制之前先进行经营计划编制,对经营计划进行审视和评价,并推动业务部门进行经营计划优化和完善。

预算编制管理:在经营计划管理的基础上,联同财务与业务部门共同进行预算编制,能够根据企业的实际情况选择不同的预算编制方法和预算编制周期,支持多维度的预算编制,提供系统化的支持和灵活高效的预算调整。

预算预测:能够对未来的经营情况进行预测模拟,基于拟配置的预算资源,对未来的资产负债、损益情况进行预测,并能够基于不同的资源配置进行敏感性分析,支持对管理口径和法人口径的预算预测。

预算执行与控制管理:能够对预算的执行情况进行有效的过程管理,针对不同的预算维度实施执行控制,将预算执行结果及时地反映给预算账户管理人,并能够进行及时的预算过程执行分析。针对特定类型的预算,能够提供更为复杂的执行和控制管理。

预算分析:能够进行多层次的预算分析,预算分析能够覆盖多维度、多时间周期。能够针对不同周期,提供事后分析和实时分析的支持,形成预算分析报告,并对预算分析异常事项展开专项分析。

预算组织管理:能够建立健全预算管理组织,预算组织应该涵盖管理层与执行层、财务与业务,同时应当根据需要灵活地构建实体组织与虚拟组织。能够有完善的预算组织机制,涵盖职责、管控关系、架构和岗位、运作机制等。

预算流程管理:能够建立完善的预算管理流程,在预算管理生命周期的不同阶段,针对各项预算的相关工作建立标准业务流程,推动流程有效执行,并实施监控。

预算系统管理:能够建立有效支持预算编制、预算执行控制、预算分析等预算管理工作的信息系统,实现预算编制所需要的参考数据的系统对接,实现预算执行数据的有效对接,建立完善、有效的预算系统管理和维护机制。

2. 全面预算管理智能增强

在预算预测的过程中,能够基于大数据、机器学习等方法构建更为复杂和完善的预测模型,展开大量复杂场景下的敏感性分析。这使预算预测的可靠性和对未来复杂不确定性的预判能力都能够得到更大的提升。而现在,让人更加期待的模拟技术已经出现,引入人工智能的虚拟商业生态系统能够让未来的预测建立在与真实社会相仿的现实模拟环境中。

在初级人工智能阶段，预算的执行与控制能够基于所植入的更加复杂的规则来进行。在机器学习下，预算的执行与控制模型或算法能够基于所设定的控制目标，由人工智能来进行持续完善。而在传统模式下，由于人力所限，无论是对控制规则的设计还是对控制过程的管理都被约束在一定的范围内。基于机器学习的预算执行与控制将能够提供更丰富的控制逻辑，在不同的场景下选择差异化且更合适的控制机制，实现预算的柔性管控。

二、元数据和大数据

(一)经营分析的概念框架

1. 数据基础

对于传统经营分析或者财务分析来说，数据是基础，经营分析人员通过各种渠道获取各种各样的数据来展开分析。如果企业中已经建立了数据仓库和数据集市，那么，恭喜这些经营分析的幸运儿们，在这样的地基上盖房子还是比较靠谱的。而如果数据分散在大量独立的系统中，甚至是各层级、各类人员的 Excel 表中，那么就要小心了，你可能在用沙子打地基，盖起来的房子就可想而知了。

在经营分析体系中，要构建一个好的数据地基需要企业对数据仓库、数据集市有清晰的规划和设计，对数据的定义、标准、来源和采集有清晰的业务逻辑。当然，数据仓库和数据集市都是数据的载体，要想避免数据垃圾的产生，系统本身的数据质量需要有所保障，而这种数据质量的保障能力来自前端业务流程和信息系统的有效搭建与管理。

站在财务的角度，还必须要提到三套数据，它们是经营分析的重要数据基础。一套来自事前，称之为“预算”；一套来自发生后的记载，称之为“核算”；还有一套来自事后的深加工，称之为“管理会计”。将这三套数据与经营分析进行有效对接，对于提升经营分析质量有很大的帮助。

2. 指标体系

在经营分析框架中，指标体系就是房子的砖和瓦。指标是一种衡量目标的单位或方法。当人们进行经营分析的时候，会围绕企业经营目标来设定一些衡量标准，通过这些衡量标准能够评价经营结果是否达到了所设定的目标，从而进一步提升企业经营管理能力，这就是经营指标。

对于经营指标来说，可以进一步划分为“成果指标”和“绩效指标”。引入“成果指标”的概念，是因为许多评价指标是几个团队输入成果的总和。这些指标在衡量各个团队共同的工作效果时很有用，但不能帮助管理层准确地定位和解决问题，管理层很难准确地查明哪个团队出了成绩，哪个团队未履行职责。而绩效指标能够解决这个问题，以及更加精准地定位问题。对于一个指标体系来说，可以引入“基础指标”和“衍生指标”的概念。基础指标是难以拆分和细分的指标，而衍生指标则是基础指标的运算组合。使用这样的概念,通过优先搭建和系统化基础指标体系,再扩展衍生指标体系,能够帮助人们快速地搭建一个复杂的指标体系。

此外,对于指标,通常会使用“指标树”的形态来进行展示。这也是构建指标之间逻辑的一种方式。人们还需要了解指标“名称”“维度”及“值”的含义,这些在后面元数据的概念中再进一步解释。

3. 报表展示

当构建好经营分析的指标体系之后,就可以搭建房子的主体了,而要使这些指标对经营发生作用,仅仅盖个毛坯房是不够的,还需要进行精装修。这个装修的过程,人们可以理解为报表构建和展示的过程。好的装修要让业主住得舒服,好的报表展示要让管理者能够清晰、快速地抓住重点,发现问题和解决问题。

实际上,报表就是将各种指标的不同层级维度交叉组合起来进行应用的产物。因此,在搭建报表体系的时候,要先搞清楚业主,也就是经营管理者到底需要看到什么。在明确需求后,选取能够说明问题的指标,并匹配和管理对象相关的维度信息后进行组合展示。此外,在报表的指标组合中,还需要经常用到使用说明来解释指标,通过这样的方式搭建报表是靠谱的。若搭建的时候完全没有指标和维度的概念,也没有关注管理者的需求,这样出来的报表如果有充分的经验支持,可能还具有一定的价值,否则往往带来的则是信息垃圾。

有了报表以后,经营分析报告也就容易出具了。但必须要注意的是,简单罗列报表的报告是初级水平的报告,能够看透数字的表象,深入数字背后分析深层次的问题,才是有附加价值的报告。

4. 维护机制

当人们把整个房子都收拾好了之后,还需要有一个靠谱的物业。经营分析这个房子的管理和维护并不是那么简单、容易的,无论是数据、指标的维护,还是报告的过程和归档管理,都需要有一套相对可靠的机制。

在通常情况下,企业会有经营分析部门,这个部门既有战略的味道,又有财务的意思。因此,在不同公司,这个部门的归属也并不相同,甚至还有不少发生过变迁。而在经营分析部门中,要建立起这样一套维护机制,首先需要有数据维护和管理团队来解决地基的问题,然后需要有指标管理团队来进行指标的日常增删改的维护,还需要有报表团队来进行常规报表和临时报表的编制及发布,最后还需要有绩效管理团队来深入开展经营分析,并进行绩效的考核管理。在整个过程中,无论是组织、人员、流程、制度还是系统都是不可或缺的,这些共同构成了这套体系的维护机制。

当具备了以上这些条件后,经营分析框架就能够构建起来了。实际上,今天很多从事分析工作的人员尚未在认知上构建起这一套框架体系,这对于提升经营分析和决策支持能力会带来局限和束缚。

(二)元数据经营分析的本质

元数据可以理解为“数据的数据”。实际上,应用元数据的场景非常多,图书馆的藏书信息卡、在线视频应用里的视频描述、网络中的网页地址等都可以用元数据来表达。元数据具有以下特点。

首先，元数据是结构化的。在大数据时代，人们都非常热衷于谈论非结构化数据，但忽视了这些非结构化数据在技术层面是怎样被应用起来的。一张图片是非结构化数据，但这张图片是可以被元数据这种结构化数据所描述的，这就给人们借助元数据来理解和应用非结构化数据提供了可能。

其次，元数据是与对象相关的数据。可以使用盲人摸象的方式，借助元数据慢慢去了解对象。就像一张照片，可能第一次获得的元数据是 EXIF 信息，即从摄影的角度获取这张照片的信息，进一步可以了解与这张照片内容相关的其他元数据，从而从另一个角度获取照片信息。

其次，元数据不仅能够对信息对象进行描述，还能够描述资源的使用环境、管理、加工、保存、使用等方面的信息。还以照片为例，元数据可以告诉我们这是一张网络图片，存储在什么样的服务器上等信息。

最后，元数据常规定义中的"数据"是表示事务性质的符号，是进行各种统计、计算、科学研究、技术设计所依据的数值，或者说是数字化、公式化、代码化、图表化的信息。当然，人们也可以将文字理解为某种形式的编码数字。

经营分析和元数据是关键。

首先，可以看到，构成经营分析的地基是数据，而元数据作为数据的数据，能够用结构化的方法帮助人们描述和标准化基础数据。构建数据仓库过程中的数据字典，从某种意义上讲就是元数据。清晰的数据字典能够让人们更加有效地管理数据仓库，而从经营分析管理需求的角度来说，人们希望所有进入经营分析体系的数据都能够使用元数据进行充分的结构化描述。

其次，在砖瓦的层次——指标体系上，元数据也发挥着重要作用。指标的结果最终会反映在数值上，人们用指标名称、编码、指标的维度、维度值等对这个数值进行了描述，这种描述就是元数据。因此，人们认识到，指标体系是在经营分析层次中架构在基础数据之上的第二类重要的元数据。

最后，再回到经营分析的中心点——经营活动上。实际上是要对经营活动展开多种视角的评价，评价的标准是经营活动是否达到了人们在开展经营活动之初所设定的目标，而 KPI 正是人们多视角评价经营活动的结构化描述，也可以理解为经营活动评价的元数据。

(三)大数据与经营分析

在传统的经营分析模式下，需要找到用于评价经营活动的元数据，也就是指标体系与经营结果之间的关系。通常情况下，如果看到指标与经营结果具有显著的因果关系，那么就会考虑把这样的指标纳入关键绩效指标中来进行管理。但问题在于，这些指标的定义和发现往往是基于经营分析及因果分析所得到的，这种逻辑上的强绑定关系具有一定的局限性。

实际上，影响经营分析结果的不仅仅是存在显著的可见因果关系的因素，还存在相关但无法解释显著因果关系的因素,这在传统模式下是难以解决的。

大数据的出现让人们有可能打破思维能力的约束。基于大数据技术,人们能够从因果关系突破到相关关系。通过大数据分析,人们能够发现一些没有显著因果关系的因素同样对经营活动产生了显著影响,这些因素被称为“相关性因素”。将这些因素定义为关键绩效指标,能够帮助人们实现提升经营活动成效的目的。

指标用于评价经营活动,同时有非因果关系的因素在影响这些指标,这又构成了第二层次的相关关系。研究发现原先所搭建的经营分析的元数据世界发生了延展,各个层级的元数据都有一些非因果关系,而相关的新元数据的出现,使人们能够更加真实地架构经营分析框架,并有效指导经营结果的改善。

三、大数据资源配置

在战略财务的框架下,全面预算管理一直是不容忽视的范畴,但其在企业经营管理中所发挥的作用却饱受争议。

(一)预算管理就是资源配置

预算实际上是一种对企业资源的配置方式。当股东设定了经营目标后,业务单位要达成这些经营目标就需要匹配相应的资源。资源本质上属于股东,业务单位作为经营者向股东承诺经营目标,股东向经营单位承诺支持其实现经营目标所需要的资源。当然,当经营目标达成后,还有相应的绩效激励,这又是另一层次的契约关系。

(二)资源配置的难题

1. 契约双方的信任问题

和所有的契约关系相似,资源配置同样要解决资源所有者和资源使用者之间的信任问题。资源所有者追求的是资源投入产出结果的最大化。因此,在投入资源时会高度关注产出的结果,并要求获得资源接收方的绩效承诺。同样,对于资源使用者来说,也需要在承诺绩效目标后获得必要且及时的资源支持,避免在资源不足的情况下进行经营,最后为不良绩效结果担责。当然,对于资源所有者来说,最常见的还是担心经营单位存在道德风险。

2. 资源配置的标准问题

在实际的预算过程中,资源配置标准的形成并不容易,太多的因素会挑战所设定的标准。而一旦无法形成相对清晰的标准,资源配置的过程往往就会成为一个谈判的过程,很容易陷入缺少逻辑的拉锯战中。

简单的标准可以根据承诺,基于比例模型直接给出资源承诺;复杂的标准则需要明确经营目标达成的各项驱动因素,为每项因素细分动因,并最终从经营计划的角度来设立资源配置标准。

3. 资源配置的效率问题

资源配置的效率一直是企业预算管理活动中令人头疼的一件事情。在预算的全过程中存在太多的博弈。很多公司从九、十月份开始启动预算编制工作，直到来年的三、四月份才能完成预算的定稿。在月度的资源配置活动中，如果缺乏高效的系统支持，很多公司根本难以做到精细化的月度资源配置管理。在这种情况下，月度预算往往成为年度预算下简单的“按月分解”。

4. 资源配置的效果检验问题

当完成资源配置后，就会从讨价还价的博弈循环进入承诺兑现的博弈循环。在这个过程中，对于管理者来说，最困难的是如何验证资源投放的效果和达成情况。尽管人们说最终的经营绩效指标能够反映出经营单位的绩效达成情况，但在过程中基于任务、项目等设立的资源配置标准往往很难立刻通过财务或数字验证其实现的效果，而此时又经常需要启动基于此次项目任务进一步延展的后续资源投入，这对管理者来说需要面对是否进行“前款未清，借后款”的管理决策。

（三）大数据资源配置——抓热点，抓相关性

在契约双方的信任关系方面，一些公司试图通过签订绩效承诺书来保障契约关系；在资源配置标准方面，一些公司通过设定模型的方法来总结提炼预算标准；在资源配置效率方面，一些公司通过建立预算编制系统来优化编制流程；在效果检验方面，一些公司选择刚性的“以收定支”。但也不得不认识到，在传统方式下对资源配置管理的优化终将达到瓶颈。要实现突破，就需要找到新的契机，而大数据恰恰在这一方面带来了新的机会。

1. 热点驱动资源投放

所谓的热点驱动就是在保持经营目标相关性的前提下，哪里吸引眼球，哪里有热度，哪里需要资源，就将资源投放在哪里。但在传统财务模式下要做到这一点是非常困难的，如果仅仅凭借对市场的经验感知是很难在经营活动中进行管理决策的，而大数据技术为解决这一问题提供了新的可能。

（1）制定经营战略。

首先，和传统的预算编制模式一致，在编制预算之前，必须明确企业的战略导向，这从根本上决定了要不要投放资源、在哪里投放资源和怎么投放资源。当然，在这个层面上，战略很可能是相对宏观的，它更多的是未来一段时间内大的经营方向和经营策略，人们无法直接基于公司的战略来展开更为清晰的预算，也就是资源配置工作。

（2）分析战略热点。

如果要想更好地衔接战略与资源配置，就必须更清晰和细化地拆解战略，也就是形成战略热点。当然，这里所说的热点和后面要谈到的基于大数据分析的热点是有所不同的，还需要依靠管理经营者对企业所设定的战略目标进行细分，从管理逻辑层面定位战略在落地时需要重点关注的目标。

（3）基于大数据发现经营热点。

在有了战略热点后，人们仍无法有效地从管理角度进行资源配置。实际上，经营单元在战略热点明确后，就已经对需要做什么、大概需要多少资源有了一个初步的概念。

很多时候,经营者就会基于这样的一个概念开始和管理层讲故事了。在传统模式下,人们通常对这样的故事只能选择"信"或"不信"。当然,如果故事中间的逻辑线索相对清晰,可能更容易获得管理者的信任,并获得资源,而如果在这个时候引入大数据分析,则可能会对传统的资源配置模式有所改变。

在被动模型下,需要经营单元基于战略热点进行经营热点的主动设计,模型要做的事情是基于企业内外部大数据,对经营热点与战略热点的关联热度进行分析。在主动模型下,以战略热点为出发点,基于企业内外部大数据,发现与战略热点分层次的关联市场热点,将关联度高的市场热点纳入经营热点中,也作为资源配置的对象。

(4)基于经营热点进行资源投放。

通过这样主动与被动的热点分析,人们能够建立起以战略热点为圆心的经营热点辐射地图,并以这个地图的辐射半径为标尺展开资源配置,接近圆心的经营热点需要投放更多的资源。在具体确定资源投放额时,人们能以战略热点构建资源池,将资源首先投放到战略热点资源池中;以经营热点为项目,向战略资源池申请资源。在资源申请的审批过程中,人们可以引入热度评估,优先将资源投放到高热度的项目中,从而避免发生先到先得、抢资源的情况。

(5)资源的兑现使用。

所谓资源兑现,就是契约双方基于预算事项实际发生的费用。在实践中有两种兑现方式,一种是把钱先花出去,目标是否达成后续验证;另一种是用之前的存量资源先把事情干了,根据目标的达成情况再批准可以获得多少可用资源干后面的事情。实际上,这两种方式都存在一定的问题。前者建立在管理者对执行者信任的基础上,而一旦承诺的经营目标没有达成,就会损害管理者的利益;后者的根本逻辑是管理者并不信任执行者,要求其先拿自己的钱干事情,事情干成了再回来报账,这种方式对于执行者来说也并不公平。当人们引入经营热点作为资源投放依据后,信任问题得到了一定的缓解,使用第一种方式进行资源兑现就会更可行且合理。

2. 资源投向和业绩达成的相关性分析

大数据除了在预算编制阶段能够发挥重要作用,在预算分析阶段也能够有所建树。在传统预算分析下,很难去评价每个类似于项目经营计划、经营方案和经营结果之间的达成关系。在通常情况下,对于一个经营单元,如果它的业绩不错,超出了预先设定的考核目标,大家就会觉得它花的所有钱都是值得的;反之,如果考核目标没有达成,那么它花的所有钱可能都会受到质疑。

当引入大数据来辅助预算分析后,情况可能有所改观。通过构建模型,可以试图建立每一个能够项目化的资源投入与经营结果之间的量化关联度指数。要做到这一点,并不是简单地做一个数学模型,而是需要将所有项目元数据化,同时把经营结果也元数据化,并建立起项目元数据与经营结果元数据之间的关系网络。需要监控这个关系网络中每一个项目发生资源投入时,通过元数据关系网络链接的经营结果发生变化的强度,并最终将这些变化强度归纳为关联度指数。

第二节　智能时代专业财务创新

一、智能时代专业财务框架详解及智能增强

(一)会计与报告管理

1. 会计与报告管理框架详解

会计交易处理及相关流程:这是会计的基本职能,能够基于准则要求完成会计交易的核算处理,也就是通常所说的会计核算。对于会计与报告模块来说,更多的是要对会计交易处理设置相关的制度规范,而更为广义和具体的交易处理流程则可以由财务共享服务中心来协同完成。

往来管理、关联交易管理:能够对企业内部往来及企业关联交易实施有效管理。实现往来交易在具体流程中及时、可靠的双向记录,同时及时进行往来清理,发现风险并及时处理和解决;关联交易则需在法人层面建立双边有效的交易记录机制和核对机制。同时,在复杂的集团中,还需要进行关联交易单位的信息管理,辅助业务单位识别交易对手是否为关联交易对象。

会计报告与合并:能够有效地编制和报送各级核算单位的会计报表,高效完成合并报表处理,基于单体会计报表及合并报表出具会计报告。建立有序的会计报告与合并的过程管理,持续提升合并及报告效率。

会计核算相关系统:能够建立可靠且高性能的会计核算信息系统,以支持交易记录、报表编制及会计合并等会计工作。应关注原始交易信息与业务交易记录、明细会计交易记录、汇总会计交易记录记载的一致性。对于关联交易复杂的企业集团,可以考虑构建关联交易系统。

信息披露:信息披露主要是指公众公司以招股说明书、上市公告书、定期报告和临时报告等形式,把公司及与公司相关的信息向投资者和社会公众公开披露的行为。信息披露需关注披露质量、披露时效等问题。在通常情况下,信息披露由董事会办公室负责,但财务在其中也起着重要的支持和协同作用。

审计流程及管理:能够规范地选择审计师,与审计师共同建立高效的审计流程,协同公司各级财务部门、财务共享服务中心参与审计配合工作,持续提升审计效率,优化审计周期。

2. 会计与报告管理智能增强

会计与报告在传统的会计电算化、财务信息化过程中一直是重要的建设领域。在早期,财务的各项信息化工作也都是从这个领域开展的。但是由于多数企业在一开始就建立了核算系统,而且成为后续建设的各类财务系统的对接对象,会计核算系统往往在建成后长时间难以发生质变,这不仅是个体企业的情况,也是整个行业的情况。

智能时代的到来,对各类财务信息系统都提出了改变的要求,同样对会计与报告管理领域也有影响,给这个传统领域的信息化提升带来了契机。

首先,业财系统的高度集成将对会计交易处理的自动化和一致性带来重要帮助,但是不同的业务系统分别进行会计规则的转换将带来较大的管理复杂性。统一会计引擎的出现,能够帮助人们将会计规则的转换架构在一套灵活、可配置的系统组件之上。不同业务系统的输入将可以基于统一平台,完成规则转换和凭证制证,进一步提升会计交易处理的可靠性。

其次,基于机器学习技术,能够考虑实现智能报告。基于相对结构化的报告范式,再加上人工智能基于市场反应的润色学习,智能报告或许对股价的提升会越来越有帮助。而区块链技术基于分布式账簿所带来的高可靠性,能够帮助人们解决传统业财对接模式下的业务交易记录与会计记录不一致的问题。同时,对于内部往来和关联交易,区块链技术同样能够发挥作用。基于各交易方所构建的分布式账簿,能够同时在交易各方实现交易记载,降低其被篡改的可能性,这对解决内部往来和关联交易的核对、加强一致性有着重要作用。

(二)税务管理

1. 税务管理框架详解

税务政策研究:能够及时地跟进税务政策的动态,清晰准确地解读政策,并根据税务政策的变化及时在企业内部作出相应的政策反应。针对潜在的税务政策风险,能够及早进行监管沟通和防范处理。

税务关系管理:能够与税务监管部门建立有效的沟通和对话机制,在合法、合规的基础上,与税务部门维持良好的关系,并在企业发生重大涉税事项后,能够获得相对公平的沟通和协商机会。

税务检查配合与风险防范:能够在合理尺度下有效配合税务部门的各项检查,及时汇总各级机构的检查动态,做好检查前的准备工作,积极进行自我税务风险排查,实现税务风险的事先管理。

税务数据管理:能够有效管理企业中的各类系统化及非系统化的税务数据,建立清晰的数据管理体系,并充分利用税务数据展开各种税务分析。对税务数据的有效利用能够帮助企业优化税务成本,提前发现和管控税务风险。

税务系统管理:能够实现增值税、所得税、印花税等税种系统的全面覆盖;功能的全面,应涵盖所得税纳税调整、税务报表编制、预交申报、折旧摊销、资产损失处理、境外所得税抵免管理等功能;管理的全面,能够支持税务分析、税务风险管理、税费预测、税务检查支持、税务政策管理等需求;接口的全面,能够打通企业内部系统之间的接口,实现和监管系统的对接;行业的全面,能够适配不同行业的特殊的管理需求。

营改增及电子发票/特定时期的特殊事项:针对特定时期所发生的税务管理的特殊事项,能够及时、有效地应对,曾经的营改增和正在进行的电子发票等对税务管理都会带来重大影响,企业需要提前设计方案并安排系统配套支持等各项工作。

2. 税务管理智能增强

对于税务管理的智能化支持来说,监管单位——税务部门更早地采取了行动,“金税三期”“千户计划”的背后都是大数据的影子。对于税务部门来说,其数据具有先天的不对称优势,使其有条件先于企业开展税务的大数据应用。而基于企业间的数据分析,也使税务稽查能力得到了大幅提升。在大数据应用上,税务部门也在试图从其可控的税务数据以外获得更为广泛的社会数据,并应用在税务监管中。

对于企业来说,需要借鉴监管部门的管理思路,基于企业自身的数据,以及可获取的社会化数据,在一定程度内对企业内部应用大数据开展税务风险的预先排查。当然,受到数据基础的限制,企业与监管部门相比可能会有所不足。

实际上,与监管部门之间发票数据的对接、电子发票的应用,对于提升企业内部基于流程的报账处理、操作风险管理都可能更具价值。

(三)资金管理

1. 资金管理框架详解

资金收付管理:能够实现高效且安全的资金收付管理,有效支持资金的收支交易处理、交易后的核算处理、收支失败等异常管理;进行准确的资金收支相关的业财、银企核对;有效控制重复支付等资金支付风险;支持多种形态的资金收支。

资金计划管理:能够及时且可靠地预测资金计划,并基于资金计划有效地进行头寸管理和资金调度处理。在有条件的情况下可进行滚动资金计划预测。能够对资金计划的申请、调整等过程管理提供支持。

债券融资管理:基于发行债券的方式实现直接融资。财务应当统筹债券融资的管理过程,与券商进行融资意向沟通、发行准备、审核并上市。能够配合债券融资进行有效的风险评级规划和事前管理。

股权融资管理:股权融资是指企业的股东愿意让出部分企业所有权,通过企业增资引进新股东的融资方式,总股本同时增加。财务能够进行股权融资的沟通、准备、审核配合及发行管理。

混合融资管理:混合型融资方式是指既带有权益融资特征又带有债务特征的特殊融资方式。财务能够进行混合融资的沟通、准备、审核配合及发行管理。

司库管理:司库从大的类别上包括交易管理、资产负债管理和流动性管理、风险管理三个支柱。司库职能在一定层面与其他资金管理职能存在交集。

外汇管理:能够有效地管理外汇账户、外汇境外及跨境收支、外汇头寸,把控外汇风险,有效应对外汇监管。

银行关系管理:能够有效管理与银行间的关系,与合作银行形成良性协作机制。基于良好的合作关系,企业能够以最具竞争力的价格获取优质的信贷和非信贷服务。能够有效选择合适的合作银行,以专业的态度进行关系管理。

资金系统管理:能够构建完善的资金管理系统,覆盖资金收支管理、账户管理、票据管理、银企对账、风险管理、流动性管理和资金计划管理等一系列功能。资金系统应当实现高度的安全性。

流动性管理:流动性风险管理是指应避免在某一特定的时期业务中产生的资金流量

缺口风险。需要考虑自身财务状况恶化时,被交易对手要求提前终止安排或提高信用安排时所需要的融资来源。对于金融企业来说,流动性风险管理尤为重要,但是对于其他行业,从现金流风险的角度来说,其也是需要重点关注的。

投资管理:基于企业资金进行有效的投资。企业财务应能够进行投资规划,管理投资收益,控制投资风险。

2. 资金管理智能增强

对于资金管理来说,智能化的影响主要体现在资金交易的安全性和核对一致性方面、跨境外汇交易效率的提升及成本降低方面,以及对资金计划、流动性风险管理预测等能力的提升方面。

首先,对资金管理的影响比较重要的智能技术是区块链技术。基于去中心化的分布式账簿,能够构建起企业集团级的区块链清结算平台。基于区块链原理的交易记账,能够有效提升资金交易的安全性和效率,并解决资金清结算中的交易核对和一致性问题。在社会范围内的区块链金融的发展,能够更好地提升企业间、企业与金融机构间、金融机构间的资金交易的安全性和效率。当然,在实践中,我国基于互联网、移动互联技术的资金交易模式的痛点并不显著,更有价值的应用体现在跨境交易上,对跨境交易的时效性长、成本高、依赖性强的痛点的解决能够让区块链技术体现出更大的价值。

其次,大数据技术的应用能够帮助人们更好地展开资金计划管理。企业通过自身数据的积累,以及对企业构成资金需求影响的风险数据的监控,能够更为弹性地展开资金计划预测,并实现资金计划的动态滚动预测。同时,大数据能够借助对风险“加速度”的发现和监控,在更早的阶段发现流动性风险、资金安全风险等,帮助企业更好地展开资金风险管理。

(四)管理会计

1. 管理会计框架详解

维度体系搭建:能够搭建管理会计分析所需要的维度体系,建立维度层次,清晰地定义各维度的维度值。维度体系应当有效承接经营分析的需求,与会计核算、全面预算的维度体系在一定层次上保持一致性。

收入分成管理:能够有效地将业务收入按不同的维度和维度层次进行分成。在通常情况下,可以优先考虑基于业务交易的源数据,将销售合同直接进行多维度底层维度值的指认,对于无法直接指认到底层维度的收入,需要建立相应的收入分成规则,并及时完成相关的收入分成数据处理。

成本分摊:能够将公共成本以逻辑清晰或协商一致的规则,向各维度、各层次进行分摊。能够针对不同的业务特点选择相匹配的成本分摊方法,有效地进行成本动因选择、分摊路径设计及管理。能够就成本分摊规则与关联部门展开充分沟通,使得分摊结果更易获得认可和应用。

多维度盈利分析:基于多维度的收入分成及成本分摊的结果,展开多维度的成本和盈利性分析。能够基于单个维度或组合维度的信息展开分析,并为管理决策提供有用支持。

作业成本管理:能够针对可行的业务场景,基于作业成本法或估时作业成本法进行成本分析。基于作业成本法,追踪并动态反映企业的所有作业活动,进行成本链分析,包括动因分析、作业分析等;指导企业有效地执行必要的作业,消除和精简不能创造价值的作业,从而达到降低成本、提高效率的目的。

资金转移定价(Funds Transfer Pricing,FTP)管理:资金转移定价是企业资金池与业务经营单位按照一定规则全额有偿转移资金,达到核算业务资金成本或收益等目的的一种内部经营管理模式。这种模式在商业银行的应用较为普遍,在部分有资金池业务的金融企业中也有应用。相关企业财务应当建立资金转移定价的相关业务规则,基于系统完成交易定价的处理和跟踪,并能够基于经营战略导向对定价进行及时、动态的调整。

2. 管理会计智能增强

管理会计的应用十分依赖信息系统的建设情况。在通常情况下,管理会计需要处理相对大量的数据,就很难实现日常的机制化运转。

实际上,从多维数据库的出现开始,管理会计的性能已经得到了很大改善。在传统模式下,关系数据库严格按照三范式设计,对于大数据量的处理,非常费时,并且性能较差、开发周期长、成本高。多维数据库则以事实表为核心,由多个维度组合而成,结构简单、容易理解、开发相对容易,却导致出现很多冗余,多维数据库属于使用空间换取时间的解决方式。

随着智能化的到来,管理会计将更多地从技术性能方面获益。针对管理会计最大的痛点——运算性能不足,在物理架构、硬件等方面的技术进步能够使这些问题有所缓解。基于云计算架构搭建的多维数据库,或者直接使用内存数据库来进行相关的处理都有优化数据性能的机会。

(五)财务风险管理

1. 财务风险管理框架详解

财务操作风险管理:能够有效管理财务作业流程中所涉及的各类潜在财务操作风险,建立起操作风险管理的组织、流程、机制。能够深入业务流程,明确流程中的风险点、监控方式、防范机制,明确责任人,最终达到降低财务操作风险事件发生概率的效果。

财务风险意识及管理:在企业中能够有效地对操作风险管理加强文化建设和宣导,推动财务流程中的各方参与者形成操作风险意识,实现操作风险的事前防范和主动防范。

风险控制与自我评价(Risk and Control Self-Assessment,RCSA)工具的财务应用:能够应用风险控制与自我评价工具辅助进行财务操作风险管理,借助工具展开基于流程的风险点的识别和控制方法的定义,并借助工具展开风险自评等管理活动。能够对RCSA工具进行及时、有效的日常维护,以保持工具的可用性。

关键风险指标(Key Risk Indicators,KRI)体系的财务领域搭建:能够针对财务操作风险定义关键风险指标,关键风险指标应当覆盖人员、流程、系统、运营等多个不同的维度,基于风险指标,实现对日常财务操作风险的事前发现和预警,防患于未然。

重大风险事件监控:能够建立起重大风险事件发生后的信息传递机制,风险管理团队应当及时获知重大风险事件的发生和详情,第一时间跟踪责任人,并及时推动建立后续整改方案,防范二次风险。

2. 财务风险管理智能增强

通过智能技术,能够从事前、事中、事后三个层次防范财务操作风险。

从事前防范角度来看,在传统模式下,人们所构建的 KRI 体系是基于经验和分析的,但这种构建方式可能存在认知完整性的缺陷。机器学习方法能基于财务业务流程中大量的交易,以及现有风险事件,发现新的 KRI 规则,从而补充和完善现有的 KRI 体系,加强对事前风险的防范能力。

从事中控制角度来看,基于经验的规则系统化,能够实现初级人工智能的应用,通过大量规则,能够发现财务交易中的潜在风险事件,并能够对一些风险事件进行直接拦截。此外,基于数据积累,能够对每一笔单据进行风险分级,针对不同的风险等级配置不同的控制流程,从而提升风险管控能力。

二、智能风控

对于专业财务来说,业务人员舞弊和渗漏风险管理一直是重中之重。然而,在传统的财务管理模式下,想要做到这一点客观上存在较大难度。一方面,渗漏和发现渗漏就如同一场猫捉老鼠的游戏,总是不得不面对财务与业务的各种博弈升级;另一方面,要想做好这件事情,财务在反渗漏的斗争中不得不消耗大量的人力和精力。

好在随着智能时代的到来,在财务反渗漏这件事情上有了新的转机。依托智能技术,有可能在与渗漏行为的博弈中占据更加主动的位置,同时能够让算力在一定程度上替代人力,智能风控让人们能更容易地抓住财务渗漏的尾巴。

(一)财务渗漏

对于财务来说,在面对风险时有两种典型的情况。

一种情况是在复杂的财务流程中存在大量的财务运营工作,这些工作本身容易发生因为疏忽或者技能熟练度不足所导致的各种各样的差错。对于这些差错来说,人们通常并不把它们理解为一种渗漏行为,而更多地定位为财务的质量问题。

另一种情况是财务渗漏,也可以理解为公司员工出现道德问题,从而发生的舞弊欺诈事件,这些事件会直接或间接地造成公司的财务损失。由于这种行为往往隐藏在大量的常规业务中,如同一个容器出现了破损,漏下了沙子,故被称为财务渗漏行为。对于财务渗漏来说,最典型的关键词是“虚构”。

1. 虚构经济事实

这种情况是财务渗漏事件中性质最恶劣的,可以用“无中生有”来形容。涉案者往往是在没有任何真实业务支撑的情况下,凭空捏造一个经济事实。做得比较高明的,往往还会编造一套看起来相对靠谱的逻辑证据链,通过这样的虚构从公司套取资金。当然,套取资金后，某些有良心的人会用这些资金形成小金库，用于特殊用途或员工的补充福利，而另一些人则直接装入自己的腰包。

2. 虚构原始凭证

相对于完全虚构事实，虚构原始凭证的情况要稍微好些。有些时候，确实是发生了实际的费用支出，并且员工也自行垫付了资金，但由于发票遗失或者忘记事前审批等其他情况，能够支持其正常报销的原始凭证缺失，这个时候为了完成报销，员工有可能虚构原始凭证。尽管从动机上讲，虚构原始凭证比完全虚构经济事实少了些恶劣性，但仍然是人们所认为的财务渗漏行为。

3. 虚构业务金额

还存在一些混搭性质的情况，并且也比较隐蔽，人们姑且称之为虚构业务金额。这种情况往往会存在一个基础的经济事实，也就是说确实有经济开支发生了。这种混搭式的行为也是人们理解的财务渗漏行为。

（二）进化中的财务渗漏

渗漏的发展分为基础进化、惯性进化、关联进化和突变进化四个阶段。

1. 基础进化阶段

在财务渗漏的最原始阶段，业务人员的渗漏行为往往是偶然发生的。在一次报销中错误地填写了信息，而财务人员并没有发现，这种偶发的渗漏行为就如同取款时取款机吐出了一堆并不属于取款者的钞票，然后取款者把这些钞票放进了自己的腰包。这个阶段可以称为财务渗漏的基础进化阶段。

2. 惯性进化阶段

当给了可以犯错误的机会后，总有一些人会把这种偶然行为转化为一种惯性行为。有少部分人会尝试利用财务控制中的一些漏洞习惯性地占小便宜，甚至慢慢演变成主观故意的恶劣欺诈行为，但这种行为还是被控制在了个体单位内。这个阶段称为财务渗漏的惯性进化阶段。

3. 关联进化阶段

贪婪是很容易被放大的，由于个体渗漏的成功率是建立在后续控制环节失效的基础上的，很多时候并不那么容易成功。把最重要的控制环节——主管领导，纳入自己的渗漏计划里往往能够迅速获得更多的成功机会。由于业务真实性的控制已经失效，只要后续能够伪造证据，就很容易完成渗漏。这种现象增加了渗漏的频率，这个阶段称为财务渗漏的关联进化阶段。

4. 突变进化阶段

关联进化阶段的渗漏还是有一定的限制的，毕竟要想获取各种支持证据并不容易，虽然渗漏频率增加了，但尚未造成金额的扩大。但如同生物的进化，总有一些个体会发生基因突变，形成具有显著差异的物种。在渗漏的进化之路上，有那么一些不满足于当前阶段的渗漏者扩大了他们的小圈子，通过将支持财务开支的证据链条上更多的环节纳入渗漏俱乐部，实现了端到端的渗漏，不求高频，只求金额大。可以将这个阶段称为财务渗漏的突变进化阶段。

(三)智能时代反渗漏技术的智能进化

智能时代的到来,让人们面对亟待进化的反渗漏局面时找到了突破的转机。大数据与机器学习技术的发展,让财务有机会在反渗漏的场景中尝试应用这些新技术。

1. 基于规则模型与监督学习模型的智能风控

事实上,基于规则的反渗漏与基于数据和逻辑的反渗漏的思路是一致的。核心差别在于能够用信息系统来运行复杂的规则模型,而不是靠人进行分析。

很多人会陷入一个误区,认为人工智能到来了,就要用复杂的思维去取代简单的规则处理。实际上,正确的做法是尽最大的可能在应用人工智能技术之前采用规则处理,基于规则的系统处理的成本更低并且高效。但是,在当前的技术条件下,采用规则处理有两个难点,一个是支持规则处理的数据不足;另一个是规则本身的设计困难且复杂。

智能技术的出现,恰巧在这两个方面提供了支持。大数据技术的出现让人们能够管理更庞杂和非结构化数据。这些越来越大的数据让人们有机会应用更复杂的规则模型来发现渗漏线索。人们可以使用 OCR、众包等多种形式获得大量与经济事项相关的数据进行管理,也可以从社会网络中获取与供应商、员工相关的大量信息来发现潜在的渗漏线索。另外,机器学习中的监督学习模型能够帮助人们将大量人工审核方法转化为机器规则,从而实现自动化的规则反渗漏审核。

在基于监督学习的机器学习模式下,人们可以将长期以来基于人工反渗漏作业的单据作为学习训练的基础,通过对单据的特征进行数据化,并对这些单据是否存在渗漏情况打上标签。监督学习模型能够利用大量具备特征和标签的训练题进一步提炼规则,这些新的规则植入系统后,作用于新发生的业务单据,分析其是否存在渗漏的可能,这将有助于解决"规则建立困难"的问题。

2. 基于非监督学习模型的智能风控

另一种帮助人们找到渗漏线索的方法是利用机器学习中的非监督学习。从某种意义上讲,非监督学习可以理解为机器对大量数据进行自主聚类分析的过程。机器系统并不关心数据本身的含义,它只将数据按照特征的相似性进行分类。在这种情况下,不难想象,对于大多数"正常"的单据来说,它们会具有相似性,能够被非监督学习模型归集到非常相似的大圈圈里;而那些可能存在渗漏行为的"不正常"单据,则有可能出现在特定区域的小圈圈里。通过可视化分析,能够帮助人们进一步将渗漏调查的对象聚焦在这些另类的小群体单据中。

"非我族类,其心必异。"正是基于这种思维导向,非监督学习在技术上的支持,让人们有可能突破数据和逻辑分析的局限,找到在传统模式下看不到的渗漏风险。

3. 基于 SNA 社会网络的智能风控

人的思维能力很难发现跨越时间和空间的关联性。在大数据技术的支持下,通过构建社会网络的方式来发现渗漏风险,这成为解决关联渗漏的创新思路。

社会网络是指利用企业内部财务相关经济事项的各个关联主体之间的相互关系构

建的一个关系网络。在这个网络中,有公司的员工、员工的审批领导、供应商、供应商的股东等。通过筛查社会网络中可能发生渗漏行为的主体规律特征来识别利用传统反渗漏技术难以发现的渗漏行为。在社会网络模型中,集成了筛选、统计、时间还原、风险节点关系分析、可视化关联分析等模型,能够更加快捷、有效地帮助财务反渗漏分析师发现潜在的渗漏风险。

在实际应用中,能以报销单据为核心向外扩展,通过员工、审批人、供应商等多个要素之间的关联关系,跨越空间和时间构建起网络。在这个网络中,可以试图寻找所谓的"黑节点"。"黑节点"是指通过其他技术方式发现的有问题的单据、人或供应商。一旦出现了"黑节点",就有理由怀疑这个网络中存在其他的"被污染节点"。这种从网络和"黑节点"视角出发的渗漏发现方法往往能够以点带面地发现问题,并且将深度隐藏在空间和时间掩体后的渗漏行为挖掘出来。

在实际构建SNA社会网络模型的时候,通常需要经过节点确定和数据提取、节点数据清洗、关联关系匹配、生产网络等步骤。在这个过程中应尽量减少数据不足、垃圾数据过多、数据冗余等问题对网络质量的影响。

反渗漏技术即将进入智能风控时代,这让人们在面对高度进化的渗透势力时有了一战之力。财务人应该拿起智能风控的武器,来赢得战斗的胜利。

第三节　智能时代业务财务创新

一、智能时代业务财务框架详解及智能增强

业务财务的提出为国内财务管理水平的提升注入了强大的活力,也是传统财务向新型财务转变的重要一步。业务财务的核心理念是希望财务队伍能够从专业领域走出去,成为业务部门的合作伙伴,能够站在业务的视角及业务与财务专业的交集区域,开展财务管理活动。

(一)产品财务管理

1. 产品财务管理框架详解

能够积极主动地参与到产品前期规划和投资阶段中,从产品设计成本管理的角度对产品规划提出财务视角的专业意见。能够对产品的投资预算、投资回报、成本策略、目标设定、利润预测、产品组合投资策略等展开专业分析。积极参与产品经营分析会议,从产品线全生命周期视角为管理层提供决策支持。

产品研发财务管理:能够针对各个重要的产品线,组建研发财务管理队伍。能够在产品研发的过程中对研发成本进行管理,从财务视角对研发效能的提升,研发过程中的物料、费用、人力等成本的精细化管理进行积极主动的管理干预。

产品周转管理:能够从产品全生命周期视角,提供对产品周转情况的财务分析和主动管理支持。能够基于产品维度,对材料采购、库存、应收管理等全过程展开产品周转

管理。

产品质量成本管理：能够推动产品线建立质量成本管理和评价体系，提高质量成本管理的意识。能够从产品预防成本、鉴别成本、内部故障成本、外部故障成本等方面，展开主动的质量成本分析和管理动作。能够协同专业财务职能，建立质量成本核算体系。能够在事前展开质量成本规划评价，事中进行质量成本管理控制，事后进行质量成本在不同细分产品中的评价分析，并在考核中加以应用。

产品最佳财务实践管理：能够在不同产品线中发掘产品财务管理的最佳实践，将最佳实践总结为案例，并形成方法、工具、模板。通过培训、案例、报告、经验推广等有效形式，从全流程的角度揭示问题、预警风险，获得产品线对财务管理的有效反馈，并从财务视角积极推动各个产品线改进落实，实现各产品线财务管理能力的全面提升。

2. 产品财务管理智能增强

在产品财务管理方面，单纯从财务的角度来说，能够实现智能增强的范围是有限的。

在产品规划和投资方面，基于今天的信息条件，更为广泛的数据和信息获取能够帮助人们更加有效地模拟预测产品未来的经营情况。

在产品最佳财务实践的推广方面，可以尝试着使用一些新的技术手段来提高培训的效率和效果。在传统模式下，通常需要通过开发课程、面授推广的方式来传播最佳实践。而在今天，人们可以考虑采用更丰富的形式，借鉴新的学习模式的优点。

物联网的发展使人们能够更好地跟踪实体化产品的市场投放数据，通过经营分析获得产品的使用情况、用户的反馈情况等更有价值的数据。

相比财务本身来说，业务财务更需要关注的是企业产品本身在智能化领域的发展。对于产品财务经理来说，需要紧跟智能时代的新技术与企业自身产品的结合情况，能够对涉及智能技术的新产品实现优化资源配置判断，能够应用智能技术建立新的产品规划和投资的财务评价模型，实现和传统产品评价同样的标准，甚至更好的评价能力，而不是在智能时代完全无法理解业务部门的战略、规划和行动，财务需要成为业务的伙伴，而非拖累。

（二）营销财务管理

1. 营销财务管理框架详解

商务合同财务管理：能够提供商务合同准备和签订过程中的财务管理支持，帮助业务团队基于商务资源投入进行快速的合同成本评估，帮助业务部门建立合同报价模型，评估不同商务合同设计对财务指标的影响，帮助业务部门进行商务合同决策。

营销及销售费用管理：能够对营销及销售环节的费用投入展开有效的预算、执行控制、分析等财务管理行为。能够针对营销或销售活动，以项目方式设定资源投入的目标，并基于目标进行资源投放的过程管控，帮助业务部门提升营销及销售费用的使用效率。

客户信用及风险管理：能够建立起完善的客户信用及风险管理制度体系，主动进行客户资信调查，建立客户信用评价模型，帮助业务部门进行客户筛选、信用政策制定、合同保障、账务跟踪、催收管理、危机处理等，为信用管理全生命周期提供财务支持。

竞争对手财务及经营信息管理：能够帮助业务部门建立起财务竞争情报的分析能力，获得与企业销售市场相关的和企业主要竞争对手的财务及经营指标数据，建立起竞争情报支持系统、经营舆情系统。

2. 营销财务管理智能增强

大数据技术是营销财务管理的重要助力，能够在营销及销售费用管理、客户信用及风险管理、竞争对手分析等领域发挥重要作用。

首先，在营销及销售费用管理方面，重点关注的是销售资源投放和效果达成的关系，如果能够管理好每一笔销售费用的投入产出，那么就能得到很好的财务回报。在这一方面，可以充分利用大数据在相关性分析方面的优势，基于大量的企业内部历史销售费用投放的数据，以及市场上与企业销售活动相关的各方面的反应数据，获得销售费用投放方案与市场反应之间的相关性分析结果，从而将优质资源向市场反应积极的销售活动方案倾斜。

其次，在客户信用和风险管理方面，能够依托大数据技术更广泛地获取与客户相关的社会化数据，不再简单地依赖于客户公布的财务报告信息，而是将客户在社会化活动中所形成的广泛的数据纳入监控范围，基于广泛的客户行为信息、舆情信息，更及时、准确地评价客户信用，建立多视角、全方位的客户信用评价模型。

最后，在竞争对手分析方面，大数据能够帮助企业建立更加及时、有效的舆情监控系统。基于网络新闻、微信、微博等多种社会化媒体，新的舆情监控系统可以从文字、图片、语言、视频等获得全方位的信息输入，从而更早地发现市场和竞争对手的重要动态，帮助企业及早应对。

（三）供应链财务管理

1. 供应链财务管理框架详解

采购财务管理：能够有效地进行供应商的准入管理，对采购过程进行有效的财务成本和风险管控，提供采购流程的财务运营作业支持，提高采购流程中的财务运营效率，对采购活动提供有效的财务分析和决策支持。

生产财务管理：能够积极主动地进行生产过程财务管理，建立完善的生产成本管理体系，深入生产全过程进行成本计划、控制分析等活动。通过积极总结生产环境下的最佳财务管理案例，并加以推广应用，营造成本管理文化环境，推动生产成本优化创新。

库存控制管理：能够推动和协助业务部门进行全供应链过程的库存管理，积极介入库存计划管理，帮助业务部门优化库存周转，提升库存利用效率。能够积极主动地进行库存价值管理。

配送物流财务管理：能够对企业供应链中的配送物流进行有效的财务分析和评价，帮助业务部门构建配送及物流成本模型，通过推动业务部门对路线、仓储、运输方式等物流要素的优化来进行物流成本优化。

分销财务管理：能够对分销渠道展开相关的财务分析，从财务视角进行渠道的收入、成本管理，提高分销渠道信息的可比性，帮助业务部门优化渠道选择和渠道管理。

2. 供应链财务管理智能增强

供应链管理本身是一个相对成熟的管理领域。特别是在 ERP 系统出现后,企业的供应链管理能力得到了大幅度的提升。在智能技术方面,物联网技术将为此领域财务管理能力的提升提供潜在的机会。

在物联网技术快速发展后,越来越多的企业使用物联网来跟踪其供应链的全过程。从原材料到在产品、产成品,直至后续产品的库存、配送物流及客户使用,物联网能够跟踪到每个环节的大量位置信息。对这些信息的获取能够让人们即时获得清晰的物料及产品的库存、流转、物流情况。其一,供应链财务能够利用这些信息替代盘点,甚至也能为相关的会计核算提供更好的自动化支持;其二,能够利用这些信息优化库存价值管理,减少呆滞库存的出现;其三,配送物流数据信息对于优化配送物流成本也有重要的作用。

在未来,物联网信息和财务的有机结合势必会改变供应链财务的管理模式。此外,在采购管理方面,通过将采购财务管理前置于业务处理,能够实现更好的管理效果。如采用类电商的模式在企业内部推动采购管理,能够实现整个采购过程的透明化和自助化,更好地推动业财全流程的融合。

(四)项目财务管理

1. 项目财务管理框架详解

研发项目财务管理:能够以研发项目为单位进行全过程的财务管理。在项目立项前,进行研发项目立项的财务评价。在项目立项后,设立项目财务目标,进行项目的概算、预算、核算、决算的"四算"管理。重点关注研发项目的设计成本管理、研发材料管理、研发费用管理、研发效能管理等专题领域。

市场推动项目财务管理:能够针对市场推动型项目,设定清晰的项目目标及评价标准,对市场推动进行有效的预算管理,建立起立项、兑现、动支和报销的全过程项目财务管理。重点关注市场推动的效果,达成相关的财务分析。

售前/销售项目财务管理:能够对售前项目、销售项目建立完善的预算审批制度,严格控制项目费用的执行与使用。重点关注佣金、手续费的投放管理,基于销售活动的特殊性,管控销售活动中的财务道德风险。

工程项目财务管理:针对工程项目的复杂性,配置专业化的工程项目财务团队,以工程项目专业知识为基础,完善项目的概算、预算、核算、决算的"四算"管理。重点关注工程项目中的工程资金管理、工程物资管理、工程成本管理等重要财务管理环节。

实施交付项目财务管理:能够根据实施交付项目的特点提供完善的财务管理支持,针对实施交付项目中的人力资源投入计划展开相关的财务成本管理。重点关注项目延期交付和范围溢出导致的成本失控风险。

管理支持项目财务管理:能够对企业内部的各类管理支持活动的配套项目积极主动地进行财务管理,在项目立项过程中应设立财务评价标准,设定项目的投入产出目标,加强项目过程中的成本支出和目标达成的匹配分析,在项目完成后进行相应的财务评价和考核,优化项目的目标达成效果。

2. 项目财务管理智能增强

实际上，针对项目管理，更建议推动其系统化建设，针对不同类型的项目建立差异化的前端业务管理系统。将财务与业务紧密结合的部分内置于前端项目管理系统中，而针对项目财务管理通用的部分，则可以考虑建立统一的项目财务管理平台，对接各类前端专业化项目的业务管理系统，打通业财壁垒。

与项目相关的业务及财务系统的建立尽管并不高度依赖于智能化技术，但对于很多企业来说，这项工作仍然是企业财务信息化建设中的薄弱环节。基于现有的信息化技术，实现项目过程的信息化管理是很多企业的当务之急。

二、智能核算：支撑业财高度融合的统一会计引擎

（一）会计引擎的基本原理

会计引擎可以看作是将业务系统语言转换为财务语言的翻译器。对于一个翻译器来说，如果要让它运转起来，首先要实现语言的输入，然后基于所输入的语言，通过一系列的语法分析及规则转换，将其形成新的语言再输出。当然，这里所讲的翻译是基于文本信息的，如果是基于语言的处理，那么最大的难点将转变为在输入环节如何让计算机听懂且理解人类的语言，并将这些语音信息转换为文字。

可以参考类似的方式，用会计引擎来解决问题。首先，需要从各业务系统中获取业务系统数据的输入。在这个过程中，人们必须意识到，会计凭证是企业各类经济活动结果的反映。在这种情况下，能够支撑进行财务语言转换的前端业务系统的涉及面也必然是广泛的。当建立了业务系统与会计引擎之间的数据接口后，就形成了类似于翻译器的语言输入过程。接下来，要做的事情就是语言的转换。对于会计引擎来说，需要建立一套类似于翻译器中词汇映射和语法映射的规则转换机制。也就是说，要建立业务数据向会计凭证转换的系统规则。

当然，这里有一点和翻译器是不一样的。对于翻译器来说，不管输入什么，都需要被动地接收，并转换为另一种语言进行输出。而对于会计引擎来说，首先是基于会计凭证的数据构成规范来判定人们需要什么输入，对形成会计凭证无用的数据，根本就不会考虑进行业务系统的数据输入。在这种情况下，业务系统根据会计凭证的数据需求提供数据输入，经过预先设定的业务语言向会计语言转换的规则处理后，形成“准凭证”。

所谓的“准凭证”是会计引擎处理后所形成的预制凭证，由于还没有进入总账系统，故被称为“准凭证”。准凭证进入核算系统后，形成正式的会计凭证，最终完成语言输出的过程。

（二）统一会计引擎

统一会计引擎和传统会计引擎相比，核心就在于“统一”两个字。多数会计引擎都搭建在其他财务或业务系统中，以一个模块的形式存在；稍微好一些的，也就是在专业系统中圈下一块地盘，形成一个相对独立的子系统。而这里所说的统一会计引擎则是希望能

够打破其寄生系统的束缚,从各个系统中独立出来,形成一个专业化的系统平台。通过这样的平台,形成一个多语言翻译器。也就是说,统一会计引擎的一端对接企业内所有业务系统和专业财务系统,以获得信息输入,另一端对接会计核算系统和管理会计系统,以生成会计凭证并实现财务分析。

(三)智能化下的统一会计引擎

尽管统一会计引擎的建立难以一帆风顺,但同样能看到它建立后所带来的价值。今天,随着智能化技术的进步,人们还有可能在建立统一会计引擎的过程中更进一步,借助智能化技术提升统一会计引擎的性能。

如同翻译领域对智能化技术的应用,统一会计引擎可以考虑适当地应用机器学习技术来辅助完善翻译器的翻译规则,即会计引擎的凭证转换规则。在建立统一会计引擎时,通常是优先基于所积累的经验来设计规则,但面对多行业及全场景的复杂性,仅仅基于经验是不够的。机器学习技术通过对标签化业务信息的输入和学习训练后,能够更高效地提炼转换规则,提升会计引擎在面对新问题时的处理能力。另外,利用区块链技术,如果能够在业务系统、专业财务系统、核算系统之间搭建分布式底账,那么将为提升会计引擎转换结果的可追溯性带来极大的帮助。会计引擎在大型多元化集团的落地应用并不遥远,未来出现面向社会提供服务的低成本甚至免费的开放式统一会计引擎平台也并不是空想,而智能化技术在开发统一会计引擎平台上也能够发挥更大的价值。

第四节 智能时代财务共享服务创新

一、智能时代财务共享服务框架详解及智能增强

财务共享服务模式在中国是在 21 世纪初兴起的,尽管这个时候西方国家对财务共享服务的应用已经日趋成熟,但作为后来者,我国的财务共享服务发展呈现出逐渐加速的趋势。在最近几年中,财务共享服务的热度飞速上升,已然成为国内大中型企业财务组织的标配。

在这个过程中,财务共享服务中心从设立到运营全过程的管理水平都在快速提升,到今天已经形成了相对完善的财务共享服务管理框架,并在政府、企业、高校和各类协会组织的共同推动下,逐渐成为国内财务共享服务中心特有的管理模式。

(一)财务共享服务中心设立管理

1. 财务共享服务中心设立管理框架详解

财务共享服务中心立项:能够站在企业立场,充分评估财务共享服务中心设立对企业经营发展所带来的利弊影响,客观评价财务共享服务中心的投入产出情况、匹配和适应情况、变革管理的难点及应对措施。能够在判断财务共享服务中心建设对企业有利后,积极推动管理层和各相关方的认可,并获取充足的资源,支持后续的中心设立。

财务共享服务中心战略规划：能够站在战略高度对财务共享服务中心展开规划，包括定位、角色、布局、路径、变革管理、组织、流程、服务标准、系统及运营平台、实施等规划内容。

财务共享服务中心建设方案设计：能够在财务共享服务中心建设启动前进行充分的建设方案设计，包括组织、人员、系统、流程、运营、制度等方面。方案应涵盖框架和详细设计，并在最终落地方面做好充分的工具设计准备。

财务共享服务中心实施：能够有效地组织财务共享服务中心项目的实施，制订合理的实施计划，有序推进组织架构和岗位设立、人员招聘及培训、系统搭建及上线、流程设立及运营等各方面工作，实现财务共享服务中心从试点到全面推广的实施落地。

财务共享服务中心业务移管：能够在财务共享服务中心设立后，有效地推动业务从分散组织向财务共享服务中心的转移，通过推动签订服务水平协议、业务分析、流程标准化及操作手册编写、业务转移培训、业务中试和最终正式切换，实现移管目标。

2. 财务共享服务中心设立管理智能增强

在通常情况下，管理层都会要求财务共享服务中心的设立具有一定的前瞻性和预测性。财务共享服务中心的建立本身就具有强烈的创新特征，人们需要向管理层阐明所采用的技术手段能够达到当前的市场水平或竞争对手水平，并能够对企业自身的管理带来提升。很多企业在这个过程中也同步进行了与支持财务共享服务相关的信息系统建设，但总体来说，并没有超出当前互联网时代的技术水平。

在财务共享服务中心建设的过程中，无论是进行立项还是规划都必须考虑到即将到来的智能革命对财务共享服务的影响。

基于信息系统的高度集成，数据信息能够自由获取，规则的自动化作业辅以人工智能作业的新共享服务模式正在到来，也会在不久的将来逐步取代当前基于大规模人工作业的共享服务模式。实际上，这一进程一直在进行，只不过受限于技术手段和数据质量，人们所能感受到的仅仅是优化性的进步。

因此，在建立共享服务中心的规划过程中，必须要充分考虑到未来智能化技术对财务共享服务中心的影响，为当前财务共享服务中心的建设留下向智能化转型和拓展的接口。同时，必须认识到智能化很可能在最近数年中出现爆发式的技术发展，财务共享服务中心必须要有充分的认知准备，紧随技术进步，及时调整自身的运营策略，切换至智能化运营平台，以维持当前建立财务共享服务所带来的竞争优势。

（二）财务共享服务中心组织与人员管理

1. 财务共享服务中心组织与人员管理框架详解

财务共享服务中心组织职责管理：能够基于业务流程清晰地梳理各环节所涉及的工作职责，并针对这些工作职责设置相匹配的岗位。在此基础上，通过提取汇总分散于业务流程中的工作职责，形成财务共享服务中心的核心岗位职责。

财务共享服务中心岗位及架构：能够清晰地定义财务共享服务中心在整个财务组织中的定位，明确其与现有财务部门之间的定位关系及职责边界。能够清晰地设计财务共享服务中心的管控关系,并基于岗位职责和管控关系搭建财务共享服务中心的组织架构及各架构层级的岗位设置。岗位设置应当做到不重不漏。

财务共享服务中心人员招聘:能够对财务共享服务中心的人员编制做到及时地跟踪预测,在人力产生潜在空缺可能时,及时展开人员招聘活动,通过合理的招聘周期规划,在人员缺口出现时及时进行人力补充。能够积极地拓展多种招聘渠道,建立与高校的紧密联系。能够建立面向同城其他财务共享服务中心的招聘渠道,必要时设置专业化的招聘岗位,或者获得 HR 招聘团队的有效支持。

财务共享服务中心人员培训及发展:能够建立完善的人员发展体系,针对财务共享服务中心的人员特性设置与传统财务差异化的职业发展通道,实现在相对较短职业周期中的快速发展和及时激励。能够针对财务共享服务中心的人员特点设置有针对性的人员培训体系,高效提升运营人员的产能,并积极拓展员工的综合能力,以提高其主观能动性。

财务共享服务中心人员考核:能够设立针对财务共享服务中心不同层级、类型的人员绩效考核体系。能够基于绩效考核体系推动财务共享服务中心运营效率的提升、成本的降低、质量和服务水平的提升。同时,能够维持并激发各级人员的创新能力。

财务共享服务中心人员保留:能够积极主动地针对财务共享服务中心的员工进行工作状态评估,对有潜在离职风险的员工进行及时主动的沟通,通过主动行动实现人员的保留。同时,能够长期将财务共享服务中心的人员流失率控制在合理水平。

2. 财务共享服务中心组织与人员管理智能增强

智能时代的到来,对当今财务共享服务中心的组织与人员管理提出了不一样的要求。

首先,从组织职责及架构设置来看,当代的财务共享服务中心在传统职能的基础上,必须要考虑一些用于自我变革的职能。实际上,有不少财务共享服务中心还在纠结是否要用自动化来替代人工,并顾虑因此对现有团队的利益影响。人们应当在当今的组织中一方面继续优化传统的集中化人工作业模式;另一方面,应当设立创新科技组织,积极主动地展开自我颠覆。通过应用新技术,主动降低对人力的依赖,从而在这场变革中掌握主动。

其次,对于这一变革时期的人员管理,要充分做好面对自动化带来人力释放影响的准备工作。将分散的人员集中起来是一场变革,在这个过程中,人们已经经历了一次减员的挑战。而今天,把集中在财务共享服务中心的人力再消化掉是另一场变革。这一次,人们应当在人员的职业发展上有针对性地考虑未来智能化的影响,提前做好人员的非共享技能培养,以帮助部分人员在智能化过程中逐渐分流至其他岗位,从而减少刚性人员裁减带来的剧痛。

最后,在人员的考核上,应当更多地关注创新能力的提升。传统的财务共享服务模式过于强调效率,这使财务共享服务中心的员工并不热衷于使用新技术来改造现有的工作模式,而更倾向于一个稳定的工作环境,这对财务共享服务中心适应智能时代的发展变革要求是不利的。多一些主动的求变精神是智能时代财务共享服务的必由之路。

(三)财务共享服务中心流程管理

1. 财务共享服务中心流程管理框架详解

财务共享服务中心流程体系定义:能够基于企业所处的行业特征,识别自身全面的会计运营相关业务流程,并搭建业务流程体系,对业务流程进行清晰的分类,定义流程子集。能够完整地识别、定义业务流程场景,并建立流程场景与流程的映射关系。

财务共享服务中心标准化流程设计:能够基于业务流程体系展开财务共享服务中心的业务流程设计,标准化的业务流程体系应当清晰地定义流程的输入、输出、执行标准、质量标准、匹配的流程场景等关键信息。能够通过流程图、流程描述等方式进行流程展示。

财务共享服务中心标准化流程维护和执行监控:能够建立财务共享服务中心业务流程体系的维护和执行监控制度体系,有相应人员关注流程的日常维护,并定期针对业务流程的执行情况进行评估检查。能够针对流程中的执行问题采取及时的行动,对流程进行修正。

财务共享服务中心流程持续改进:能够建立起业务流程优化和持续改进的机制,营造有效的流程优化氛围,鼓励各级员工提出优化建议,并建立起建议的评价和采纳机制。对于所采纳的优化建议,能够设立项目团队进行积极推进。此外,不定期地开展流程优化检视活动,主动发现优化机会也是十分重要的。

2. 财务共享服务中心流程管理智能增强

业务流程优化是财务共享服务管理中极其重要的主题。在传统的流程优化过程中,人们试图通过对流程环节的挑战、运营方式的转变来找到优化机会。当然,财务信息化在这一过程中也发挥了重要作用,高度的业务系统和财务系统的对接,以及专业化的财务共享服务运营平台的建立,也大大提升了财务共享服务的流程效率。

智能时代的到来,也让人们对流程优化有了更多的机会。机器流程自动化技术成为人们关注的热点,它通过在全流程过程中寻找流程断点和人工作业的替代机会,在很多企业业务流程优化陷入瓶颈后,再次提升了流程自动化程度。

更值得期待的是,财务共享服务业务流程将伴随着基于规则的初级人工智能的应用,以及基于机器学习的人工智能的到来而获得更多的改进机会。在新技术的影响下,现有财务共享服务的流程会先从多人工模式转向“人智结合”模式,并最终迈向智能化模式。在这个过程中,业务流程的优化和改变并不是一蹴而就的,它会伴随着技术的逐步改进,最终实现从量变到质变的转换。

同时需要注意的是,智能化对财务共享服务业务流程的影响是端到端的。也就是说,财务共享服务运营的输入流程也在变化,而前端流程的智能化进程也会对财务共享服务后端的运营模式产生重大影响,很多时候,财务共享服务中心从人工向自动化、智能化的转变根本就是前端流程直接带来的。

(四)财务共享服务中心运营管理

1. 财务共享服务中心运营管理框架详解

财务共享服务中心绩效管理:能够针对财务共享服务中心制定完善的绩效评价标准,设定相应的KPI,并进行有效的管理考核。财务共享服务中心的绩效标准应进一步细分至各业务团队,并最终落实到每个员工。

财务共享准入管理:能够针对财务共享服务中心设立业务准入评估模型,对于服务对象的共享需求能够展开准入评估,判断其是否符合财务共享服务的运营特点,并予以纳入共享。必要时需要建立独立于共享中心与服务对象的准入评估机构,从而实现对难以达成共识的准入事项的仲裁。

财务共享SLA及定价管理:能够针对纳入共享服务中心的业务产品,定义共享服务中心与其服务对象之间的服务水平协议(Service-Level Agreement,SLA)。服务水平协议应当对服务双方均能进行有效约束,规范服务对象的输入标准,规范共享服务中心的产出标准。基于服务标准,结合财务共享服务中心的成本能够设定公开透明的内部转移价格。

财务共享管理人员管理:能够对财务共享服务中心的管理团队展开有效的培养及管理,有效评价管理团队的管理能力,及时优化管理团队的人员构成,建立起有效的管理团队成员的选拔和晋升机制。同时,需要建立必要的考核和淘汰机制,针对关键岗位建立必要的轮换机制。

财务共享风险与质量管理:能够针对财务共享服务中心建立风险管理和质量管理机制,积极推动区域信用管理系统(Regional Credit Administration System,RCAS)、关键的风险指标(KRI)、重点风险事件管理等操作风险工具在财务共享服务中心的应用,积极推动全面质量管理、六西格玛管理、精益管理等质量管理工具在财务共享服务中心的应用,构建良好的风险和质量文化环境。

财务共享"服务"管理:能够对财务共享服务中心的服务管理建立科学、专业的管理体系,构建清晰的服务方法、服务工具,对财务共享服务中心的服务满意度水平进行有效的衡量,并积极推动服务优化,提升服务对象的满意度。

财务共享信息系统管理:能够积极推动财务共享服务中心相关信息系统的优化和改进,主动提出改进和优化业务需求,并配合信息系统管理部门共同实现对信息系统的优化提升。

2. 财务共享服务中心运营管理智能增强

对于财务共享服务中心的运营管理来说,不少财务共享服务中心还停留在依靠人工进行管理分析的状态。因此,提升财务共享服务中心的运营管理水平,首先应当提升运营管理的基础信息化水平。

在提升基础信息化水平方面,可以借助信息系统实现绩效指标的管理,并应用于绩效看板和绩效报表。在准入评估方面,可以进行系统化的评估流程执行,并将评估模型系统化。在SLA和定价方面,能够基于系统进行SLA的各项指标的计算和出具报告,并据此结合定价标准测算出具各服务对象的结算报表。在风险管理方面，能够将 RCSA、KRI 及重大风险事项管理三大操作风险管理工具系统化，并应用于财务共享服务中心。在质量管理方面，能够将质量抽检、质量结果反馈、质量报告出具等质量管理过程系统化。在服务管理方面，能够构建邮箱及热线系统，以支持客户服务的专业化。

在智能时代，人们能够在上述信息化手段建立起来的基础上，引入大数据技术，加强对财务共享服务中心在绩效分析、风险发现、质量评价、服务跟踪等方面的深入管理，依托更为丰富的数据输入，提升财务共享服务中心运营管理的层次。

二、财务众包

众包的出现与财务领域和智能时代的来临有着密不可分的关系。在人工智能和财务共享服务中心的人力替代战争中，众包是机器作业的前置补充之一，它正在和人工智能一起面向传统财务共享服务模式发起进攻。

（一）众包

众包是指一个公司或机构把过去由员工执行的工作任务，以自由自愿的形式外包给非特定的大众网络的做法。众包模式和传统的运营作业模式存在显著差异，并具有任务颗粒化、技能门槛低、时间碎片化、组织网络化和收益实时化五个特点。

1. 任务颗粒化

众包可以说是劳动分工更为深化的应用场景。如果说劳动分工理论把一个复杂的业务处理变为流程化、分环节作业的模式，那么众包模式就进一步将工作任务化，达到了更细的颗粒度。

2. 技能门槛低

任务高度颗粒化带来的直接好处就是任务的复杂性得到降低，每一个小的任务颗粒对技能的要求将远远低于组合起来的一个完整的流程环节对工作技能的要求。这使社会上大量并不掌握复杂技能的普通人员能够参与到众包的工作中来，并且使用极低的成本来完成相关工作。

3. 时间碎片化

在传统的流程管理中，往往需要整块的时间来完成某一项工作，而且流程中间多数是串行关系，要求工作时间具有连续性。而在众包模式下，任务颗粒化后会出现越来越多的在同一时间内的并行任务，从而对时间连续性的要求有所下降，形成任务处理时间的碎片化。因此，可以由互联网上的众多个体在同一时间并发完成多种类型的任务。

4. 组织网络化

当技能门槛降低、任务颗粒化且时间碎片化后，众包的人员组织形式可以实现网络化。众包会有大量的社会化资源参与，形成网状的任务交付结构，最后由任务的发包方完成这项任务的流程化组装和应用。

5. 收益实时化

对于众包网络中完成任务的个体来说，由于单个任务的收益很小，实时的收益计量是其持续参与的核心动力。收益实时化并不是要求随时支付,而是可以实时告知作业用户获得了多少收益,定期进行结算。

(二)如何实现财务众包模式的落地

由于众包是新兴的创新模式,从方法到技术平台各方面均存在挑战,要成功实现众包模式的落地,需要在前期有严谨的思考和设计。下面从众包的业务内容、技术平台及运营模式三个方面来谈谈如何实现众包模式的落地。

1. 确定可众包的业务内容

(1)业务是否能够进行充分的标准化乃至颗粒化。

复杂的业务没有办法让技能单一的社会参与者进行处理,必须要进行颗粒化拆分,而能够拆分的前提就是可以标准化。

(2)任务必须不存在信息安全隐患。

众包的对象和信息的流转渠道是完全不受控制的,所以发包信息必须不存在信息安全的强要求,否则会产生风险。

(3)对于时效的要求有适度的容忍性。

众包需要有派工、等待、双人核验等过程,如果等待超时还要有二次分派的过程,尽管可以对时效进行一定的管控,但如果对时效要求极高则不适合进行众包。

如果从人的动作的角度来看,审核过程可以分解为“信息的读取”加上“和既定规则的比较”。“和既定规则的比较”属于技术含量较高的部分,并不适合众包处理,在未来需要更多基于人工智能的机器审核来完成。从可操作性上来说,“信息的读取”可以考虑作为众包的核心内容。它能够满足上文中所提到的标准化和颗粒化的要求,由于对人的技能要求不高,更适合采用众包模式,而这个环节的产出也可以作为智能审核的数据基础。在实践中,标准发票、企业结构化单证中涉及的科目和金额,如果在风险控制线内,就可以采用众包模式来进行信息录入。

2. 众包技术平台的搭建要求

在具体的技术平台设计上,应考虑以下特点要求。

(1)技术平台具有高稳定性。

由于是面对用户量大的平台,因此需要能够在大并发下高效率响应。此外,由于每个任务都是颗粒化的,单任务处理的周期短,任务会频繁地被分发和回收,这进一步加剧了性能压力。因此,要充分考虑平台的稳定性。

(2)技术平台具有高安全性。

由于在平台上直接处理的是财务单据信息,虽然是碎片化分割出去的,但一旦发生数据泄露,大量碎片的再组合就会出现完整的、有价值的商业信息。因此,平台需要在安全性上给予很高级别的考虑。

(3)技术平台具有高易用性。

在平台上从事作业的人员技能水平不高,如果平台操作复杂,则多数用户会难以适应,甚至根本无法开展工作。因此,在设计平台时需要尽可能做到傻瓜式设计,降低上手难度,使平台上的作业轻松愉快,而非充满挑战性和复杂性。

(4)技术平台需要兼顾PC端和移动端。

参与众包的用户,一类是以此为主要收入来源的固定用户,每天会处理大量任务,极其追求作业效率,此类用户适合使用PC端作业;另一类是以娱乐和赚取零花钱的心态参与众包的非固定用户,考虑到此类用户碎片化作业的需求,更适合使用基于App或微信小程序的移动端作业。

3. 众包技术平台的核心功能

(1)任务拆分和组装的功能。

在通常情况下,众包平台并不是任务的源头,需要从其他系统中导入任务。进入平台的任务是整件业务,需要在平台中进行拆分,并建立关键索引,后续派工基于拆分后的碎片任务进行,作业完成后,需要在平台中进行进一步的任务组装,组装时基于任务拆分时的关键索引进行。

(2)任务分派和调度的功能。

平台不适合进行主动式任务推送,因为人们并不知道众包平台用户现在是否有意愿进行任务处理。所以,平台的任务分配采用主动提取式。主动提取后的任务需要设置基于时间的调度管控,由于用户很可能在提取任务后因为突发情况或者主观意愿,放弃对当前任务的处理,这就需要对所有任务设置倒计时管理,在计时结束后对没有完成的任务进行取回重新分配。

(3)多人作业核验的功能。

由于作业质量无法按传统模式进行流程化质量检查,因此需要在机制上做特别的设计,常用的模式是双人作业、系统核验,就是将同一个任务同时分派给两个不同的作业人。如果作业结果一致,则认为任务质量是合格的;如果不一致,则引入第三人作业,其作业结果与前两人的作业结果对比,如果一致,则以一致结果为准,否则转入问题处理。

(4)计费和结算的功能。

由于要对社会上零散人员进行计费和结算,这就需要基于任务来定义计费单位,如录入类任务可按字节计费,审核任务可按复杂度和页数来综合计费。无论采用何种方式,都要保证计费依据客观、可度量。系统根据数据自动计算用户作业绩效,并自动结算。此外,可考虑支持网络结算。

(5)用户和用户能力管理的功能。

平台用户量大,需要进行必要的身份验证。此外,需要建立基于作业质量、信用、技能等的综合模型,对用户进行分类分级管理,允许晋升用户的级别。

4. 构建众包的运营模式

有了技术平台后,再结合科学的商业运营模式,可以正式实现众包模式的落地。在通常情况下,众包的运营模式从目的角度可以分为两大场景:一种场景是以参与方的身份,从解决自身人力需求出发,希望将众包模式作为工具来应用;另一种场景是以运营方的身份,将自身转型为服务平台,为更多的企业提供众包服务。两种不同的身份在众包运营中的考虑和模式是显著不同的。

(1)作为参与方身份的运营模式。

作为参与方,重点在使用和利用好众包。因此,参与方只需要专注于如何推广众包平台,将用户吸引到平台上来进行作业,并且保持稳定的质量水平。在这个过程中,需要考虑以下几点:宣传推广众包平台;找到恰当的定价水平;增强平台用户的黏性。

(2)作为运营方身份的运营模式。

作为运营方,需要完全覆盖参与方的角色。运营方需要管理好任务的来源。对于运营方来说,最重要的是要让平台变成中介,能够在平台上导入大量的任务,同时有大量的资源来承接运营任务。如果要向众包平台上的大量企业客户发布任务,则需要做好以下几项运营工作:吸引企业客户进驻平台;面向企业客户提供稳定高效的系统对接服务、专业化的服务支持及丰富的数据支持。

三、RPA 财务机器人

RPA 的全称为 Robotic Process Automation,即“机器流程自动化”。RPA 并非是机器人的样子,其本质是一个软件产品,它并不复杂,甚至比想象中的还要简单。

(一)以跨应用系统的外挂形式存在

RPA 并不是想象中的一个独立的复杂系统,它有点儿像游戏外挂,是在企业现有的系统上进行的嫁接。如用户计算机中的两个应用系统 A 和 B,原先需要通过人工将 A 系统中的数据读取出来,再由人工录入 B 系统,现在就可以借助 RPA 在两个系统之间实现一个外挂,自动将 A 系统中的数据提取出来,并填充到 B 系统中。RPA 并没有和 A、B 系统进行深度集成,而是一个外部挂机的自动化脚本通道。

(二)能够进行可视化的监督管理

对于 RPA 来说,很重要的一点在于它建设了针对跨应用程序运行脚本的监控平台。如果没有这个可视化的监控平台,RPA 就和科技部门在后台写的脚本程序更像。通过这样的一个前台可视化的监督管理工具,能够记录 RPA 中完整的行为,并且使这些脚本在可监督模式下运行。

(三)可以通过简单的开发实现

从应用实施的角度来说,RPA 是简单化的。它与 Office 宏的概念十分相似,并不需要通过复杂的开发就能够实现应用,最多达到类似于 VBA 的复杂程度。当然,从技术层面来说,Office 宏或 VBA 工具仅能在一套应用程序体系内使用,而 RPA 能够在统一操作平台上打通多个应用系统。

(四)部署周期很短

RPA 有成熟的产品体系,能够进行简单、快速的部署实施。从时间周期上看,一个简单的场景可能几天就可以完成开发,数周时间能够实现可用。但需要注意的是,RPA 的实施更多地需要在流程梳理方面下功夫,对于可以应用 RPA 的流程场景的识别,以及使用 RPA 后流程的标准化管理机制的设计和应用都是需要重点关注的。一个缺少标准化约束的机器人将是财务工作的灾难。

(五)基于设定自动执行流程

RPA 一旦部署完成后,就可以基于计划任务或触发条件来自动执行,而不需要依靠人工进行触发。当然,自动执行的背后同样需要对于流程的事先设计,以及对于流程执行的时间和顺序节点进行有效的事件管理,自动执行后的 RPA 也需要进行必要的监控。

(六)善于解决重复应用场景

RPA 最擅长做的事情就是对流程中一个重复的人工场景进行自动化。虽然从优选的角度来说,人们会考虑进行系统的深度集成,从根本上解决问题,但是在有些情况下,需要人工衔接的系统并不在人们的掌控之下,纳税申报需要与税务系统进行对接,系统集成受制于监管系统的开放程度,而 RPA 可以在这种情况下发挥其外挂的长尾价值。

(七)能够模拟人的行为串行执行

RPA 能够把一连串的流程整合起来执行,而且是拟人化执行,并串起一个流程。这个过程是高度模仿人的行为方式来进行的,而深度集成的工作原理则类似于空气动力学让飞机飞起来的模式。

RPA 产品走的是仿生学道路,它用一个独立于企业现有业务系统的应用程序,在不改变现有系统对接方式的情况下,模拟原本依靠人工执行的系统内或系统间的衔接操作。

案例:

华为财务共享中心

华为技术有限公司(以下简称“华为”)成立于 1987 年,总部设于深圳,是一家提供基础通信和信息装备以及解决方案服务的民营企业,经营范围包括通信、网络设备、IT、智能终端和云服务,以及与之相关的产品、解决方案与服务。华为是全球领先的通信技术解决方案供应商,为全球 170 多个国家和地区服务,与全球 50 强通信运营商中的 45 家有业务关系。华为具有领先的市场地位。

一、构建初衷

随着华为集团的全球扩张,传统的财务管理模式已不能高效处理集团内部多而混乱的数据,进而影响财务报告的真实性、准确性和及时性,无法及时为企业管理层做决策提供依据;另外集团内部各部门相互独立,协同效用低下。为提高财务工作效率,改善财务质量,华为集团自 2006 年走上财务共享中心建设道路,目前,已经构建了一个全球标准化的财务共享平台,实现了财务核算的高度统一,提高了财务报告质量,控制了财务风险。

二、建设过程

(一)选址

选址是构建财务共享中心面临的首要问题,选址的好坏直接影响到集团财务共享中心建设的成效。有调查发现,我国企业集团中大约有86%的财务共享服务中心选择建立在公司总部或者分支机构所在地,目的在于希望得到总部和分支机构的支持,实现财务共享服务迅速建设。华为集团中国区的财务共享服务中心最早选址也是在总部深圳,2012年为进一步发挥其降低成本的功能,遂迁址到成都。

(二)战略结构

财务共享中心的战略结构主要有三种:集团集中、区域中心、专长中心。华为依据自身业务的布局选择了区域中心的战略结构,将全球分、子公司划分成七个区域,在各区域分别建立了财务共享服务中心,将区域内各公司的业务抽离出来进行统一处理。这七大财务共享服务中心处理全球大约259家分、子公司的会计核算业务,实现了规模经济,降低了财务核算成本,也提高了全球范围内的订单接收,业务审批、执行等一系列过程的处理效率。

(三)组织结构

合适的组织架构是财务共享服务中心运行的基础,华为集团实行扁平型的组织结构框架,七个财务共享服务中心处于平行的地位,分别负责各自区域内的财务处理,同时财务共享服务中心又是集团总部的下属单位,受总部财务部门管控。每个区域的财务共享中心都由会计核算部、运营管理部、流程管理部等协同运作。华为的财务组织结构通过降低管理层级,增加控制宽度,来提高财务共享服务中心运行的高效性、灵活性。

(四)流程管理

华为集团采用全球统一的流程标准,高度的标准化加快了集团内部信息流转、处理的速度,极大地提升了组织运作效率。自实施财务共享服务以来,华为集团不断优化流程管理,提升财务流程与业务流程的协调性,实现协同效应。业财融合使得华为财务共享中心能够保留业务层面的预算数据,以便于财务监控;也能够实现从财务到业务底层数据的快速追溯,有助于准确定位经营中存在的问题并及时决策提供支持。另外,在进行数据处理时,要求对每个数据都进行多维度的运算,并尽可能地体现于财务核算,以满足不同财务报告使用者对信息的需求。为实现业财深度融合,华为对集团下属企业中共同、简单、重复的流程进行了再造,将其标准化后转移到财务共享中心统一集中处理,更好地服务于企业的核心业务。再造流程主要包括采购与应付管理、销售与应收管理、存货与成本、费用报销以及总账与报表。

1. 采购与应付管理

2000年,华为引入IBM的集成供应链管理,提出"集中认证、分散采购、细分采购"的采购策略,并建立了三层日清日结机制,以保障业务信息的真实性水平。第一层在业务运行中完成,生产部门在信息平台中填写材料清单,采购部门定期汇总并在信息平台中生成采购订单,选择供应商发送采购订单,待供应商发货将发票发送至财务共享中心。第二层在财务共享中心完成,财务共享中心收到供应商发回的发票后,完成采购订单、入库单和发票的匹配检验。若匹配失败,则需进行调整、修改或重开发票等处理;若匹配成功,系统将自动生成付款指令待主管审批。第三层在资金管理部门完成,根据已审批的付款指令支付款项,坚持当日支付、当日对账的原则。

2. 销售与应收管理

华为的销售与应收管理是围绕订单、合同、交付以及收款设计的。销售部门与客户商谈好后,客户可在网上自行下单,随后合同部门根据客户提交的订单信息起草合同并交由法务部审核,待合同签订完成,仓库按要求发货并在信息平台上传业务完成情况。上溯流程经审核后,将向客户发送发票,待客户付款后,信息平台自动进行信息匹配,财务共享中心核对后完成应收账款的核销。对于逾期未收款项,由财务共享中心发出催款函。整个销售过程都会被实时记录,能有效控制坏账风险。

3. 存货与成本管理

为减少库存、提高资金周转率,华为的集成供应链把生产、采购、发货、仓储业务合并。采取 ABC 分类法管理存货,根据通用性、价值高低等差异对不同的物料采取不同的管理策略。此外,华为还十分注重物料到货进度与节奏,维持进出平衡。2016 年,华为利用 RFID 技术实现了存货的可视、可盘点、可管理,几分钟就能完成全球资产的盘点,保障资产账实相符,为账务处理的准确性奠定了基础。在这一模块中,财务共享中心主要职能是对存货的盘亏、盘盈、跌价,以及成本的归集、分摊、结转等进行会计处理,同时分析存货从采购到入库整个过程中的损耗情况,科学合理地控制存货成本。

4. 费用报销

华为集团拥有遍布全球的客户群与员工队伍,员工费用管理与报销对于财务部门而言非常烦琐、复杂,为摆脱这一窘境,2004 年华为研发了自主报销系统——SSE 系统。员工首先上网填报费用报销信息,信息流转到主管处;主管确认差旅事项的真实性及费用的合理性;主管确认后,再由上级权签人审批。同时,报销人员需将费用报销单打印出来,并附上相应发票,提交给部门秘书。华为每个部门都配备了秘书,秘书会集中将部门的费用报销单传至财务共享中心,财务共享中心签收后出纳会集中打款,最后 SSE 费用报销系统与财务共享中心对接直接生成会计凭证,至此,整个报销流程结束。SSE 系统增强了信息的可靠性,也提高了工作效率。

5. 总账与报表

目前,华为的财务核算机制依托全球七个区域的财务共享中心,实现了 7×24 小时循环结账,极大地缩短了结账周期,也避免了信息分散。当应收、应付等各模块结账后,财务共享中心便开始各科目的对账,并在总账模块中调整发现的错误,同时还需要进行月末计提、摊销、结转等相关凭证的记账。对于错误调整或常规业务,由财务共享中心自动处理再报上级审批。对于非常规业务,由主管处理再经相关人员审批,最后上传至财务共享中心审核并入账。当全部会计核算工作结算后,各区域财务共享中心需在 5 天内,为其区域内所有子公司出具财务报告,除了基本财务报告外,还需要按产品、区域、BG、客户群等维度分别出具责任中心经营分析报告,并按照不同历史期间进行对比,以满足不同财务报告使用者对信息的需求。

（五）信息系统

财务共享服务的发展离不开技术的支持，得益于自身先进技术，华为建立了全球统一的ERP系统，并整合了采购、站点信息库、财务核算、银企互联、客户关系管理、电子档案等多个子系统，打通了不同业务流程之间、业务和财务之间的信息壁垒，实现了全流程的集约式管理，使全球企业数据和信息流实时共享，更为直观地体现出公司的财务状况。同时通过信息技术实现自动化的操作，大大降低了因操作不当和人为干预带来的风险。另外，华为借助其技术优势，能充分保障财务共享系统的信息安全。

（六）人员管理

为保障财务共享中心的顺利运行，华为聘请了专家提供咨询服务，使公司全员都了解财务共享中心的运作流程。为充分调动财务人员工作积极性，华为实施并完善了轮岗制度，同时对财务人员的业务绩效采取分级考核制度，依据员工工作能力进行分级管理，不同职位等级享受不同的权限和福利。为保障考核的公平公正性，华为从财务共享中心抽取了大量数据信息，为绩效考核提供了量化依据。

三、建设成效

财务共享服务中心的建立与完善，使华为能更有效地把控全球财务状况，有助于更好地实施财务内部控制。同时，财务业务流程的简化与标准化，极大地提升了财务工作的效率，单张发票的处理成本降低了75%，审计调整率保持在0.01%；两分钟内可将支付指令传达至全球任何一家银行的账户；在会计核算方面，年均120万单员工费用报销业务可自动处理；在资产管理方面，利用RFID技术实现了全球资产每五分钟确认一下位置信息，每天更新一次具体使用情况。全球财务共享服务为华为的发展提供了充分的财务资源保障和风险控制基础。华为的财务共享服务使得集团的财务业务流程形成规模效应，大大降低了企业的运作成本。对于华为这样的大型企业而言，当财务共享中心的建设完善后，可以考虑利用其创造利润，向外界提供商业化的服务，即开展外包业务，拓展企业的业务范围，使财务共享服务从职能部门向利润中心转变，为企业创造出新的价值。

参考文献

[1]刘赛,刘小海.智能时代财务管理转型研究[M].长春:吉林人民出版社,2020.

[2]张一兰.智能财务时代:基于业财税金深度融合的财务共享中心[M].长春:吉林大学出版社,2020.

[3]曲柏龙,王晓莺,冯云香.信息化时代财务工作现状与发展[M].长春:吉林人民出版社,2021.

[4]曹仰锋.第四次管理革命:转型的战略[M].北京:中信出版社,2019.

[5]罗进.新经济环境下企业财务管理实务研究[M].北京:中国商业出版社,2019.

[6]熊友君.智能商务[M].北京:科学技术文献出版社,2020.

[7]徐燕.财务数字化建设助力企业价值提升[M].广州:华南理工大学出版社,2021.

[8]赵志宏.实时智能银行[M].北京:中国金融出版社,2015.

[9]黄昇,佟志强,李凌寒.转型之战:无界的社区O2O[M].北京:中国铁道出版社,2017.

[10]王滔.经济与管理论文集(2014)[M].北京:对外经济贸易大学出版社,2014.

[11]蒋元涛,魏忠.电子商务管理[M].北京:人民交通出版社,2008.

[12]苏高.大数据时代的营销与商业分析[M].北京:中国铁道出版社,2014.

[13]刘统爱,王效岳.书林撷英:现代信息管理研究[M].北京:军事谊文出版社,2003.

[14]武艳杰.互联网金融创新:基于商业模式视角的经典案例研究[M].广州:中山大学出版社,2019.

[15]林治洪,罗勇.交易金融:交易性、平台化、轻资产的新金融业务[M].北京:中国金融出版社,2017.

[16]蔡磊.互联网+财税[M].北京:中国财政经济出版社,2017.

[17]吴红辉.智慧城市实践总论[M].北京:人民邮电出版社,2017.

[18]黄群慧,黄速建.中国管理学年鉴2016[M].北京:中国社会科学出版社,2017.

[19]陶勇.联想做大华为做强[M].北京:电子工业出版社,2018.

[20]吴文宣.大型企业全业务统一数据中心技术及应用[M].北京:中国电力出版社,2018.

[21]张敦力.卓越会计人才培养实践[M].北京:中国财政经济出版社,2018.

[22]曾彬,杨景会,刘贺."互联网+装修"新模式行业洗牌下传统装修的新风口

[M]. 北京:人民邮电出版社,2018.

[23]段伟常,梁超杰. 供应链金融 5.0:自金融+区块链票据[M]. 北京:电子工业出版社,2019.

[24]贾春涛. 金融思维:如何做一个赚钱的企业[M]. 北京:中华工商联合出版社,2019.

[25]王纪平,刘梅玲,吴忠生,等. 智能财务师初级教程[M]. 上海:上海财经大学出版社,2020.

[26]冯梅笑. 大数据背景下智能会计信息系统构建与应用[M]. 北京:经济管理出版社,2020.

[27]王立彦. 管理会计教学案例:工业和信息通信业应用与解析[M]. 北京:人民邮电出版社,2020.

[28]余来文,林晓伟,黄绍忠,等. 互联网思维:商业模式的颠覆与重塑[M]. 北京:经济管理出版社,2020.

[29]饶艳超. 会计信息系统[M]. 北京:高等教育出版社,2020.

[30]谢合明,郑蓉,牟绍波,等."大智移云"技术驱动下会计类 IES 型人才培养模式研究[M]. 成都:西南财经大学出版社,2020.